校企合作财经专业精品教材

管理通识教程

主编　罗洪儿　吕　欣

内容提要

本书共分为六大模块，分别为市场经济知识模块、管理基础知识模块、个人管理知识模块、团队管理知识模块、人际沟通知识模块和市场营销知识模块。

本书遵循“适度、够用”的原则，将通用管理知识系统、有机地联系在一起，并结合大量的案例进行知识讲解，以期达到以下目的：帮助学生掌握基本的经济知识和管理知识，提升学生在实际工作中的管理意识和管理理念；训练学生的自我管理、团队管理、人际沟通等技能，提高学生的管理能力；在完善学生的能力和知识结构的基础上，提高学生的综合素质，增强学生的就业能力。

本书结构合理，内容实用，案例丰富，可作为各职业院校财经类专业及相关专业学生的教材。

图书在版编目（CIP）数据

管理通识教程 / 罗洪儿，吕欣主编. -- 上海 ：上海交通大学出版社，2020（2023 重印）
ISBN 978-7-313-23781-1

Ⅰ. ①管… Ⅱ. ①罗… ②吕… Ⅲ. ①通识教育－高等学校－教材 Ⅳ. ①G40-012

中国版本图书馆 CIP 数据核字(2020)第 173637 号

管理通识教程

GUANLI TONGSHI JIAOCHENG

主　　编：罗洪儿　吕　欣

出版发行：上海交通大学出版社
地　　址：上海市番禺路 951 号
邮政编码：200030
电　　话：021-64071208
印　　制：北京谊兴印刷有限公司
经　　销：全国新华书店
开　　本：787mm×1092mm　1/16
印　　张：15
字　　数：347 千字
版　　次：2020 年 9 月第 1 版
印　　次：2023 年 2 月第 2 次印刷
书　　号：ISBN　978-7-313-23781-1
定　　价：49.80 元

前　言

随着社会经济效率和多样化水平的不断提高，从业者的职业生涯发展已从以单纯工作技能为基础，转变为以综合能力素质为基础。个人的综合能力素质决定了职业生涯的发展水平和发展前景，也决定了就业的宽度和广度。长期以来，我国职业教育的工作重心集中于职业特定技能的培养，相当多的职业（或工种）都制订了国家标准，并开展了职业技能的鉴定工作，这些工作对于推进我国职业教育的建设具有重大影响和意义。

但是，当前越来越多的企事业单位在管理人才方面提出了更高的要求，对通用型管理人才的需求十分强劲。通过连续两年的毕业生就业情况调查，以及对多家企业的实际走访，我们发现，大多数毕业生在操作技能方面基本能胜任实际工作，但在人际沟通技能、团队意识、基层管理技能、销售技能等通用管理能力方面亟待提升。因此，为全面提升学生的管理能力和管理素质，增强学生的职业素质水平和就业从业能力，我们特编写了这本《管理通识教程》。

一、本书内容安排

本书遵循“适度、够用”的原则，将通用管理知识系统、有机地联系在一起，并结合大量的案例进行知识讲解。本书分为以下六个模块。

模块一为市场经济知识，包括市场概述、市场经济、生产要素、市场价格和价格影响因素五个任务。目的是从我国实际出发，让学生理解社会主义市场经济的优越性，逐步形成与现代生产和生活需要相适应的思想观念、道德品质和生活方式。

模块二为管理基础知识，包括管理与管理者、管理理论、管理职能和企业认知四个任务。目的是让学生具备管理思维，增强信息敏锐度，能运用管理理论分析和解决问题，提升管理工作效率等。

模块三为个人管理知识，包括认知自我管理、掌握时间管理、懂得习惯管理和领会情绪管理四个任务。目的是鼓励学生充分发挥自主性，增强自我管理能力，强化时间管理观念，养成良好习惯，树立情绪管理意识。

模块四为团队管理知识，包括了解团队管理基础知识、认知目标管理、熟悉绩效与激励三个任务。目的是让学生增强大局意识，强化集体荣誉感，正确认识目标管理的重要性，脚踏实地，合理运用激励方式，提升个人、部门和组织的绩效。

模块五为人际沟通知识，包括人际沟通概述、语言沟通、非语言沟通和有效沟通四个任务。目的是让学生掌握人际沟通的基本内容和原则，善于运用倾听和交谈技巧，提高人际沟通能力，养成良好的人际交往与沟通习惯。

模块六为市场营销知识，包括市场营销概述、营销环境分析、消费者购买行为分析与市场调查、目标市场营销战略和营销组合策略五个任务。目的是让学生密切关注市场内外部环境动态和市场需求的变化，突出以消费者为中心的服务理念，树立正确的市场营销意识，具备正确分析和解决企业市场营销管理问题的能力。

二、本书特色亮点

1. 立德树人，素质为本

本书积极践行“立德树人”的理念，将社会主义核心价值观、马克思主义哲学、以爱国主义为核心的民族精神和以改革创新为核心的时代精神等有机地融入正文内容与各个模块中，以促进学生德行和能力的协同发展，增强学生的综合素质。

例如，设置“素质目标”，将德育渗透于整个教学过程，设置“紧跟时代，开拓创新”“修身慎行，积极进取”等模块，帮助学生树立正确的价值观，培养良好的市场意识，提升通用管理能力，进而将个人理想与社会需求和国家发展战略结合起来，实现个人梦想与祖国梦想的统一。

2. 校企合作，协同育人

本书的编写在一线双师型教师和企业专职人员的指导与支持下进行，其体例设计充分考虑了教学大纲要求与企业需求，内容紧密围绕岗位需求“量身定做”，着重提升了全书内容的职业属性，强调内容的实用性和针对性。

3. 理念创新，课程改革

首先，本书以关注学生发展为导向，帮助学生在学校获得今后走向社会所需要的基本生存能力，如自主学习能力、与人合作能力、信息收集与处理能力等。其次，本书探索模块化教学模式，对课程内容进行优化选择和整合处理。最后，依据管理学的特点，本书加强德育工作的针对性、实效性和主动性，加强学生的思想品质和道德教育，引导学生树立正确的世界观、人生观和价值观。

4. 资源丰富，平台支撑

本书配有丰富的信息化教学资源，如教学课件、在线考试系统、在线教育和学习平台等，可实现线上线下混合式教学形式，促进学生自主学习、合作学习和探究式学习，同时方便教师开展翻转课堂。

此外，为了方便学校管理、教师教学和学生自学，本书与一款集教学管理、教学支撑为一体的文旌综合教育平台“文旌课堂”（www.wenjingketang.com）开展了深度合作。学校可借助该平台管理校本课程，教师可借助该平台管理各种教学资源（如教学课件、微课视频等）、布置作业、组织考试，学生可借助该平台阅读课外资源、提交作业、进行线上练习、参加考试等。教师和学生在学习过程中有任何疑问，都可登录该平台寻求帮助。

本书由罗洪儿、吕欣担任主编，郑丹、梅童、丁心雨担任副主编。在编写过程中，我们参阅并引用了大量的文献资料和最新研究成果，文中部分案例来源于互联网和一些非正式出版物，在此，一并对这些资料的作者表示衷心的感谢。另外，本书正文中没有注明出处的案例均为自编或者根据真实事件改编。

由于编写时间仓促，加之编者水平有限，书中存在的疏漏与不当之处，恳请广大读者批评指正。

本书编委会

主　编　罗洪儿　吕　欣

副主编　郑　丹　梅　童　丁心雨

目录 | CONTENTS

02 模块二 管理基础知识 /50

05 模块五 人际沟通知识 /163

06 模块六 市场营销知识 /191

模块一

市场经济知识

任务一 市场概述

【素质目标】

（1）培养良好的市场意识，把握市场脉搏和市场先机。

（2）适应经济新常态带给劳动力市场的挑战，把握经济新常态带来的新机遇。

【知识目标】

（1）明确市场的概念和构成要素。

（2）熟悉市场主体的概念及其组成部分。

（3）理解卖方市场和买方市场的概念和分类。

（4）理解市场类型的概念及其构成。

【技能目标】

（1）能通过日常的经济现象，分析指出现象背后的经济问题。

（2）提高自己参与经济活动的能力，自觉规范自己在经济生活中的行为。

（3）联系现实经济生活，分析把握企业在四种市场结构形式下的决策。

看不见的手：市场调节的有用性

在农贸市场中，摊主向顾客销售蔬菜、瓜果、水产品、禽蛋、肉类及其制品、粮油及其制品、豆制品、熟食、调味品、土特产等；在超市中，顾客可以自行选购日常生活用品；在电子市场中，顾客可以购买手机、电脑等各种数码产品……我们的日常生活离不开各种各样的市场。现代社会里，人们所需要的物品都可以从市场上得到。消费者千千万万，其需要也千差万别。尽管没有人具体统计过每个人的需要，也没有人具体指导各种商品该生产多少，该向何处供应，但供需一般不会造成很大混乱。这是因为在商品交易等经济生活中有一只“看不见的手”对生产和消费进行调节，这只“看不见的手”是什么？或者说促使现代经济能够有序运转的机制是什么？答案就是市场。

【案例分析】英国经济学家亚当·斯密把市场机制比喻为“看不见的手”。意思是当每个人追求其个人目标时，就像是被一只“看不见的手”引导着去实现最好的公共福利。家庭和企业在市场上相互交易，就像是被一只“看不见的手”引导着去实现社会资源的合理配置。因此，政府和其他机构根本不需要干预社会资源的配置。

（资料来源：道客巴巴，https://www.doc88.com/p-808578290050.html）

市场是社会分工和商品经济发展的必然产物。同时，市场在其发展和壮大过程中，也推动着社会分工和商品经济的进一步发展。市场通过信息反馈，直接影响着人们生产什么、生产多少，以及上市时间、产品销售状况等；市场联结商品经济发展过程中的产、供、销各方，为产、供、销各方提供交换场所、交换时间和其他交换条件，以此实现商品生产者、经营者和消费者各自的经济利益。

一、市场的要素

美国学者杰罗姆·麦卡锡对市场下了这样的定义：市场是指一群具有相同需求的潜在顾客，他们愿意以某种有价值的东西来换取卖主所提供的商品或服务，这样的商品或服务是满足需求的方式。

据此定义，市场至少应包含三个含义：① 市场是商品交换的场所；② 市场是各种市场主体之间交换关系乃至全部经济关系的总和；③ 市场表现为对某种或某类商品的消费需求。

综上所述，我们对于市场的构成要素可以用一个等式来描述：

市场 = 人口 + 购买力 + 购买欲望

即人口、购买力和购买欲望是构成市场的三大要素。

（一）人口

这是构成市场的最基本要素。消费者人口的多少，决定着市场的规模和容量的大小，而人口的构成及其变化则影响着市场需求的构成和变化。因此，人口是市场三要素中最基本的要素。

（二）购买力

购买力是指消费者支付货币以购买商品或服务的能力，是构成现实市场的物质基础。一定时期内，消费者的可支配收入水平决定了购买力水平的高低。购买力是市场三要素中最物质的要素。

（三）购买欲望

购买欲望是指消费者购买商品或服务的动机、愿望和要求，是由消费者的心理需求和生理需求引发的。产生购买欲望是消费者将潜在购买力转化为现实购买力的必要条件。

市场的这三个要素是相互制约、缺一不可的。

二、市场主体

在市场上从事交易活动的组织和个人，称为市场主体。市场客体是各种商品和服务。市场主体既包括自然人，也包括以一定组织形式出现的法人；既包括营利性组织，也包括非营利性组织。

（一）市场主体的类型

1. 经营者

经营者是指从事商品生产、经营或者提供有偿服务的法人、其他组织和个人。

经营者一般应包括以下几个方面的能力：① 意志能力；② 经营能力；③ 财产能力；④ 技术能力。除此以外，经营者还应当具有信誉能力，即可以提供参与市场活动的资质。企业是最重要的市场主体，也是经营者的重要类别之一。

2. 劳动者

劳动者是指在法定劳动年龄范围内具有劳动能力的公民。我国相关法律法规规定，法定劳动年龄指年满 16 周岁至退休年龄。

3. 消费者

消费者是指不以营利为目的的购买商品或者接受服务的人。也就是说，消费者购买商品或接受服务，并不是为了将这些商品转让给他人从而盈利，其目的主要是用于个人与家庭的消费。

消费者既可能是亲自购买商品的个人，也可能是使用和消费他人购买的商品的人；既可能是有关服务合同中接受服务（如旅馆、运输、酒店、食品、劳务等各种服务）的一方当事人，也可能是接受服务的非合同当事人。但必须指出的是，消费者并不能完全等同于买受人。

4. 受益者

受益者就是指通过投资、经营、劳动、消费及企业分红等获得应有的报酬的组织和个人。

（二）市场主体的交易

在市场中，不同的市场主体拥有的生产要素不同，为了满足各自的需求，就必然要进行交换和交易。

1. 交换

交换是指市场主体中的个人或组织通过提供某种有价值的东西作为回报，从其他人或组织的手中取得其所需要的商品或服务的行为。

交换要能进行，必须具备如下条件：① 至少有两方存在；② 每一方都要有被对方认为是有价值的东西（有交易物）；③ 每一方都要能够与对方或是参加交换的其他方沟通信息和传递货物（信息流与物流能连通）；④ 每一方都可以自由地接受或拒绝对方的东西（权力平等）；⑤ 每一方都要认为与另一方进行交换是适当且称心如意的。

只有上述条件都具备后，交换才能进行。因为通过交换，参与交换的每一方都比交换之前的境况得到改善，所以，交换被认为是一个价值创造的过程。这种创造是指通过交换，将原来对于自己没有用而对他人有用的东西变成对自己有用的东西。

2. 交易

交易是交换的一个过程。它是指参与交换的双方在达成交换条件后，将彼此有价值的东西给对方并从对方手里得到对自己更有价值的东西的过程。需要注意的是，交易一般以货币为媒介，也可以以非货币性物品为媒介。

交易的魅力

对于“交易”这一经济概念，我们不妨用一个故事来更好地理解——养牛人和农夫都很喜欢吃土豆和牛肉。假设他们每周都工作40小时，那么就会有两种情况：

第一种：养牛人和农夫都是既生产土豆又生产牛肉。养牛人平均生产1斤牛肉的时间是1个小时，生产1斤土豆的时间是40分钟；而农夫平均生产1斤牛肉的时间是2个小时，生产1斤土豆的时间是20分钟。那么，在40小时后，养牛人所得的牛肉为40斤，土豆为60斤；农夫所得牛肉为20斤，土豆为120斤。

第二种：养牛人和农夫都各自在其擅长的领域从事生产，养牛人生产牛肉，农夫生产土豆。结果，他们各自的效率都提升了，养牛人生产1斤牛肉只需半个小时，农夫生产1斤土豆也只需10分钟。这就是说40小时之后，养牛人可以获得80斤牛肉，农夫可以获得240斤土豆。

也许有人会认为第一种情况更好一些，因为两个人都能同时得到牛肉和土豆。其实不然，因为不要忘了“交易”的存在。

如果说1斤牛肉可以换得4斤土豆，那么，养牛人拿出20斤牛肉就可换得80斤土豆，而自己还剩60斤牛肉，从而最后得到了60斤牛肉、80斤土豆，而农夫也通过交易得到了20斤牛肉、160斤土豆。由此可见，通过交易，双方所得都超过第一种模式。

如果继续这个模式，养牛人和农夫便都可以在自己最擅长的领域从事生产，再也不用分心去研究自己不懂的了。如此专心致志地生产一种产品，不仅能使效率提高，产品的质量也将得到提高。而这种分工合作还有一个最大的好处，就是他们各自的生产成本都降低了。总而言之，交易会使人得到更多，生活也会更加幸福。

【案例分析】人与人之间存在着个体的差异，每个人都有自己擅长的地方，而且每个人都会有自己特殊的做事方法。交易使大家的成果能够互相交换，不必亲自去生产，却能从别人那里得到自己需要的东西。这远比孤立生产、各自为战要科学合理得多。

（资料来源：百度文库，https://wenku.baidu.com/view/ca74f6f118e8b8f67c1cfad6195f312b3069eb5c.html）

（三）市场主体的地位

市场经济是一种主体经济，但这里的主体既包括政府，也包括企业（由于个人为企业所包容并为企业所体现，企业是区别于政府最主要的市场主体，所以在这里个人一并称为企业），因此，这里就存在一个重要的问题，即在市场主体中，以经济管理主体为本位还是以市场主体为本位？

经济管理主体本位还是市场主体本位，体现着经济体制选择的不同指导思想。

1．经济管理主体本位

经济管理主体本位意味着，经济管理主体处于整个社会经济的决策中心、指挥中心，政府是社会资源的最主要配置者，政府是企业的司令官；而市场主体处于次要地位甚至是被支配地位，少有或没有自主权，只不过是政府意图的忠实履行者、政府政策的严格执行者。

以经济管理主体本位为指导思想所选择的经济体制就是政府主治的经济体制。在历史上政府主治的经济体制确实发挥过巨大的历史作用，如在资本原始积累时期，如果不是政府本位、没有政府主治，就不能那么迅捷顺利地积累原始资本；如果政府不诱导发展，某些地方也许从来就不会发展。

2．市场主体本位

市场主体本位意味着：市场主体处于社会经济的中心，市场主体是社会经济发展的根本动力，市场主体是社会经济的各分散决策主体，市场是社会资源的主要配置者，不是市场主体隶属于政府而是市场主体独立于政府，不是政府集权而是市场主体分权，不是市场主体听命于政府而是政府服务于市场主体，市场主体成为市场经济最主要、最适当的主体。

当然，以市场主体为本位并不是不要政府，但要求政府干预减少到最适当的限度，并且这最适当限度的政府干预也必须恰当地依法进行，为市场主体的发展创造有利的外部环境。政府管理市场主体是使市场主体成为市场主体还是使市场主体成为自己的附属物是衡量政府管理成功与失败的根本而具体的标准。

以市场主体本位为指导思想所选择的经济体制就是市场主治的经济体制也即市场经济体制。只有以市场主体为本位，才能最大限度地利用分散在社会中的各种知识，才能最广泛地调动最大多数人的主动性、积极性和创造性，才能最充分地利用市场，才能最有效地进行自由竞争，才能最有力地抑制政府的非法干预，才能最根本地确立市场主体的市场主体地位。

实践证明，只有以市场主体为本位，一切为了市场主体，一切依靠市场主体，社会经济才能发展。强大的市场主体就是强大的经济和强大的国家。

三、买方市场

（一）买方市场的含义

买方市场是指价格及其他交易条件主要决定于买方的市场。即市场是在具有压倒性的买方力量的控制下运行的。

由于市场供过于求，卖者之间竞争激烈，为了减少自己的过剩存货，他们不得不接受较低的价格。这样就出现了某种商品的市场价格由买方起支配作用的现象。买方市场的存在决定了生产和价格长期运动的方向，预示着生产或价格的下降或两者同时下降，这种情况一直持续到供求关系在某种价格水平上重新相对平衡为止。

（二）买方市场的表现形式

买方市场在市场经济发达的国家较普遍，在我国许多商品已经形成了买方市场。买方市场中商品丰裕，供应量超过了需求量，买方有着更大的挑选商品余地和更多的购买商品机会，卖方处于次要地位并要为促进商品的销售而彼此间展开竞争。在买方市场中，买方被俗称为“上帝”。买方市场的基本表现形式包括：

（1）市场商品丰富，货源充沛，消费者能够任意挑选商品。

（2）卖者之间在产品的花色、品种、服务、价格、促销等方面展开激烈竞争。

（3）卖者积极开展促销活动。

（4）消费者需求是企业生产与经营的轴心。

（5）顾客能够获得满意的售前、售中、售后服务。

（6）商品的市场价格呈下降趋势，卖者削价竞销。

（三）消费者市场和组织市场

消费者市场是买方市场的主要组成部分之一。消费者市场是个人或家庭为了生活消费而购买产品和服务的市场。由于生活消费是产品和服务流通的终点，因而消费者市场也称为最终产品市场。它是市场体系的基础，是起决定作用的市场。

与此对应的是组织市场，组织市场是由各种组织机构构成的对产品和服务需求的总和。组织市场购买产品是为了维持经营活动、对产品进行再加工或转售，或者向其他组织或社会提供服务。根据购买产品的目的不同，组织市场又分为营利性的生产者市场、中间商市场和非营利组织市场（学校、政府机构等）。

四、卖方市场

（一）卖方市场的含义

卖方市场是指交易中由卖方左右的市场，即市场是在具有压倒优势的卖方力量的控制下运行的。

在卖方市场中，由于市场供不应求，买方之间展开竞争，卖方处于有利的市场地位，即使抬高价格，也能把商品卖出去，从而出现某种商品的市场价格由卖方起支配作用的现象。这种状况的出现可能是因为在现行的价格水平下，某种商品的供给远小于需求，也可能是因为发生严重的自然灾害而导致某种产品的短缺。这种提价可以一直进行到供求关系在某种价格水平上重新达到平衡为止。

（二）卖方市场的表现形式

卖方市场上商品短缺，供不应求，商品价格有上升的倾向，商品交易条件有利于卖方而不利于买方。所以，在卖方市场上，卖方总是扬眉吐气，所售的商品是“皇帝的女儿不愁嫁”。而买方则处于从属的地位，常常要为购买商品而展开竞争。

在现实的市场互动中，卖方市场和买方市场不是一成不变的，在市场经济条件下，是可以互相转化的。

（三）生产者市场和中间商市场

生产者市场是卖方市场的主要组成部分之一。生产者市场也称产业市场，是指购买产品或服务用于生产其他产品或服务，以供销售、租赁或提供给其他人以获取利润的组织和个人。

影响生产者购买决策的基础性因素是经济因素，即产品的质量、价格和服务，但在不同供应商的产品质量、价格和服务基本没有差异的情况下，其他因素就会对购买决策产生重大影响。

中间商市场是指那些购买商品和服务并将之转售或出租给他人，以获取利润为目的的组织需求。中间商市场的主体，包括各种批发商和零售商。

不同于消费者市场，生产者市场和中间商市场既是买方市场的组成部分，又是卖方市场的组成部分。

五、市场类型

市场类型，也叫作市场结构，它反映的是竞争程度不同的市场状态。由于市场是以多种多样的具体形式存在的，所以各种市场的内部结构就不会一样。有的市场卖者众多，如在食品市场上，大大小小的食品店数不胜数；有的市场则卖者稀少，如在电力市场上，供电公司只此一家别无分店，如此等等。一般说来，市场的结构影响着企业在市场上的行为和市场运行的成效，企业的行为和市场成效反过来也会影响市场的结构。

（一）按照商品市场的分布范围分类

在现实中，许多商品的消费范围很广，会形成地方市场、国内市场和国际市场。商品的销售范围一般由下列因素决定。

首先，从需求方面考虑：需求愈大，市场范围就越广，越有可能形成国内市场和国际市场。例如，小麦、大米、棉花、服装等生活必需品及石油、铝、橡胶等工业原料都有国内市场和国际市场。反之，某些商品只适合个别地区的需求，如民族服装、地方口味食品等，其市场就局限于个别地区。

其次，从供给方面考虑：如果商品质量越稳定、耐用、标准化，其市场范围就越广；反之，市场范围就比较狭小。另外，商品是否适宜于运输及运输成本的高低，同样对销售范围有重要影响。一般来说，不宜运输的商品及低价而运输成本高的商品，市场范围就比较狭小，甚至只能在产地进行买卖。反之，便于运输且运输成本相对较低的商品，就可能形成广阔的市场。例如，牛奶、面包、新鲜蔬菜等商品，由于容易变质，不宜长时间存放与长途运输，市场范围就狭小，但随着运输设备（如冷藏设备）和运输技术（如空运）的发展，其市场范围趋于扩大。

（二）根据市场竞争程度分类

根据市场竞争程度分类，市场结构可以分为：完全竞争市场、完全垄断市场、不完全竞争市场和寡头竞争市场等四种。

1. 完全竞争市场

完全竞争市场是众多小厂商生产无差别的同一产品的市场。例如，小麦市场就是完全竞争市场。种植小麦的农户众多，而且小麦产品没有什么差别。所以，小麦的价格完全是由市场供求关系决定的。任何一个麦农都无能力控制市场价格。而且进出小麦行业是很容易的。今年可以种小麦，明年可以改种其他作物等。因此，完全竞争市场是没有垄断、没有管制、没有干扰造成的纯粹的自由竞争市场状态。

完全竞争市场的特点和形成条件包括：

（1）有数量极多的小规模买者和卖者。就是说，每个卖者可能提供的产量或每个买者打算购买的产品数量在市场总量中所占比重都是微不足道的，以致每个卖者（或买者）增减其供给（或需求）对于市场价格的形成不产生任何影响。市场价格是由众多的卖者和买者的共同行为决定的。这也意味着在一个完全竞争市场上，任何单个卖者（或买者）都只是价格的接受者，而不是价格的决定者。

（2）产品是同质的、无差异的，且买方对卖方是谁没有特别的选择。在这种情况下，任何一个生产者的产品在所有买者看来都是完全相同的，即任一生产者的产品都是另一生产者产品的完全替代品，所以不同的生产者之间可以进行平等竞争。

（3）各种生产资源可以自由进入和退出该行业。这表明生产要素可以随着需求变化在不同行业之间自由流动，即根据市场信息，流入利润高的产业或流出利润低的产业，因而不存在任何垄断和阻碍自由竞争的现象。

（4）买者和卖者完全掌握着产品和价格的信息。即买者和卖者对市场情况有充分的认知，一是买者和卖者都知道其他市场所要求的价格，这样双方均可相机行事；二是一个将要成为生产者的人知道其他生产者正在取得的利润，从而能够预计自己取得的利润是多少。这就意味着消费者和生产者都有条件做出合理的消费选择和生产决策。

在现实生活中，完全竞争市场所假设的前提条件是不会充分存在的，它只是一种理论抽象，其意义在于对竞争关系和过程进行典型分析。不过，我国的农产品集市贸易有点近似于这种市场。

2. 完全垄断市场

完全垄断市场是指独家厂商垄断某种产品的生产和供给的市场类型。由于在同一产品的生产商中没有竞争对手，厂商在很大程度上可以控制产品价格。该类市场垄断程度最高，竞争程度最低。独家垄断市场只是排除了同一产品生产厂商之间的竞争，它还不能完全排除市场竞争。垄断厂商面对的竞争来自：① 生产相关产品或替代品的厂商；② 不同地域的市场竞争；③ 消费者，由于消费者的竞争，垄断厂商的垄断价格常常受到政府管制。

完全垄断市场是与完全竞争市场相对的另一极端，它是一种基本不存在竞争因素的市场类型。这种市场类型常常存在于公用事业部门，如城市的供电供水等。在完全垄断市场上，厂商控制产品的供给，可以左右其价格，但不能改变消费者“贵则少买，贱则多买”的原则。

完全垄断市场的特点和形成条件包括：

（1）在一个行业中，卖方只有一个企业，而买方则有许多个，因而其供给量就是整个市场的供给量。

（2）由于人为和自然的原因，他能排斥竞争者，使其他厂商不能进入这一行业。新企业的进入由于各种条件的限制不再可能，如一个厂商控制了原料供应或独一无二的自然资源（如温泉）等，其他厂商就无法介入该行业与之竞争。又如，一个厂商享有技术专利或特许权，得到法律的保护，其他厂商不能进行同一产品的生产。

（3）没有相近的替代品。

有些经济学家认为，有一些公用事业，如交通、供水、电力、煤气和邮政等，从技术上来讲，其商品与劳务的提供是不适合自由竞争的。而且他们对整个社会意义重大，必须采用完全垄断形式。但在其他普通行业中，完全垄断有不少弊端：它会造成稀缺资源的不适当配置和浪费，设备和技术效果不能充分发挥。

3. 不完全竞争市场

不完全竞争市场又称为垄断竞争市场，表现为垄断与竞争的混合。在这种市场上，各厂商出售同种产品，但又各具特色。由于出售同种产品，所以厂商之间必有竞争。又由于其产品各具特色，所以他们又像某种“垄断者”。

例如，服装市场就是典型的垄断竞争市场。尽管生产服装的厂商众多，但服装产品在质量、花色、款式、品牌等方面存在差别性。所以服装的价格尽管仍是由市场供求关系影响和决定的，但厂商在一定程度上可以依据自己产品在质量、款式等方面的优势控制价格，如甲的服装比乙的质量好、款式新，甲就可以比乙卖更高的价格。

垄断竞争市场的特点和形成条件包括：

（1）厂商众多。市场上厂商数目众多，每个厂商都要在一定程度上接受市场价格，但每个厂商又都可对市场施加一定程度的影响，不完全接受市场价格。厂商之间无法相互勾结来控制市场。对于消费者，情况是类似的。

（2）互不依存。市场上的每个经济人都自以为可以彼此相互独立行动，互不依存。一个人的决策对其他人的影响不大，不易被察觉，可以不考虑其他人的对抗行动。

（3）产品差别。同行业中不同厂商的产品互有差别，要么是质量差别，要么是功能差别，要么是非实质性差别（如包装、商标、广告等引起的印象差别），要么是销售条件差别（如地理位置、服务态度与方式的不同造成消费者愿意购买这家的产品，而不愿购买那家的产品）。

产品差别是造成厂商垄断的根源，但由于同行业产品之间的差别不是大到产品完全不能相互替代，一定程度的可相互替代性又让厂商之间相互竞争，因而相互替代是厂商竞争的根源。产品差别表现为在同样的价格下，购买者会对某家厂商的产品表现出特殊的爱好，即该厂商的产品与同行业内其他厂商的产品具有差别。这种差别可以是真实的，也可以是形式上的，甚至可以是消费者想象中，但它必须被买者重视而影响其偏好。

（4）进出容易。这一点同完全竞争类似，厂商的规模不算很大，所需资本不是太多，进入和退出一个行业障碍不大，比较容易。

（5）可以形成产品集团，即行业内生产类似商品的厂商可以形成团体，这些团体之间的产品差别程度较大，团体内部的产品之间差别程度较小。

不完全竞争市场与完全竞争市场相比的主要特点是产品具有某些差异和特色，因而企业对它们有一定程度的垄断。一般的日用工业用品市场就属于这种类型。

不完全竞争与完全竞争相比，消费者要付出较高的价格，但是他可以得到多样化的产品，并有了多种选择的余地。此外，厂商为了加强产品差异、吸引消费者，在商标、厂址和服务态度等方面加以改进，也能使消费者得到更好的效用感受。现实生活中的大部分市场是不完全竞争市场。

4. 寡头垄断市场

寡头垄断，是指少数几个厂商在市场上供给相同的或略有不同的大部分产品而进行竞争的状况。这些厂商控制了市场供给量的大部分，并且每个厂商都有相当强的控制部分市场的能力。他们之间存在着一定的默契，每个企业都能了解其他企业的行动，而且还必须考虑自己企业的行动将会引起其他企业做出什么反应。例如，各国的钢铁市场、汽车市场都是几家大厂商垄断的市场。大厂商被称为寡头。寡头之间的竞争一般会导致它们联合起来控制市场价格和瓜分市场。因此该类市场比垄断竞争市场垄断因素更强，竞争程度更低。寡头垄断可以是随着生产集中和资本积聚的迅速发展而形成的，也可以是政策性原因形成的。

寡头垄断市场具有下列特点：

（1）厂商间的相互依存、相互影响比较大。一家厂商的产量或价格发生变动，会影响到其他厂商的销售量和价格。也就是说，在寡头垄断条件下，各厂商对其他厂商在产量与价格方面的变动会直接做出反应。为此，他们必须依据同一部门中其他厂商的情况来制定自己的策略；与此同时，他们也必须估计到自己的策略对竞争对手可能发生的影响。这就是他们间的相互影响与依存。

（2）厂商间的相互影响，使其产量、价格与策略的变化往往有很大的不确定性。厂商之间虽然存在着相互影响与依存的关系，但一个厂商在确定他自己的产量、价格与策略时，却不能确定其竞争对手的反应会怎样。例如，一个厂商想削价以增加其销量，削价后会增加销售量，但能增加多少却不能确定；因为销售量是大量增加，还是增加有限，最后决定于其他厂商对其行为的反应。

（3）价格极为稳定，较少变动。为了避免价格竞争带来的不利后果，确定价格后厂商一般不变动价格，而只进行非价格竞争，如改变质量、设计、加强推销活动等。

综上所述，影响市场竞争程度的具体因素主要有以下四点：① 同一种产品市场上厂商的数目；② 同一种产品的差别程度；③ 厂商对价格的控制程度；④ 厂商进出一个行业的难易程度。因此，依据上述因素的差别划分的各类市场的特点如表 1-1 所示。

表 1-1　不同类型市场的比较

市场类型	厂商数目	产品的类别程度	对价格的控制程度	进出行业的难易程度	典型市场类型
完全竞争市场	很多	无差别	没有	很容易	金融市场、农产品市场
垄断竞争市场	较多	有差别	有一些	较容易	服装、糖果市场
寡头垄断市场	几个	有或无差别	相当程度	较难	钢铁、汽车市场
完全垄断市场	一个	唯一产品	很大程度	很困难	公用事业、水电市场

● 任务二　市场经济

【素质目标】

（1）全面认识中国特色社会主义制度的优越性。

（2）遵循中国特色社会主义经济制度。

（3）弘扬劳动精神，树立正确的劳动价值观。

【知识目标】

（1）了解市场经济的概念和特征。

（2）理解社会主义市场的含义。

（3）熟悉经济资源的内容。

（4）理解资源的稀缺性和资源配置。

【技能目标】

（1）能够根据经济资源的相关知识，分析企业的经济行为。

（2）能够运用市场经济的知识，分析企业的经济活动。

（3）学会用市场机制原理分析市场动态，把握市场变化的大致方向。

案例引入

大蒜与大葱：等价交换背后的价值规律

传说有一位商人甲，带着两袋大蒜，骑着骆驼，一路跋涉到了遥远的阿拉伯。那里的人们从没有见过大蒜，更想不到世界上还有味道这么好的东西，因此，他们用当地最热情的方式款待了这位聪明的商人，临别赠予他两袋金子作为酬谢。

另一位商人乙听说了这件事后，不禁为之心动，他想：大葱的味道不也很好么？于是他带着大葱来到了那个地方。那里的人们同样没有见过大葱，甚至觉得大葱的味道比大蒜的味道还要好！他们更加盛情地款待了商人乙，并且一致认为，用金子远不能表达他们对这位远道而来的客人的感激之情，经过再三商讨，他们决定赠予这位朋友一袋大蒜！

【案例分析】商品以稀为贵，大蒜对于当地人而言比较稀有，所以当地人以黄金作为酬谢，因此商人甲得到丰厚的回报。而商人乙只得到大蒜，因为对于当地人来说，大蒜更为稀缺，所以当地人以大蒜作为酬谢。

（资料来源：仲凭. “聪明”的商人. 中国工会财会，2004（11）：48）

市场经济，就是市场在资源配置中起基础性调节作用的一种经济组织形式和经济运行方式，它与一个社会的经济制度的性质无关。

市场经济是同商品经济密切联系在一起的经济范畴。市场经济以商品经济的充分发展为前提，是在产品、劳动力和物质生产要素逐步商品化的基础上形成、发展起来的，在这个意义上可以说市场经济是发达的商品经济。

商品经济，是“自然经济”的对称，是商品的生产、交换、出售的总和，包括商品生产和商品交换。当商品经济不断发展，商品之间的交换主要由市场调配时，这种社会化，由市场进行资源调配的商品经济就是市场经济。

一、市场经济概述

（一）市场经济的特征

1. 市场经济是资源配置的一种形式

人类社会发展到现在，从经济学的角度可分为两个阶段：

第一个阶段是在封建社会及以前，自然经济占统治地位，资源在一个狭小的范围内配置，是封闭式的资源配置。例如，古代的原始公社、中世纪的农庄或小农经济的家庭，资源非常有限，酋长、农庄主和家长能够清楚地了解和把握资源，进行直接配置。

第二个阶段是从封建社会末期开始一直到现在，商品经济居统治地位，资源配置在全社会范围内进行，是社会化的资源配置。这时的配置方式有两种，一种是靠计划来配置，一种是靠市场来配置，前者叫作计划经济，后者是市场经济。

2. 市场经济要求生产要素商品化

市场经济的形成，使市场成为社会配置资源的主要手段，不仅要求一般消费品和生产资料商品化，而且要求各种生产要素如劳动力、资本、科技、信息等商品化，并在这个基础上形成统一完整的市场体系和反应灵敏的市场机制。

3. 市场经济要求经济关系市场化

一切经济活动，包括生产、交换、分配和消费都要以市场为中心，以市场为导向，听从市场这只“看不见的手”的指挥。在市场经济中，商品和服务的供应及需求是受价格规律及自由市场机制所影响的。

市场经济只承认等价交换，不承认任何超市场的特权。市场经济的理念普遍强调竞争的有效性和公平性。为达到公平竞争的目的，政府从法律上创造出适宜的外部环境，为企业提供平等竞争的机会。例如，有些国家制定反托拉斯法、反对限制竞争法、禁止垄断法等来干预经济活动。只有把各市场利益主体的活动都纳入法律的框架内，才能维护市场竞争的有序性和正常运行。

4. 市场经济要求产权关系独立化

市场主体——指那些从事市场经济活动的当事人，主要是企业和居民，必须拥有自己的产权，成为真正意义上的法人实体，有资格参与市场经济活动。市场经济的支持者通常主张人们所追求的私利其实是一个社会最好的利益。英国经济学家亚当·斯密在《国富论》中说：“借由追求他个人的利益，往往也使他更为有效地促进了这个社会的利益，而超出他原先的意料之外。我从来没有听说过有多少好事是由那些佯装增进公共利益而干预贸易的人所达成的。”

5. 市场经济要求生产经营自主化

生产经营者必须是独立的市场主体。市场经济中的行为主体如家庭、企业和政府的经济行为，均受市场竞争法则制约和相关法律保障，赋予相应的权、责、利，成为具有明确收益与风险意识的不同利益主体。在市场经济中生产经营者可以在国家法律、政策允许的范围内追求经济利益的最大化，自由选择投资地点、行业部门，确保经营范围和经营目标。

6. 市场经济要求经济行为规范化

为了各自的价值的实现，市场主体之间必然激烈竞争，优胜劣汰。因而在市场经济活动中，机会和风险是并存的。市场主体追求经济利益，必须讲职业道德，遵守国家法律，履行契约合同，遵守市场规则和市场管理制度，自觉维护社会经济秩序。

在市场经济的运行过程中，如市场的准入、市场的交易、市场的竞争都必须由法律来规范，保证和约束，政府管理部门也要按照相应的法律法规体系来协调与管理市场上的各种经营活动。没有好的法制环境，市场主体的独立性，市场竞争的有效性、政府行为的规范性和市场秩序的有序性都将缺乏根本的保证。因此，从根本上讲，健全的法制是市场经济的内在要求。

7. 市场经济是开放性经济

企业为了获取利润，实现产品的价值，会不遗余力地开拓市场。市场经济使各国经济本着互惠互利、扬长避短的原则进入国际大循环。经济活动的国际化不仅表现在国际进出口贸易、资金流动、技术转让和无形贸易的发展等方面，还表现为对协调国际利益的各种规则与惯例的普遍认同和参与。

8. 市场经济应实行必要的、有效的宏观调控

市场经济不是万能的，一方面市场经济所导致的周期性经济危机，就是市场失灵的严重后果。另一方面单纯的市场调节也不能实现资源的合理配置。例如，现实中由于规模效

益的因素使有些部门容易产生垄断，从而破坏市场机制的作用，导致某些实力雄厚的垄断企业限制竞争和生产要素流动，扭曲价格，使得市场竞争严重不公平，并降低资源配置效率。

因此，在现代市场经济条件下，国家对经济的干预和调控便成为经常的、稳定的体制要求，政府能够运用经济计划、经济手段、法律手段及必要的行政手段，对经济实行干预和调控。其目的，一方面是为经济的正常运转提供保证条件；另一方面则是弥补和纠正市场的缺陷。

政府的宏观调控

比尔·盖茨和微软公司的成功一方面来自他的努力和才华，另一方面就是来自政府对其知识产权的保护。对于比尔·盖茨和微软公司而言，如果没有专利的保护，新产品的开发就不会有相应的动力。而且，即使新产品开发出来了，没有版权的保护措施，也会使得盗版猖獗，微软公司仍得不到足够的回报投入到再生产中去。例如，微软公司对其产品进行捆绑销售，它的视窗操作系统垄断了桌面操作系统市场。市场上出售的个人电脑几乎都预装了微软公司的视窗操作系统，以此排挤当时著名的网景公司所推出的网景浏览器，这使得微软在浏览器上大获全胜。不过，随着微软的成功，它的市场份额也越来越大，最后导致垄断，阻碍了市场上的自由竞争，同时它的高价位也损害了消费者的利益。这时，美国政府适时介入，美国联邦法院也介入，并裁定微软公司滥用其在操作系统市场上的优势地位，导致行业垄断。

【案例分析】在微软发展前期，政府对知识产权的保护使其获得快速发展，而当其垄断行为阻碍市场竞争影响经济发展时，政府又果断采取措施对其进行制裁。这体现了政府对市场经济的宏观调控。

（资料来源：道客巴巴，http://www.doc88.com/p-098252082425.html）

（二）市场经济体系

市场经济是一种经济体系，在这种体系下产品和服务的生产及销售完全由市场的价格机制所引导，市场将会通过产品和服务的供给和需求产生复杂的相互作用，进而达成自我组织的效果。

什么是市场经济体系呢？我们可以把它定义如下：市场经济体系是自发形成的，以商品、货币、劳动、资本、土地等若干要素构成的，以生产、交换、分配、消费四个环节为结构，以产品市场、要素市场、货币市场为子系统，以货币循环为纽带的，呈周期性自主运动的经济系统。这个定义可以用图 1-1 直观地表示。

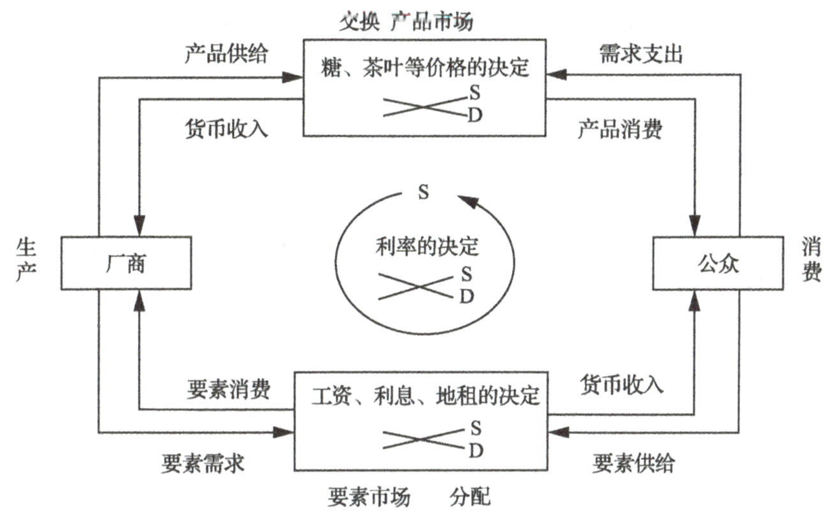

图 1-1　市场经济体系构成图

二、社会主义市场经济

市场经济作为一种资源配置方式，它不是社会基本制度范畴，不具有姓“资”姓“社”的性质，但它又从来不是同社会基本制度相脱离而孤立存在的。从历史上看，市场经济与资本主义相伴而生、相伴而长，最初以资本主义市场经济的形式存在于世上，但它并不是资本主义的专利，而是人类的共有的一种文明成果，既可为资本主义服务，也可以为社会主义服务，其性质要看市场经济同哪一种社会制度相结合。当今，我们建立社会主义市场经济，就是市场经济同社会主义制度相结合，是在社会主义条件下的市场经济，它作为市场经济，同样是以市场作为主要手段配置资源的经济，是由市场机制，也就是价值规律调节运行的经济。

（一）社会主义市场经济的概念

社会主义市场经济，是把市场经济与社会主义制度相结合，它不仅具有市场经济的一般规律和特征，同时又是与社会主义基本制度相结合的市场经济。

社会主义市场经济是市场经济发展的一种新的历史形式，也可以说是市场经济发展的新阶段。它包含着两个方面的内在特性：一是市场经济的一般共性；二是社会主义制度本身的特性。社会主义市场经济是在积极有效的国家宏观调控下，市场对资源配置起基础性作用，能够实现效率与公平的经济体制。

（二）社会主义市场经济的基本特征

（1）在所有制结构上，以社会主义公有制为主体，多种所有制经济共同发展，一切符合“三个有利于”的所有制形式都可以而且应该用来为社会主义服务。（“三个有利于”：

是否有利于发展社会主义社会的生产力、是否有利于增强社会主义国家的综合国力、是否有利于提高人民的生活水平。）

（2）在分配制度上，坚持按劳分配为主体，多种分配方式并存的制度。把按劳分配和按生产要素分配结合起来，坚持效率优先，兼顾公平的原则。

（3）在宏观调控上，由于以社会主义公有制为主体，因而国家对市场的调控具有较雄厚的物质基础，又有牢固的政治基础和广泛的群众基础，所以能够把人民的当前利益与长远利益、局部利益和集体利益结合起来，发挥计划与市场两个手段的长处，把市场调节和宏观调控结合起来。

三、资源

（一）欲望

人们之所以有经济生活，是因为人们天生具有各种欲望，如生存的欲望、过更好生活的欲望、安全的欲望、被社会尊重的欲望等。在经济学上，欲望是指人的一种缺乏或不满足的感觉，以及求得满足的愿望或需要。

西方学者把人们的欲望分为许多层次，如最基本的生存需要（衣、食、住的需要），安全和被尊重的需要，自我实现的需要等。当人们低层次的欲望被满足后，就会产生高层次的欲望。实际上人们的欲望是随着经济社会的发展而不断产生的，几十年前饥饿贫困的人是难以想象当代社会人们减肥的需要的。正是由于人们的欲望具有多样性且随着生活的发展而发展，所以它是无穷无尽的。

人们要满足自己的欲望，就要消费各种物品和服务。有些物品人们不需要花费代价就可以得到和消费，如空气。经济学家把不需要花费代价或成本就可以得到的物品称为非经济品，或自由取用品。遗憾的是自由取用品是很少的。人们需要的绝大多数物品都是需要花费代价或成本去生产才能得到的。

（二）经济资源

资源是一切可被人类开发、利用的物质、能量和信息的总称，它广泛地存在于自然界和人类社会中，是一种自然存在物或能够给人类带来财富的财富。或者说，资源就是指自然界和人类社会中一种可以用以创造物质财富和精神财富的具有一定量的积累的客观存在形态，如土地资源、矿产资源、森林资源、海洋资源、石油资源、人力资源和信息资源等。资源按其丰富程度可分为经济资源和非经济资源。前者是稀缺的，以致要使用它就必须付出一定的代价；后者如空气，其数量丰富以致人们不付分文便可以得到它。

在经济学中，直接或间接地为人类所需要并构成生产要素，用来生产满足人类需求的商品所需要的物质资料和服务，称为经济资源。例如，人们要得到衣服，就要花费劳动和土地去种植棉花，还要用机器和技术去纺纱、织布、制作服装等。这些劳动、土地、资本（机器）、技术称为经济资源或生产要素。

经济资源主要有两种——人力资源和物质资源。人力资源数量受到人口的制约，人口中能作为劳动力从事生产的只是全人口中的一部分，一个劳动力能提供的劳动量又只是一天 24 小时中的一部分。在其他条件不变的情况下，人们能生产各种物品的数量是和这种资源的多少成正比的，没有人力资源或人力资源缺乏，人们的欲望就得不到满足，或满足程度较低。土地、矿藏、原始森林等物质资源，或者是经过人类劳动加工过的资本品（即生产手段），这些资源也是有限的。因此，一定时期中，可利用的自然资源是有限的，资本品也是有限的。这就造成了人们的欲望与有限资源的矛盾，即资源的稀缺性。

（三）可利用的资源

对个人来讲，所拥有的资产（动产和不动产）、时间、工作能力、活动空间和信息、知识技术等都是可利用的资源。显然，资源是不足的、有限的。在现实生活中，相对于人的需求来说，不论哪种资源，在一定条件下，它们都是数量有限的或稀缺的经济资源。例如，很少人会觉得他的金钱是足够用的。个人的这些资源可以有许多不同的组合利用方式，可以带来更大的收益。

对社会来讲，劳动、土地、资本、具有专门技术知识的人才、技术知识创新等都是可利用的资源。

（四）资源的稀缺性

资源的稀缺性是指相对于人类无限增长的需求而言，在一定时间与空间范围内资源总是有限的。相对不足的资源与人类绝对增长的需求相比造成了资源的稀缺性。

稀缺性的概念反映了人们欲望无限和资源有限这一经济生活中的基本矛盾。这一矛盾自有人类经济生活以来一直存在，所以人们应该考虑的是如何选择最有效率、最经济的利用有限资源的方式来获得最大利益。换句话说，人们要在资源稀缺的条件下对各种有待满足的目标进行选择，以便使稀缺资源得到有效率的使用。

资源的稀缺性可以用使用资源必须支付代价（即资源价格）加以验证。一种资源如果是非常丰富的，它就可以被自由地、免费地使用，因而就不存在支付代价的问题，即没有价格，如空气和阳光。但是在现代社会里，人们使用的资源大都是要支付代价的，即有价格的。

（五）资源的合理利用

资源是有限的，可人的需求或欲望却是无限的，满足了低层次的需要，就会有中层次的需要，满足了中层次的需要，就会有高层次的需要。例如，20 世纪 80 年代初，我们追求的仅是饱暖，90 年代初我们还需要家电，到了 90 年代末我们开始需要电子通信产品，现在我们已经追求住房与汽车了。人们的需要在不断地升级。因此，人类必须在有限的资源条件下，将资源优先运用于满足人类最重要的目标上。

既然资源是稀缺的，人们在经济活动过程中就应考虑如何使资源得到充分有效的合理利用，从而使人们的欲望得到更大满足。也就是说，必须对各种欲望及其满足程度加以审定：什么欲望最迫切，什么欲望排在其次，各种欲望满足到什么程度等，即选择生产什么和生产多少的问题。同时，人们必须节约地使用各种资源，使有限的资源都得到合理的使用，取得最好效果。这就是选择最有效的生产方法，即决定如何生产的问题。此外，还需要决定哪些人的欲望先满足，满足到什么程度，即为谁生产的问题。最后，一个社会除了满足当前欲望之外，还要考虑如何使人们的满足程度不断提高，这取决于经济的进步和发展。为了促使经济进步和发展，必须有一定的资源用于改进技术和设备。在当前消费和发展经济之间做出抉择，实际上是在什么时候进行生产的问题。

由此可见，要充分有效地合理利用稀缺资源，以满足人们的各种欲望，必须在生产什么，生产多少，如何生产，为谁生产，什么时候生产等五个问题上做出选择，这就是经济活动内在的本质特征。

（六）资源配置

资源配置是指通过一定的方式把有限的资源合理分配到社会的各个领域中去，以实现资源的最佳利用，即用最少的资源耗费，生产出最适用的商品和劳务，获取最佳的效益。资源配置合理与否，对一个国家的经济发展有着极其重要的影响。

1. 资源配置的原因

（1）任何社会都面临着生产什么、如何生产和为谁生产三大基本经济问题，要解决这三大问题就必须合理配置资源。

（2）由于自然条件不同，经济发展水平、经济结构不同，历史文化传统不同，各地资源的多少和构成也不同，因此必须通过资源的合理流动，以实现资源的优化配置。

（3）人们的需求是不断变化的，生产一种产品的方法和所需要的原材料也是不断变化的，这就要求必须不断变更资源的配置以达到高度的协调。

（4）资源配置的目的有两个：一是把稀缺的资源分配给效率最高的生产者和经营者，以节约消耗，加快周转，取得最高效率；二是把稀缺的资源与最需要的产品组合，优化结构，满足社会需求，取得最佳效益。

2. 如何配置资源

人类无限的欲望和有限的资源的矛盾决定了资源配置必须获得最大效果，才能以等量资源使人们的欲望得到最大满足。这里所说的最大效果，不仅是技术上的要求，而且是经济上的要求。

（1）技术的最大效果。资源配置在技术上达到最大效果，是指以既定资源获得的各种产品数量达到最大值。

（2）经济的最大效益。技术上最有效不等于经济上也最有效。在考察资源的配置效果时，必须将利用等量资源所得到的效益与支出相比较，看看收益是否达到最大。一般来说，企业在决定其经济行为时，即决定生产什么、生产多少和如何生产时，只要收益大于或正好抵偿其成本，就被认为是可行的，因为企业的正常利润已经包含在其成本中了。

任务三 生产要素

【素质目标】

（1）正确认识各类生产要素对促进经济高质量发展的重要性。

（2）培养辩证思维，正确分析各种纷繁复杂的信息和形势。

【知识目标】

（1）熟悉生产要素的含义。

（2）掌握生产要素的内容。

（3）理解生产要素价格。

（4）掌握规模经济的概念和内容。

（5）熟悉机会成本、利润等内容。

【技能目标】

（1）能够运用生产要素的知识，对企业的经济活动进行分析。

（2）能够使用规模经济的知识，分析企业规模大小的现实要求。

案例引入

劳动力要素参与收入分配

当种番薯、种黄瓜比种水稻、种小麦更赚钱和工资更高时，优秀的劳动者、想要更高工资的劳动者自然流入番薯、黄瓜种植领域。当西北和中原地区工资更高、生活消费水平更低时，东南沿海的优秀的劳动者也会迁徙到西北和中原地区的。

当炒房的收益比炒股的收益更高时，炒股的资金就会流向房地产市场，从而推高房价。当股市、房市无法逐利时，炒股、炒房的资金自然就会流到实体经济，流到商品市场，推高物价、推高工业品价格、推高期货价格。

随着空中乘务人员与其他行业职位的收入、处境、待遇逐渐持平，越来越多身体素质达标的年轻人乃至年龄稍大的人，也开始愿意从事空中乘务工作。

【案例分析】劳动者工资水平的变动，也就是生产要素价格的高低不同，是导致案例中所有现象产生的根本原因。

（资料来源：百度文库，https://wenku.baidu.com/view/c03b6b2fc281e53a5802ff98.html）

生产要素是经济学中的一个基本范畴，是指进行社会生产经营活动时所需要的各种社会资源，是维系国民经济运行及市场主体生产经营过程中所必须具备的基本因素。

一、生产要素分类

（一）土地

经济学中的土地是一个广义的概念，是未经人类劳动改造过的各种自然资源的统称，包括土地及地上的各种自然资源，即不仅包括土地，还包括山川、河流、森林、矿藏、天空等一切自然资源。土地可以给生产提供场所、原料和动力。

土地是任何经济活动都必须依赖和利用的经济资源，比之于其他经济资源，其自然特征主要是它的位置不动性和持久性，以及丰度和位置优劣的差异性。相对于其他经济资源和生产要素，土地是最难以增加的，其稀缺性比其他生产要素更显著。特别是随着人口的增多、经济活动规模的扩大和深度的发展，土地的稀缺性具有明显增加的客观趋势。如何保护和利用好现有的各种土地资源、开发新的土地资源，始终是经济活动面对的重要问题。对于人口众多、人均可用土地资源严重不足的我国来说，土地资源的保护、利用和开发更为重要，而使土地资源商品化、配置市场化，是提高土地资源配置和利用效率的重要途径。

（二）劳动

劳动是指生产经营过程中运用的人的体力和智力的总和，表现为劳动力。“劳动是价值的实体和内在尺度，但是它本身没有价值”。工资不是劳动要素价值的货币表现，而是劳动力价格的表现。

劳动力是生产要素中最重要的、起决定性作用的投入品，其之所以“重要”，一是劳工队伍的稳定决定了供给生产能否顺利进行，一个深陷罢工、战乱的国家供给生产将会受到极大的冲击，经济发展也无从谈起。二是劳动质量的高低决定了其他要素的使用合理性和效率高低，不同的国家或不同的地区同样的资本投入，可能会因劳动力素质的高低而带来不同的结果。劳动如同电能一样，无法保存与储藏，对于任何一个国家或经济体来说，如果在供给过程中未对劳动力加以充分运用，都是一种浪费，这种浪费与资本闲置、资源流失没什么不一样。

（三）资本

在经济学意义上，资本是指用于生产的基本生产要素，指事先被生产出来又用于生产的投入品，如资金、厂房、设备、材料等物质资源。

广义上，资本可作为人类创造物质、精神和信用财富的各种社会经济资源的总称。“资本”泛指一切投入再生产过程的有形资本、无形资本、金融资本和人力资本。

（四）企业家才能

微观经济学认为，在生产相同数量的产品时，可以多用资本少用劳动，也可以多用劳动少用资本。但是，劳动、土地和资本三要素必须予以合理组织，才能充分发挥生产效率，因此，为了进行生产，还要有企业家将这三种生产要素组织起来，企业家才能和前三个要素的关系不是互相替代的关系，而是互相补充的关系。

企业家才能是指企业家经营企业的组织能力、管理能力与创新能力。企业家是创新的主体，企业家创新是转型发展的推动力。企业家成功的内在素质也可视为企业家精神，企业家需要的素质至少包括以下几个方面：

首先是对成功的渴望。一个优秀的企业家可能会为自己的每一次成功感到自豪，但决不会陶醉在自己的成功里，他们总是渴望下一次的成功。在事业伊始，他们或许是只想要办一个工厂或成为一个有钱人，但一旦旗开得胜，他们就会开办新的事业。对于他们来讲，对利润的追求是永无止境的。

其次是对盈利机会的敏锐触觉。发现市场的不均衡，并用它来进行套利，是企业家的一项核心职能，只有那些擅长发现并满足他人渴望和需求的企业家才能在瞬息万变的市场环境中准确找到机会，成功套利。

再次是要有愿景和判断未来的能力。优秀的企业家，必须是能够洞察未来的人，他们需要判断未来的产业会怎么样，未来的消费者会有怎样的需求。只有成功地预料到这些，企业家才能成功投机套利，成功实现满足消费者需求的创新。

最后是要有承担风险的勇气。风险和失败对于企业家来说是很常见的，诸多优秀的企业家在其创业初期都曾经历过很多挫折，甚至有过惨痛的失败。如果这个时候他们选择了放弃，那么他们就只能是一个平庸者。正是坚定的信心和百折不挠的勇气，造就了他们最终的成功。

（五）技术

技术是人类在实践基础上通过经验总结、科学研究和实验等方式创造和发明出来的可以直接地改进生产或改善生活的知识和技能。技术一般以知识形态存在，在生产上，技术具有创造性和单一性，在使用和消费上具有持续性，并能在使用和消费中得到改进。技术具有使用价值，也是人类劳动的成果，如果投入市场交换，自然就表现为商品，成为生产要素之一。

（六）信息

信息是人们对外界事物的某种了解和认识，以消除不确定的认识，它是人类认识的一种成果。经济信息是人类对社会生产、交换、分配和消费等活动特征和规律性的认识，其中的部分内容具有特殊的使用价值，应作为商品成为市场交易的对象。

作为生产要素的信息与工程技术人员或经济管理人员的活劳动相结合，在社会扩大再生产过程中具有使价值增值的能力。信息的这种特殊使用价值（或效用）会给信息的所有者和使用者带来一定的预期利益，这也是信息成为生产要素的重要原因。

根据有关知识，可以使用图 1-2 来说明生产要素之间的联系。

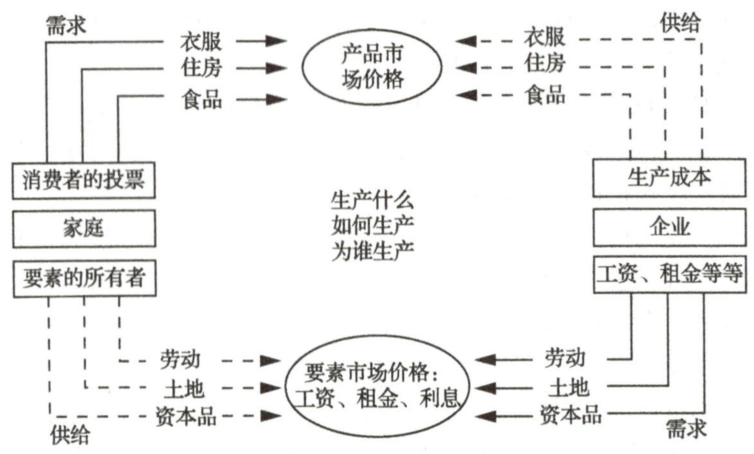

图 1-2　生产要素之间的联系

二、生产要素价格

土地、劳动、资本、企业家才能、技术、信息等生产要素进行市场交换，形成各种各样的生产要素价格及其体系。经济学认为，生产要素价格就是对其使用的补偿，资本的价格就是利息，劳动力的价格就是工资，土地的价格就是地租，企业家才能的价格就是企业利润。

（一）土地的价格

土地的价格就是地租。地租是指凭借土地所有权从土地使用者那里获取的收入。地租是土地所有权的经济实现形式。由于土地供给数量是固定的，因而地租的高低完全取决于土地需求者的竞争。需求者之间的竞争越激烈，地租就越高。

（二）劳动

劳动的价格就是工资，是对劳动这一生产要素提供劳务的报酬。它由劳动市场上劳动的供给和需求决定。

（三）资本的价格

资本的价格就是利息。利息，从其形式上看，是货币所有者因为借出货币资金而从借款者手中获得的报酬；从另一方面看，它是借贷者使用货币资金必须支付的代价。利息实质上是利润的一部分，是利润的特殊转化形式。利息的计算公式如下：

$$利息 = 本金 \times 利率 \times 时间$$

利息的大小主要是由资本的供给和需求决定，除此之外，利息的大小还受到延迟消费、预期通货膨胀、代替性投资、投资风险和流动性偏好等因素的影响。

（四）企业家才能的价格

企业家才能的价格就是企业利润。正常利润是企业家才能的合理报酬。现实中，企业家才能的价格表现为企业支付给企业家的薪酬。

（五）技术的价格

技术的价格是指技术作为商品出售后从技术受让方获得的技术使用费。技术价格主要遵从买卖双方生产力水平所对应的对其使用价值的认同。因此，技术的价格反映的是技术作为商品的使用价值，而不是价值。在实际的技术贸易活动中，技术的价格包含技术服务费、技术专利费、技术诀窍费、技术设备费及使用技术进行生产活动的提成费等。

技术作为商品形成价格，具有一定的特殊性：首先，形成技术商品价值的劳动是高级复杂劳动，是倍加的简单劳动。其次，形成技术商品价值的劳动不仅要包括应用技术研究所耗费的劳动，而且要包括与此直接有关的基础研究所耗费的劳动。再次，形成技术商品价值的劳动是通过技术应用后节约的劳动量，即一项科技产品新增的经济效益来表现。在具体的价格形成和变动过程中，供求关系、技术商品的成本、潜在经济效益、寿命周期、转让次数、研制与推广风险、实用性和实施条件、价格的支付方式和技术流通方式等，都对其具有程度不同的实际影响。

（六）信息的价格

信息的价格一般指有偿提供信息所收取的费用，也是买卖双方在信息交易中达成的成交价格。在信息交易中，信息商品的价格，一方面以信息商品的生产加工成本和社会劳动消耗数量为基础，另一方面也与信息商品的经济效益有很大关系。信息商品价格与其直接成本存在较大背离，这一方面是因为信息生产所消耗的劳动是一种极为特殊的高级复杂劳动，单位劳动消耗会形成较大的社会价值，另一方面主要是因为其潜在的经济效益较大，有较大的市场需求。

买卖双方在信息交易过程中，通过对信息的特殊效用与费用的对比来进行价值判断。这种价值判断是制约信息价格的基础。但直接决定信息价格的因素，还是信息的垄断程度和市场供求关系。信息商品化，不仅可以使信息生产的消耗得以补偿，而且能促进信息的生产和流通，优化信息资源的配置，提高整个社会的经济效益。

三、规模经济

（一）规模经济的概念

按照《新帕尔格拉夫经济学大词典》的解释，规模经济指的是：在一定的技术条件下（指没有技术变化），对于某一产品（无论是单一产品还是复合产品），如果在某些产量范围内平均成本是下降或上升的话，我们就认为存在着规模经济（或不经济）。

（二）决定企业最佳规模的因素

企业的生产规模不是越大越好，而是有自己的最佳规模。一般来讲，决定企业最佳规模的因素主要包括以下三种。

1. 产品本身的性质

就产品本身的性质来说，飞机产品和豆制品所要求的最佳生产规模显然有很大的区别。企业必须根据所生产产品的性质决定其最佳规模。

2. 企业面临的市场状况

就企业面临的市场状况来说，一个地域性的产品和一个国际性产品，其市场容量有很大差异，所要求的最佳生产规模显然也有很大差别。工厂确定自己的产量是依据它面临的市场需求状况，即销售量来确定的。所谓以销定产，有多大市场，确定多大的产量，这是决定企业生产规模的决定因素。否则就会造成企业产品积压，经营困难，甚至破产，更不要谈什么规模报酬了。

企业面临的市场需求状况是经常变化的。一方面，企业自身不断降低成本在竞争中努力扩大自己的市场销售量或市场份额；另一方面，其他竞争对手也在这样做，而且消费者的偏好经常在变化，有许多不确定因素。而且不同企业的市场需求差别很大。因此，企业必须瞄准不断变化的市场，随时调整自己的生产规模。

3. 技术发展水平

产品和生产的技术水平的高低对生产方式和管理模式有不同的要求，而且一些技术水平高、生产工艺复杂的产品本身就要求有一定的经济规模，规模过小生产是不经济的。例如，纽扣产品在家庭作坊就可以生产，汽车产品必须要求很大的规模才不会亏损。

综上所述，最佳经济规模并没有一个固定的模式或公式，而是因产品、市场、技术不同而有所差异和变动的。

（三）规模报酬

规模报酬也称规模收益，是指企业从最佳经济规模上获得的好处或收益，它表现为企业投入产出比的提高。

企业的经济规模过小或过大，都会影响所投入各要素效率的发挥，从而影响产量最大化的目标。最佳经济规模由于可以使各要素的效率充分发挥，从而提高投入产出比而获得规模报酬。一般来讲，企业最佳生产规模可以通过企业生产规模变动与所引起的产量变动之间的关系来考察，即通过投入产出比的变动来考察。在全要素投入产出比为既定的条件下，企业规模扩大（各要素投入按相同比例增加）所引起的产量变动有三种情况，分别被称为规模报酬不变、规模报酬递增和规模报酬递减。

1. 规模报酬不变

规模报酬不变是指企业规模扩大，投入产出比不变，即产量增加的比例等于各要素投入增加的比例。规模报酬不变表明企业产量的增加是由于投入的增加，企业并没有获得规模继续扩大的好处和收益。例如，当企业生产规模扩大使其投入产出比提高到 1∶2 后，继续扩大生产规模。但是，企业的投入产出比没有提高，仍然是 1∶2。这说明企业并没有因规模继续扩大继续增加收益，即企业已达到最佳规模或规模经济，不宜再继续扩大生产规模。如果继续扩大，就可能出现规模报酬递减。判断企业是否达到最佳规模的临界点，就是看继续扩大生产规模是否出现规模报酬递减。

2．规模报酬递增

规模报酬递增是指在既定的投入产出比的条件下，企业规模扩大带来了投入产出比的提高，即产量增加的比例大于各要素投入增加的比例。规模报酬递增，表明企业生产规模扩大带来了生产效率的提高，规模扩大给企业带来了更多的收益和好处，或者说企业获得了规模报酬。例如，假定原来企业既定的投入产出比为1∶1，生产规模扩大使企业的投入产出比提高到1∶2。产出增加的比例就是企业获得的规模报酬。同时，它也表明企业没有达到最佳经济规模，还可以继续扩大规模。规模报酬递增主要源于四个方面：

（1）劳动分工使生产的专业化程度提高，从而提高劳动生产率。

（2）资源的集约化使用。同时集中使用数量较多且性能相似的机器设备，可以提高机器的使用效率——使因故障停工的概率降低，相同工种的劳动力集中在一起使统一培训的成本降低，等等。

（3）生产要素的不可分性。不可分性意味着某些生产要素只有在一定的限度和范围内才能发挥最大的生产能力，生产规模较大的生产者比小规模的生产者能更有效地利用这些生产要素。

（4）大规模厂商的较强的讨价还价能力。生产规模大的厂商往往在原材料采购、分销渠道、产品运输等方面有着较强的讨价还价能力，可以以较低的价格购买原材料，建立分销渠道的能力也较强，单位分销成本也较低。

3．规模报酬递减

规模报酬递减是指随着企业规模扩大，投入产出比下降，即产量增加的比例小于各要素投入增加的比例。例如，当企业投入产出比达到 1∶2 的规模经济后，继续扩大生产规模，投入产出比没有提高，反而降为1∶1.5，这种现象就是规模报酬递减。

造成规模报酬递减的主要原因有两个。其一是生产要素可得性的限制。随着厂商生产规模的逐渐扩大，由于地理位置、原材料供应、劳动力市场等多种因素的限制，可能会使厂商在生产中需要的要素投入不能得到满足。其二是生产规模较大的厂商的管理效率，如内部的监督控制机制、信息传递等会下降，容易错过有利的决策时机，使生产效率下降。

规模报酬是先递增后递减，递增是暂时的，而递减则是必然的。规模报酬由递增到递减的关键在于生产要素组合比例起了变化。开始阶段，是一种生产要素投入量太少，致使某种生产要素的效能未能充分发挥。这时这种生产要素投入量的增加，必使其效能逐渐提高，致使边际产量递增。当这种生产要素增加到一定量时，两种生产要素的结合比例恰到好处，效能得到充分发挥，使边际产量为极大。此时，如果再继续增加这种生产要素投入量，则将使两种生产要素的组合比例失调，效能降低，致使边际产量递减。

一般来讲，企业在从小到大的发展过程中，大都经历了规模报酬递增、不变、递减三个阶段。这也为判断企业最佳规模提供了思路和方法。但企业的最佳规模是因产品性质、市场变化、技术发展的情况而变动的，因而是相对的，没有一个固定的模式或公式。

四、机会成本

经济学家认为，经济学是要研究一个经济社会如何对稀缺的经济资源进行合理配置的问题。从经济资源的稀缺性这一前提出发，当一个社会或一个企业用一定的经济资源生产一定数量的一种或几种产品时，这些经济资源就不能同时被使用在其他的生产用途方面。这就是说，这个社会或这个企业所获得一定数量的产品收入，是以放弃用同样的经济资源来生产其他产品时所能获得的收入作为代价的。由此，便产生了机会成本的概念。

案例

改种棉花的机会成本

假定一个农民在一亩地上种玉米是最好用途，一年可收获 1 000 kg，价格为 3 元/kg，可得报酬合计 3 000 元。现在鉴于市场对棉花的需求增加，农民想将这一亩地改种棉花，则其必然要牺牲种玉米所能得到的报酬，即 3 000 元，所以种棉花的机会成本就是 3 000 元。农民改种棉花的决策是否正确，则取决于他种棉花的收益是否能抵偿或超过其机会成本，如果回答是肯定的，那么资源的这一重新配置是合理的。

【案例分析】人们在日常生活中，经常要面对各种各样的决策，在决策的过程中要面临各种各样的选项，在分析选项时要计算各种各样的机会成本，只有所获利益高于成本的情况下，人们才会采取行动。因此，在整个选择的过程中，机会成本可以说是最为重要也是最为基础的一个环节，因为只有充分考虑机会成本，我们才会作出更加明智的决策。

（资料来源：百度文库，https://wenku.baidu.com/view/11e65d855627a5e9856a561252d380eb63942335.html）

（一）机会成本的含义

机会成本是指在资源有限的条件下，当把一定资源用于某种产品生产时所放弃的用于其他用途可能得到的最大收益。机会成本的概念有助于人们在面临选择的时候进行权衡和比较以对资源的用途做出最佳选择。

例如，对于 100 万元资金，要投资一个项目。首先要假定两点：一是资金是有限的，只有 100 万元，从规模经济的角度考虑只能投资一个项目。二是据掌握的信息和知识，有许多项目或机会可供选择，如制衣厂、食品厂、养鱼场等。如果选择其中一个，如食品厂，那么就要放弃制衣厂、养鱼场等其他机会。如何选择？显然，应该预测各个项目的年收益率，从而比较各个项目的机会成本。如果预测制衣厂年收益率为 20%，食品厂年收益率为 15%，养鱼场年收益率为 10%，那么，如果选择食品厂项目，就会获得 15%的年收益率，却放弃了制衣厂 20%年收益的机会，显然机会成本太高，是不明智和不经济的。因此，从机会成本的角度考虑，应该选择制衣厂项目，而放弃其他的机会。这样的 100 万元资金也就得到了最有效率的运用。

（二）机会成本分析

机会成本是由选择产生的。一种经济资源往往具有多样用途，选择了一种用途，必然要丧失另一种用途，后者可能带来的最大收益就成了前者的机会成本。当资源的贡献与报酬相等时，机会成本就是该资源在其次一个最好用途中所得到的报酬。对一个社会或一个企业来说，如果资源有多种用途，就要考察各种用途资源的使用是否在技术上最有效，并从中选择经济收益最大的方案，才能获得最大效果，这就是机会成本分析。

进行机会成本分析必须考虑的因素有：

1. 所使用的资源具有多种用途

机会成本本质上是对不能利用的机会所付出的成本，如果资源的使用方式是单一的，那就谈不上各个机会的利益比较。只有当资源具有多用性的时候，企业才要考虑机会成本，这是考虑机会成本的一个前提条件。

2. 把可能获得的最大收入视为机会成本

考虑机会成本时并不是指任何一个使用方式，而是指可能获得最大收入的使用方式。在这里，需要强调可能性。

3. 决策时必须要考虑机会成本

在现实中，有很多企业在购进某种生产要素时，这种要素的市场价格较低，一段时间后，价格上扬，这个时候，是按照原来的生产计划再加工这种要素，还是直接出售这种要素呢？如果是选择继续生产，那么直接销售所可能获得的收益就是再加工的机会成本。作为决策分析中经常使用的一个特定概念“机会成本”，是在决策分析过程中，从多个供选方案中选取最优方案而放弃次优方案，从而放弃了次优方案所能取得的利益而成为损失。这种由于放弃次优方案而损失的“潜在利益”就是选取最优方案的机会成本。

机会成本虽然不构成一般意义上的成本，不构成企业的实际支出，也不入账，但它是决策者进行正确决策所必须考虑的现实的因素。忽视了机会成本，往往有可能使投资决策分析发生失误。例如，某企业准备将其所属的餐厅改为洗浴中心，预计洗浴中心未来一年内可获利润 70 000 元，在这种情况下，企业在决定是否应该将其所属的餐厅改为洗浴中心时应考虑机会成本后再决策，他的优选方案的预计收益必须大于机会成本，否则所选中的方案就不是最优方案。

（三）显性成本和隐性成本

经济学中把企业的成本分为显性成本和隐性成本两个部分。

1. 显性成本

企业的显性成本是指企业在生产要素市场上购买或租用他人所拥有的生产要素的实际支出。例如，某企业雇用了一定数量的工人，从银行取得了一定数量的贷款，并租用了一定数量的土地，为此，企业需要向工人支付工资，向银行支付利息，向土地出租者支付地租，这些支出便构成了该企业的显性成本。从机会成本的角度讲，这笔支出的总价格必须等于这些生产要素的所有者将相同的生产要素使用在其他用途时所能得到的最高收入。否则，该企业就不能购买或租用到这些生产要素，并保持对它们的使用权。

2. 隐性成本

企业的隐性成本是指企业本身所拥有的且被用于该企业生产过程的那些生产要素的总价格。例如，为了进行生产，一个企业除了雇用一定数量的工人，从银行取得一定数量的贷款，并租用一定数量的土地之外（这些均属于显性成本的支出），企业还动用了自有的资金和土地，并亲自管理企业。从经济学角度考虑，借用他人的资本需要支付利息，租用他人的土地需要支付地租，聘用他人来管理企业需要支付薪金，那么，同样道理，当企业使用自有生产要素时，也应该得到报酬（支付利息、地租和薪金）。这笔价值应该计入成本之中。由于这个成本支出不如显性成本那么明显，故被称为隐性成本。隐性成本也必须从机会成本的角度按照企业自有生产要素在其他用途中所能获得的最高收入来支付，否则，厂商会把自有生产要素转移出本企业，以获得更高报酬。

（四）利润

在经济学中进行利润的分析，需要区别经济利润和正常利润。

1. 经济利润

企业所有的显性成本和隐性成本之和构成总成本。企业的经济利润是企业的总收入和总成本的差额，简称企业利润。企业所追求的最大利润，指的就是最大的经济利润。经济利润也被称为超额利润。

2. 正常利润

正常利润是指厂商对自己所提供的企业家才能的报酬支付。需要强调的是，正常利润是厂商生产成本的一部分，它是以隐性成本计入成本的。从机会成本的角度看，当一个企业所有者同时又拥有管理企业的才能时，他可以面临两种选择机会，一种是在自己的企业当经理，另一种选择是到别人所拥有的企业当经理。如果他到别人所拥有的企业当经理，他可以获得薪金收入。如果他在自己的企业当经理，他就失去了到别的企业当经理所获得的收入报酬，而他所失去的这份报酬就是他在自己所拥有的企业当经理的机会成本。或者说，如果他在自己的企业当经理的话，他应当自己向自己支付报酬，而且这份报酬数额应该等于他在别的企业当经理时所可以得到的最高报酬。所以，从机会成本的角度看，正常利润属于成本，并且属于隐性成本。

由于正常利润属于成本，因此，经济利润中不包含正常利润。又由于厂商的经济利润等于总收入减去总成本，所以，当厂商的经济利润为零时，厂商仍然得到了全部的正常利润。即

① 正常利润 = 隐性成本

② 总成本 = 显性成本 + 隐性成本

③ 总收入 = 产品销量 × 产品价格

④ 经济利润 = 总收入 − 总成本 = 总收入 − （显性成本 + 隐性成本）

⑤ 利润 = 经济利润 + 正常利润 = 总收入 − 显性成本

从上面的计算公式可知，企业的利润包括经济利润和正常利润两部分，公式⑤通常是企业进行财务会计核算时采用的公式，或者说，公式⑤的计算结果就是我们日常生活中所说的企业利润。

● 任务四　市场价格

【素质目标】

（1）透过现象看本质，学会从经济学的角度深挖生活中一些现象的本质及特性。

（2）正确认识国家宏观调控，自觉打击价格违法的行为。

【知识目标】

（1）理解市场价格的概念。

（2）了解市场机制和作用。

（3）熟悉和掌握市场价格的构成。

（4）熟悉通货膨胀的含义和内容。

【技能目标】

（1）懂得价格的不断变动是一种正常的经济现象，能运用相关知识，对企业有关经济活动进行价格分析。

（2）知道价格的变动不是任意的，是围绕价值上下波动的，能运用价格知识，对企业商品的价格进行分析。

案例引入

客运价格：政府对市场价格的调控

2015 年 4 月 10 日，陕西省宝鸡市陇县物价局、交通运输局举行了农村道路客运价格调整听证会，来自消费者、经营者、专家学者、机关单位和社会组织等社会各方面的 23 名代表参加了听证会。此次听证会讨论的焦点是拟将全县农村普通级车型平均客运运价调至 0.286 元/（人·千米），较目前实际执行平均运价 0.248 元/（人·千米）提高 15.3%；区别不同道路情况，综合各项因素计算票价，拟将全县农村客运线路票价涨幅控制在 2 元以内。

问题是，为什么改革这么多年，我们还停留在要由政府出面，为垄断行业举行价格听证会的阶段，而不能由市场来决定价格呢？

【案例分析】我们经济生活中有两种主要的经济组织形式：市场机制和命令经济。所谓市场机制是指这样一种经济组织形式，即单个消费者和企业通过市场相互发生作用，来决定经济组织的三个中心问题：生产什么、如何生产和为谁生产。所谓命令经济是指这样一种制度，其资源的分配由政府来决定，命令市场主体按照国家经济计划行事。那么，在市场机制作用下，政府有什么作用呢？政府的作用主要体现在两方面：一是提高效率；二是促进公平。

一、价格概述

走进商场，你会发现琳琅满目的商品几乎每一样都是明码标价的。例如，中号皮鞋398元/双；一级花茶168元/盒等。从表象看，这种货币与商品的交换比例就叫商品的价格。价格属于商品经济的范畴，但它不是与商品同时出现的，而是在商品经济漫长的发展过程中，随着价值形式的发展、货币的产生而产生的。商品价格是商品经济发展到一定阶段的产物，是价值形式长期发展演变的结果。

市场价格就是商品在市场上买卖的价格。同一种商品在同一市场上一般只能有一种价格。市场价格是市场竞争形成的，市场价格的高低受到商品的价值和这种商品在市场上的供求状况的影响。

（一）商品价值决定价格

马克思在《资本论》中告诉我们，价格是商品价值的货币表现，而价值则是生产商品所花费的社会必要劳动时间。所以，商品价格归根到底是由商品包含的社会必要劳动时间决定的。

社会必要劳动时间是指在现有的正常的社会生产条件下，在社会平均劳动熟练程度和劳动强度下完成一件产品所需要的平均时间。这个平均时间决定了商品的价格。

案例

商品价值与价格

甲生产一瓶啤酒要8个小时，乙生产一瓶红酒要16个小时（假设二者生产时间和社会平均生产时间相等），那么只有甲用两瓶啤酒换乙一瓶红酒才公平，所以如果甲的啤酒卖80元一瓶的话，乙的红酒就该卖160元（不考虑品牌和市场供需关系）；如果甲生产啤酒的技术提高了，甲生产一瓶啤酒平均只要1小时(全社会都这样)，而乙不变，那么甲的啤酒就只能卖10元一瓶了。

【案例分析】生产商品的社会必要劳动时间是随着劳动生产率的变化而变化的。因此，劳动生产率越高，生产单位商品所耗费的社会必要劳动时间就越少，单位商品的价值量就越小；反之，情况相反。所以，商品的价值量与体现在商品中的劳动量成正比，与生产这一商品的劳动生产率成反比。

（资料来源：搜狗问问，https://wenwen.sogou.com/z/q304225366.htm）

（二）价格的功能

1. 传导信息的功能

价格既然是反映供求情况的，人们也就可以从价格的变化看出商品相对稀缺的程度，因此，价格信息能引导有关经济单位（生产者、经营者和消费者）做出正确的决策。在生产领域，价格变化显示了商品的短缺或富余，显示了生产成本、盈余、企业经营管理等情况的变化，没有这些信息，企业决策就可能是盲目的。

2．配置资源的功能

配置资源的功能即商品价格的变动可以引起供给和需求、生产和消费的变动，进而引起资源流向的变化。当某种商品的价格上升时，生产者一般会增加这一商品的生产，这就会吸引社会资源流入这一行业，但价格上升一般消费者会减少对这一商品的需求。当某种商品价格下降时，生产者一般会减少这一商品的生产，部分资源可能离开这一行业，消费者则会增加对这一商品的需求。价格正是通过这一过程调节着企业的生产规模、资源在行业间的配置和社会总供给与总需求的平衡。

3．促进技术进步、降低社会平均必要劳动时间的功能

由于价值决定价格，率先进行技术更新和改造、降低单位产品价值（社会必要劳动时间）的生产者就会以最小的成本获得最大的利润，这种情形会激励生产者竞相采用先进的技术和生产工艺，实现本企业的利润增长。

4．价格是实现国家宏观调控的一个重要手段

价格所显示的供求关系变化的信号系统，为国家宏观调控提供了信息。一般来说，当某种商品的价格变动幅度预示着这种商品有缺口时，国家就可以利用利率、工资、税收等经济杠杆，鼓励和诱导这种商品生产规模的增加或缩减，从而调节商品的供求平衡。价格还为国家调节和控制那些只靠市场力量无法使供求趋于平衡的商品生产提供了信息，使国家能够较为准确地干预市场经济活动，在一定程度上避免由市场自发调节带来的经济运行的不稳定，或减少经济运行过程的不稳定因素，使市场供求大体趋于平衡。

影响价格的这些功能是统一地联系在一起的。价格的涨落，犹如一只无形的手，调节着人们的利益，指挥着生产者的行动，牵动着消费者的神经。

二、价格机制

在市场经济中，各种稀缺资源的供给与需求都可通过价格的高低反映出来。如果市场上出现超额需求，价格必然趋于上升；反之，如果市场上出现超额供给，价格必趋于下降。于是人们就可根据价格的升降调节自己的经济行为，实现劳动、资本等经济资源的有效利用。价格所起的这种作用被称为价格机制。

价格机制，是指在市场竞争过程中，与供求相互联系、相互制约的市场价格的形成和运行机制。价格机制是市场机制中的基本机制，是市场机制中最敏感、最有效的调节机制，价格的变动对整个社会经济活动都有十分重要的影响。商品价格的变动，会引起商品供求关系变化；而供求关系的变化，又反过来引起价格的变动。

（一）价格机制解决社会生产什么、如何生产、为谁生产三大基本问题

（1）企业生产什么，生产多少，首先必须以市场为导向，即以市场供求状况为导向，而市场供求状况，又必须看市场价格情况。如市场上某种产品相对于其用途过于稀缺，价格过高，说明供不应求，生产经营者就有多生产经营该产品的动机，而消费者就有少用或

不用该产品的动机，这将引起价格下落，直到其稀缺程度符合其用途为止。如果某种产品相对于其用途过于丰裕，说明供过于求，其价格又过低，消费者就具有多使用该产品的动机，而生产经营者则具有少生产或不生产该种产品的动机，这将带来价格上涨，直至其稀缺程度符合其用途为止。因此，生产经营者决定生产什么，生产多少，是以市场价格信号为根据做出决策的。

（2）企业在决定生产什么和生产多少以后，就必须解决如何生产的问题，也就是如何配置资源的问题。是多用劳动力，还是多用资本（包括机器设备）；是用普通材料，还是用高档材料；是用一般技术，还是采用较高技术，关键是要看其成本价格是高还是低。如果使用资本比使用劳动力成本较低，那就多用资本少用劳动力；如果采用一般技术比采用较高技术成本高，那就采用较高技术。企业在决定如何生产问题时，必须通过成本核算，选择成本最低的方案进行生产。

（3）产品生产出来之后，如何在人们之间进行分配，就是为谁生产的问题。企业最关心的问题，是谁能买得起他们所生产的产品，它决定于市场上各种集团、家庭、个人的收入情况。产品价格的变动和生产要素价格的变动，将决定人们对产品愿意支付的价格水平及支付结构，使产品在资源所有者之间进行分配，那些拥有资源较多，或昂贵资源的人，将是富裕的，并能购买大笔数量的产品；那些拥有资源较少的人，将是不富裕的，只能购买较少的产品。所以，价格能将产品的产量在资源所有者之间进行分配。

（二）价格机制直接影响消费者购买行为

（1）在消费者收入不变的情况下，某种产品价格上涨，而相关产品价格稳定或下跌，将促使消费者多购买相关产品，少购买或不购买该种产品。某种产品价格下跌，而相关产品价格上涨，将促使消费者多购买该种产品，而少买或不买相关产品。

（2）消费者收入增加，产品价格相对稳定，将促使消费者增加消费量。消费者收入增幅低于价格涨幅，则消费者实际收入减少，会影响消费水平，消费者会相应减少消费量，但生存资料不会减少，而享受资料和发展资料会相应减少。消费者收入增幅高于价格涨幅，消费者实际收入增加，会相应提高消费水平，增加消费量，除了增加一些生存资料消费，还会增加享受资料和发展资料的消费。

（3）生存资料价格稳定，享受资料和发展资料价格下跌，将促使消费者改变消费结构，增加享受资料和发展资料的消费。生存资料价格上涨或下跌时，由于生存资料的需求弹性较小，购买消费生存资料不会发生很大变化。如享受资料和发展资料价格上涨或下跌，由于其需求弹性较大，则需求量将会相应减少或增加。

三、价格构成

价格构成是商品价格的形成要素及其组合，亦称价格组成。价格构成反映商品在生产和流通过程中物质耗费的补偿，以及新创造价值的分配，一般包括生产成本、流通费用、税金和利润四个部分。

（一）生产成本

生产成本是商品价格构成中的一项基本因素，是价格构成的主体。构成商品价格的生产成本，不是个别企业的成本，而是行业（部门）的平均成本，即社会成本。

生产成本是生产单位为生产产品或提供劳务而发生的各项生产费用，包括各项直接支出和制造费用。直接支出包括直接材料（如原材料、辅助材料、备品备件、燃料及动力等）、直接工资（如生产人员的工资、补贴、社保费支出等）、其他直接支出（如福利费等）；制造费用是指企业内的分厂、车间为组织和管理生产所发生的各项费用，包括分厂、车间管理人员工资性费用、机器设备（包括房屋建筑物）的折旧费及其他制造费用（办公费、差旅费、劳保费等）。

（二）流通费用和管理费用

流通费用包括生产单位支出的销售费用和商业部门支出的商业费用。商品价格中的流通费用是以商品在正常经营条件下的平均费用为标准计算的。

流通费用，就是商品流通过程中所支出的各种费用。流通费用分为两类：一类是装卸费、运输费、保险费、保管费、包装费和合理的损耗等；另一类是一种纯粹流通费用，如销售人员的工资、福利费、广告宣传费、办公费、簿记费、商品信息费等。

管理费用是指企业行政管理部门为组织和管理生产经营活动而发生的各种费用。其包括企业董事会和行政管理部门在企业经营管理中发生的，或者应当由企业统一负担的研发费用、公司经费、工会经费、社会保险费、董事会费、聘请中介机构费、咨询费、诉讼费、业务招待费、办公费、差旅费、邮电费、绿化费、管理人员和技术人员工资及福利费等。

（三）税金

税金是国家通过税法，按照一定标准，强制地向商品的生产经营者征收的预算缴款。税金主要包括企业按规定缴纳的消费税、城市维护建设税、资源税、土地增值税、房产税、车船税、土地使用税、印花税、教育费附加等各种税金及附加。

（四）利润

利润是构成商品价格中盈利的部分，是企业在一定时期内全部生产经营活动的最终成果。利润是商品收入减去生产成本、流通费用、管理费用和税金后的余额。

企业实现的利润，一部分以税金形式上缴国家；另一部分按规定进行分配。分配顺序为：① 被没收财物损失、违反法规支付的滞纳金和罚款；② 弥补企业以前年度亏损；③ 提取盈余公积金；④ 向投资者分配利润。

四、通货膨胀

商品价值的变动是商品价格变动的内在的、支配性的因素，是商品价格形成的基础。但是，商品的价格既是由商品本身的价值决定的，也是由货币本身的价值决定的。

（一）通货膨胀的含义

通货膨胀是指在纸币流通条件下，因货币供给大于货币实际需求，也即现实购买力大于商品的产出供给，导致货币贬值，而引起的一段时间内物价持续而普遍地上涨的现象。其实质是社会总需求大于社会总供给。纸币、含金量低的铸币、信用货币，过度发行都会导致通货膨胀。当市场上流通的货币数量超过经济实际需要，人们手中的货币增加，购买力就会下降，从而引起货币贬值和物价水平全面而持续的上涨。

通货膨胀之反义为通货紧缩。当市场上流通货币减少，人民的货币所得减少，购买力下降，使物价下跌，造成通货紧缩。长期通货紧缩会抑制投资与生产，导致失业率升高及经济衰退。

无通货膨胀或极低度通货膨胀称之为稳定性物价。

（二）物价上涨的影响因素

一般说，通货膨胀必然引起物价上涨，但不能说凡是物价上涨都是通货膨胀。导致物价上涨的影响因素是多方面的。

（1）纸币的发行量必须以流通中所需要的数量为限度，如果纸币发行过多，引起纸币贬值，物价就会上涨。

（2）商品价格与商品价值成正比，商品价值量增加，商品的价格就会上涨。

（3）价格受供求关系影响，商品供不应求时，价格就会上涨。

（4）政策性调整，理顺价格关系会引起上涨。

（5）商品流通不畅，市场管理不善，乱收费、乱罚款，也会引起商品价格的上涨。

可见，只有在物价上涨是因纸币发行过多而引起的情况下，才是通货膨胀。

（三）通货膨胀的危害

通货膨胀直接使纸币贬值，如果居民的收入没有变化，生活水平就会下降，造成社会经济生活秩序混乱，不利于经济的发展。不过在一定时期内，适度的通货膨胀又可以刺激消费，扩大内需，推动经济发展。通货紧缩导致物价下降，在一定程度上对居民生活有好处，但从长远看会严重影响投资者的信心和居民的消费心理，导致恶性的价格竞争，对经济的长远发展和人民的长远利益不利。

（四）通货膨胀的治理措施

治理通货膨胀最根本的措施是发展生产，增加有效供给，同时要采取控制货币供应量、实行适度从紧的货币政策和量入为出的财政政策等措施。治理通货紧缩要调整优化产业结构，综合运用投资、消费、出口等措施拉动经济增长，实行积极的财政政策、稳健的货币政策、正确的消费政策、坚持扩大内需的方针。

（五）居民消费价格指数

居民消费价格指数（CPI），是衡量通货膨胀的指标，是反映各个时期商品价格水准变动情况的指数，是一个反映居民家庭一般所购买的消费商品和服务价格水平变动情况的宏观经济指标。

CPI 的计算公式如下：

$$\text{CPI}=\frac{\text{一组固定商品按当期价格计算的价值}}{\text{一组固定商品按基数价格计算的价值}}\times 100\%$$

一般来说，当 CPI 涨幅大于 3%时，称为通货膨胀；而当 CPI 涨幅大于 5%时，称为严重的通货膨胀。

任务五　价格影响因素

【素质目标】

（1）多角度思考问题解决方案，培养创新意识和发展意识。

（2）积极顺应国家政策导向，维护公平竞争的市场秩序。

【知识目标】

（1）理解价值和价值规律的含义。

（2）熟悉需求及其影响因素。

（3）熟悉供给及其影响因素。

（4）了解国家政策对价格的影响。

（5）熟悉市场竞争状况对价格的影响。

（6）熟悉效用对价格的影响。

【技能目标】

（1）能根据供求关系来制定商品合理的价格。

（2）具备根据市场竞争状况制定商品价格的能力。

案例引入

设备引进：价格战略

1987 年，福建省某机械厂进口一套设备。据调查，当时有 6 个国家能够生产这种设备，价格为 800 万～1 200 万美元。该厂首先找日本一家企业谈判，开价 800 万，争取 1 000 万成交。岂知，第一次谈判，日商就满口答应，并表示可以立即签订合同。厂长心里直打鼓："日本人这么好说话？其中必定有'鬼'！"但想来想去，货真价实，无可挑剔，便拍板敲定。设备到货使用一年以后，许多易损零部件需要更换，厂长便请日商按合同供货。日商表示可以，但价格提高一倍（合同并未规定日后供应零部件价格）。厂长心想这是“敲竹杠”，便设法向其他生产同类设备的国家购买，但由于不配套，最后被迫以高价向日商购买这些专用零部件。几年下来，这比当初花 1 200 万美元买还贵。厂长气愤地骂道：“日本人就是‘鬼’！”

【案例分析】由于国际市场竞争激烈，成套设备的主机极富弹性，而专用零配件几乎完全无弹性。因此，日商的销售策略是先在主机上让价，把你套住以后再在零配件上提价，这叫“堤内损失堤外补”。厂长深有感慨地说：“不能说日本人鬼，只能怪自己笨——无知！”因此，在购买外国产品、引进成套设备时，由于它们富有价格弹性，在谈判中应力争主动，以最有利的价格购进。对一些必需的附件等，尽量与主机同时一次购入，并在合同中详细写明售后服务项目。在销售产品时，也可以适当降低主机和成套设备的利润率，以扩大需求，占领市场，而与这些主机有关联的附件等，则可适当提高利润，以求较好的综合经济效益。

（资料来源：黎诣远．微观经济分析．清华大学出版社，2003：53）

在市场经济中，每个生产者在进行生产时，并不确切知道究竟有多少人在生产同类商品，不知道有多少同类商品进入市场，也不知道市场对这种商品需求是多少。在这种条件下，市场上商品的供给与需求恰好相等的情况是极其偶然的，多数的情况是商品有时供过于求，有时供不应求。

当某种商品的供给超过需求时，商品生产者为了卖出自己手中的商品，不得不削价竞争，导致商品的价格跌到价值以下。当某种商品的供给不能满足需求时，商品的购买者为了获得那种商品，也不得不互相竞争，在市场上抬价收购，导致商品的价格上升到价值以上。

但是，商品的价格高于或低于价值，都是不能持久的。当商品价格高于价值的时候，从事这种商品生产可以获得较大的收益，必然导致该商品生产的扩大和供应量的增加。而随着市场上商品供应量的增加，商品的价格就要下跌，逐渐与价值接近。同样地，当某种商品的价格低于价值的时候，从事该商品生产获利降低，甚至无利可图，必然导致生产缩小和供应减少，促使价格回升，逐渐与价值接近。

市场上各种商品的价格虽然涨落不定，但价格的涨落总是环绕着一个中心来进行的。这个中心就是商品的价值。价格背离价值，价格受供求关系的影响自发地围绕着价值而上下波动，这种现象正是市场经济中价值规律发生作用的表现形式。

一、价值

（一）价值

马克思主义政治经济学认为，商品的价值量是由生产该商品的社会必要劳动时间决定的。价值是商品的本质属性，它代表该商品在交换中能够交换得到其他商品的多少，价值通常通过货币来衡量，就成为价格。

商品是用来交换的劳动产品。不同的商品生产者，由于主客观条件的差别，生产同一种商品所耗费的个别劳动时间是千差万别的。不等的个别劳动时间形成不等量的个别价值。但是，商品是用来满足社会需要的产品，社会对于使用价值相同的商品，只承认同一的价值，所以商品的价值不是个别价值而是社会价值。商品的价值量不是取决于个别劳动时间，而是取决于社会必要劳动时间，即在社会现有的正常生产条件下，在社会平均的劳动熟练程度和劳动强度下制造某种使用价值所需要的劳动时间。

（二）使用价值

使用价值是一切商品都具有的共同属性之一。任何物品要想成为商品都必须具有可供人类使用的价值；反之，毫无使用价值的物品是不会成为商品的。使用价值是物品的自然属性。马克思主义政治经济学认为，使用价值是由具体劳动创造的，并且具有质的不可比较性。使用价值是价值的物质基础，和价值一起，构成了商品二重性。例如，我们买粮食是为了吃，我们买衣服是为了穿，我们买花是为了观赏……在日常生活中，几乎每一种物品都具有一定的使用价值。倘若物品没有使用价值，就不会有人需要，即使人们在它身上耗费再多的劳动，这些劳动也不能形成价值。

每个商品的使用价值都不一样，所以不能将它们放在一起比较大小。我们不可以说，是一根绣花针使用价值大，还是一列火车使用价值大，因为它们的用途是不一样的。你不可能用绣花针来运输，更不可能用火车来绣花。

商品必须具有使用价值，但其使用价值并非是人类所赋予它的。例如，粮食的用途是多方面的，既可食用，也可用来酿酒，还能制作工艺品等。它的使用价值是与生俱来的，是由它的物理性质、化学性质、组织结构等决定的。所以，商品的使用价值是商品的自然属性。除了商品以外，其他非商品的劳动产品，有使用价值；与人有关的一些物品，也有使用价值，如阳光哺育万物成长，空气供人呼吸等。

（三）价值规律

价值规律是商品经济的基本规律，价格是价值的货币表现，商品的价值量由社会必要劳动时间决定，商品实行等价交换。商品交换实际上是商品生产者之间互相交换自己的劳动。各种商品都按照社会必要劳动时间决定的价值量进行交换，才能使交换成为互利的事情。从个别的商品交换来看，交换双方的商品价值恰好相等，它们的价格恰好都与其价值相符，是不常见的。但从长期的趋势来看，商品交换必然趋向于等价交换，商品的价格必然趋向于与其价值相符。在私有制社会中，价值规律是通过商品生产者之间的竞争，在生产无政府状态中自发地调节生产，刺激生产技术的改进，加速商品生产者的分化。而在社会主义市场经济下必须自觉依据和运用价值规律，以促进社会主义经济的发展。

价值规律的表现形式是通过市场供求的变化来影响商品价格，商品价格以价值为中心上下波动。其特点是：

（1）在商品交换中，商品的生产者总想提高价格，而消费者又想降低价格，所以在长期的市场交换中，必然形成等价交换的趋势。

（2）在商品交换中，如果一方总占便宜，另一方总吃亏，那么这样的商品交换是不能持续下去的。

恩格斯在阐述马克思的价值规律理论时说："商品价格对商品价值的不断背离是一个必要的条件，只有在这个条件下并由于这个条件，商品价值才能存在。只有通过竞争的波动从而通过商品价格的波动，商品生产的价值规律才能得到贯彻，社会必要劳动时间决定商品价值这一点才能成为现实。"

二、需求

按照经济学的观点，市场价格是由供给和需求共同决定的。在完全竞争市场上，它不受国家的干预。在那里，买卖双方都熟悉他们正在交换的商品在其他市场上的价格，并且都只根据价格行事。这样，在众多的买者和卖者的激烈竞争中，价格的差别很快消除。拿同样大小、同样质量的鸡蛋来说，如果某一个卖者索取比其他卖者更高的价格，顾客就会向其他卖者购买。如果某一卖者要价较低，就会很快卖完。但由于消费者众多，其他卖者能以略高的价格出售他们所有的鸡蛋时，这个卖者就会感到吃亏而不再以低价出售。

一般说，较高的价格会使卖者提供更多商品；反之，较低的价格则会减少他们的供给量。从买者方面来说，他们的需求量往往是有弹性的，如果他们感到价格低，质量也不差，就会多买；如果感到价格较贵，就会少买，甚至不买。由此可见，一旦卖者或买者改变自己的行为，商品的价格就会发生变动，因而价格水平最终决定于供给和需求两种力量的作用。

（一）需求概述

1．需要

需要是机体感到某种"缺乏"而力求获得满足的心理倾向，是内外环境的客观要求在头脑中的反应。它源于自然性要求和社会性要求，表现为物质需要和精神需要。需要常以一种"缺乏感"体现，以意向、愿望的形式表现出来，最终发展为推动人进行活动的动机。需要总是指向某种东西、条件或活动的结果等，具有周期性，并随着满足需要的具体内容和方式的改变而不断变化和发展。例如，肚子饿了，需要食物；天气变冷了，需要衣物等，这些都是人的需要。

2．需求

经济学所说的需求是指人们对某种物品或劳务在一定时空条件下有购买力的需要，是人们在欲望驱动下的一种有条件的、可行的，又是最优的选择。这种选择使欲望达到有限的最大满足，即人们总是选择能负担的最佳物品。商品或劳务的需求，有量的大小。如果它不限定在某一地区、某一时间，就成为一个无限量。

市场营销学中，需求可以用公式来表示：

$$需求 = 购买欲望 + 购买力$$

欲望是人类某种需要的具体体现。例如，你饿了，你的需要是填饱肚子，那具体体现就是需要食物，这是人的本能或者说欲望，但是要实现需要，必须具备购买力（购买力简单地说就是要有钱），这样才能转变为需求。因此，我们说需求是具有购买力的需要。

3. 需求与需要的区别

需求不等于需要。形成需求有三个要素：对物品的偏好、物品的价格和手中的收入。需要只相当于对物品的偏好，并没有考虑支付能力等因素。一个没有支付能力的购买意愿并不构成需求。需求比需要的层次更高，其涉及的因素不仅仅是内在的。

4. 需求量

需求是一种具有购买力的需要，其数量的多寡必同商品或劳务的价格密切相关。例如，当猪肉的价格提高时，人们就会少吃猪肉；反之，当猪肉大量上市，卖者又愿意跌价求售时，人们就会多吃猪肉，一时吃不了，还可能把它腌起来再吃。所以，经济学所说的需求不是笼统的需求，而是指在某一市场上决定需求的其他条件不变的情况下，一定时间内消费者对某种特定商品在各种可能价格下的需求量。

5. 需求规律

当影响商品需求量的其他因素不变时，商品的需求量随着商品价格的上升而减少，随着商品价格下降而增加。这就是我们常说的需求规律。

（二）影响市场需求的因素

1. 商品本身价格

商品的需求量随着商品自身价格的变化而变化。由于满足同一种需求有多种商品可供选择，在其他商品价格不变的前提下，如果某种商品的价格下降了，消费者就会购买更多的这种商品以代替其他商品，因而这种商品的需求量将增加。

2. 替代品的价格

所谓替代品是指使用价值相近，可以互相替代来满足人们同一需要的商品，如煤气和电力等。一般来说，相互替代商品之间某一种商品的价格提高，消费者就会把其需求转向可以替代的商品上，从而使替代品的需求增加，被替代品的需求减少，反之亦然。这种影响称作替代效应。

3. 互补品的价格

所谓互补品是指使用价值上必须互相补充才能满足人们某种需要的商品，如汽车和汽油、家用电器和电等。在互补商品之间，其中一种商品的价格上升，需求量降低，会引起另一种商品的需求随之降低。

4. 消费者的收入水平

需求量是有效的需求，因而它还取决于消费者的收入。当消费者的收入逐渐提高时，他将改变所购商品的结构。这样，一些商品的需求量会增加得快些，一些商品的需求量会增加得慢些，而一些商品的需求量将会减少。

因为消费者的收入在一定的时期内是既定的，当某种商品价格上升的时候，消费者将感觉到实际收入下降而减少购买这种商品，因而这种商品的需求量将减少。反之，这种商品的需求量将增加。商品价格的变化对需求量的这种影响称作收入效应。消费的替代效应和收入效应的存在，使一种商品的需求量与自身的价格呈反方向变化。

5. 消费者的偏好

偏好是指消费者对某种商品的喜爱。需求量是消费者希望购买的商品数量，它必然受到消费者偏好的制约。如果消费者对商品 A 的偏好强于对商品 B 的偏好，他对商品 A 的需求量就会大于对商品 B 的需求量。生产者进行广告宣传的目的不仅在于告诉人们有什么商品，而且还在于通过改变人们的偏好而增加对某种商品的需求量。即当消费者对某种商品的偏好程度增强时，该商品的需求量就会增加，相反偏好程度减弱，需求量就会减少。

6. 消费者的预期

消费者的预期主要包括对未来商品的价格及对自己未来收入的预期。当消费者预期某种商品的价格即将上升时，社会增加对该商品的现实需求量，因为理性的人会在价格上升以前购买产品。反之，就会减少对该商品的现实需求量。同样的，当消费者预期未来的收入将上升时，将增加对商品的现实需求，反之则会减少对该商品的现实需求。

7. 消费者规模

如果消费者人数的增加意味着就业的增加、产量的增加和收入的增加，那么商品的需求量也将增加。但是如果消费者人数的增加没有伴随着实际购买力的增加，即这种增加的需求不是有效的需求，那么商品的需求量也不一定增加。

三、供给

（一）供给概述

1. 供给

经济学中的供给是指在某一特定时期内，在每一价格水平上生产者愿意并且能够提供的一定数量的商品或劳务。能够提供给市场的商品总量，包括已经处在市场上的商品的流量和生产者能够提供给市场的商品的存量。

马克思在《资本论》中说明：供给的范围和水平取决于社会生产力的发展水平，一切影响社会生产总量的因素也都影响供给量；但是，市场供给量不等于生产量，因为生产量中有一部分用于生产者自己消费，作为贮备或出口，而供给量中的一部分可以是进口商品或动用贮备商品。提供给市场的商品，不仅具有满足人类需要的使用价值，而且具有凝结着一定社会必要劳动时间的价值。因此，供给不单纯是一种提供一定数量的特定的使用价值的行为，而且还是实现一定价值量的行为。

2. 供给规律

经济学所说的供给不是无偿供应，而是一种有代价的供应。在其他条件不变的情况下，一般而论，随着商品价格的升高，生产者愿意并且能够提供的商品数量增加；相反，随着商品价格的降低，生产者愿意并且能够提供的商品数量减少。即生产者的供给量与商品价格之间呈同方向变动。这一规律被称为供给规律。

3. 供给量

供给既然是有代价的，其数量必同商品或劳务的价格密切相关。市场的实际情况表明，某种商品或劳务的价格越高，其供给量就越多；反之，其供给量就越少。以猪肉为例，如果猪肉的价格调高，生产者就会获得更多的收入，所以他可能减少自己的消费量而供给更多猪肉，也可能采用科学的饲养方式，提高猪肉的产量，从而增加猪肉的供给量。从长期看，原来养猪的人可能增加他们饲养的猪的数量，甚至可能使那些不善于养猪的人也参与到养猪的行列，向市场供应猪肉。所以，经济学所说的供给并不是笼统的概念，而是指生产者或厂商在一定时间内在某一市场，在各种可能的价格条件下愿意并能够提供的某种物品或劳务的数量。

（二）影响供给的因素

1．商品本身的价格

假定其他条件不变，特别是生产要素的成本和其他商品的价格不变，那么某种商品价格的上升将使单位商品的利润增大。这不但促使原厂商扩大生产，而且还将吸引别的厂商转产这种商品，结果这种商品的供给量将增加。反之，这种商品的供给量将减少。因此，一种商品的供给量是与它的价格同方向变化的。简单来说就是：一种商品的价格越高，生产者提供的产量就越大；相反，商品的价格越低，生产者提供的产量就越小。

2．相关商品的价格

一种商品的供给量不仅随着自身价格的变化而变化，而且还随着其他商品价格的变化而变化。假如某种商品的价格不变而其他商品的价格变化了，它们的相对价格及相对利润也随之改变，结果导致社会资源重新配置，这种商品的供给量将受到影响。

一般来说，一种商品因自身价格变化引起的供给量的变化，要大于因其他商品价格变化引起的供给量的变化。假定X、Y、Z三种商品的生产要素是同类型的，当商品X的价格下降的时候，厂商将减少商品X的生产而转向商品Y和Z的生产。这样，商品X供给量的减少只有一部分转化为商品Y供给量的增加。商品X供给量的减少是受自身价格影响，商品Y供给量的增加是受其他商品价格影响。这说明了一种商品的供给量受自身价格影响大于受其他商品价格影响。《资本论》中举了一个实例——如果咖啡的价格上涨了，可可的价格不变，一些可可生产者会转向生产咖啡，可可的供给量必然减少。

3．生产技术的变动

生产技术的变动也影响生产成本。在一般情况下，生产技术随着经济活动的发展不断提高。生产技术水平的提高不但降低了原有商品的生产成本，在其他条件不变的情况下导致这些商品供给量增加，而且它还带来了新的商品，引起了这些新商品供给量的增加和被它替代的那些旧商品的供给量减少。

4．生产要素的变动

生产要素价格的高低直接关系到商品的生产成本。在商品价格不变的条件下，如果生产要素的价格提高了，表明生产成本增加，在同一价格水平上，生产这种商品的利润就减少，因而这种商品的供给量也会减少。反之，生产要素价格下降，使生产成本减少，在同一价格水平上，则会引起这种商品供给量的增加。

5．政府政策

政府的税收优惠或扶持政策也影响到生产成本的变化。政府如果增加税收，生产者的负担则加重，供给便会减少，反之则会增加。

6．厂商对未来的预期

如果卖者预期某种商品的价格将上涨，就会囤积居奇，待价而沽，从而导致该商品的短期供给减少。反之，如果预期价格将下跌，则会大量抛售，使短期供给增加。

7. 自然条件的变化

自然条件的变化如气候、厂商数量、时间等因素也可能会影响供给。例如，水果、蔬菜等季节性较强的产品，在生产旺季，供给自然会大于其他时间。

四、国家政策

尽管价格机制在生产什么、生产多少、如何生产、为谁生产和什么时候生产等经济活动中起着重要的调节作用，但价格机制也有不可忽视的缺陷。首先，必须有完全竞争的市场，这在现实中很少存在。其次，价格机制调节经济的作用建立在获得最大经济利益的基础上，但在经济活动中，私人利益和社会利益常常相矛盾。例如，有些生产的发展，虽然对企业本身有利，但对环境却造成污染，影响人们的健康，在这种情况下依靠价格机制的调节，不能保障社会利益。再次，对于社会的公共需求，如国防、治安、公共卫生、环境保护、文化教育、交通运输等，价格机制是难以进行调节的，所以政府对经济的干预是必要。

政府对经济的干预，主要依靠其财政政策和金融政策，来影响企业的经济活动，以实现充分就业、稳定物价、稳定增长等目标。政府的这种干预不是取消价格机制，而是利用价格机制，并弥补其不足，起到价格机制所起不到的作用。

（一）财政政策

财政政策是指国家根据一定时期政治、经济、社会发展的任务而规定的财政工作的指导原则，通过财政支出与税收政策的变动来影响和调节总需求，进而影响就业和国民收入政策。其中，变动财政支出指改变政府对商品和劳务的购买及转移支付，变动税收政策指改变税率和税率结构。

财政政策是国家整个经济政策的组成部分，是国家干预经济的主要政策之一。在我国，实行的财政政策主要有以下几种：

（1）国家预算，主要通过预算收支规模及平衡状态的确定、收支结构的安排和调整来实现财政政策目标。

（2）税收，主要通过税种、税率来确定和保证国家财政收入，调节社会经济的分配关系，以满足国家履行政治经济职能的财力需要，促进经济稳定协调发展和社会的公平分配。

（3）财政投资，通过国家预算拨款和引导预算外资金的流向、流量，以实现巩固和壮大社会主义经济基础，调节产业结构的目的。

（4）财政补贴，是国家根据经济发展规律的客观要求和一定时期的政策需要，通过财政转移的形式直接或间接地对农民、企业、职工和城镇居民实行财政补助，以达到经济稳定协调发展和社会安定的目的。

（5）财政信用，是国家按照有偿原则，筹集和使用财政资金的一种再分配手段，包括在国内发行公债和专项债券、在国外发行政府债券、向外国政府或国际金融组织借款以及对预算内资金实行周转有偿使用等形式。

（6）财政立法和执法，是国家通过立法形式对财政政策予以法律认定，并对各种违反财政法规的行为（如违反税法的偷税抗税行为等），诉诸司法机关按照法律条文的规定予以审理和制裁，以保证财政政策目标的实现。

（7）财政监察，是实现财政政策目标的重要行政手段，即国家通过财政部门对国有企业事业单位、国家机关团体及其工作人员执行财政政策和财政纪律的情况进行检查和监督。

（二）货币政策

在我国，运用货币政策所采取的主要措施有：

（1）公开市场业务。运用国债、政策性金融债券等作为交易品种，主要包括回购交易、现券交易和发行中央银行票据，调剂金融机构的信贷资金需求。

（2）存款准备金。通过调整存款准备金率，影响金融机构的信贷资金供应能力，从而间接调控货币供应量。

（3）银行贷款。运用再贷款政策、再贴现政策调剂金融机构的信贷资金需求，影响金融机构的信贷资金供应能力。

（4）利率政策。根据货币政策实施的需要，适时地运用利率工具，对利率水平和利率结构进行调整，进而影响社会资金供求状况，实现货币政策的既定目标。

（5）汇率政策。通过汇率变动影响国际贸易，平衡国际收支。

（6）常备借贷便利工具。提高货币调控效果，有效防范银行体系流动性风险，增强对货币市场利率的调控效力。

国家政策对价格形成的直接影响，主要是通过价格政策这一渠道实现的。国家为此制定了一系列的物价方针和政策，如稳定物价的方针、价格补贴政策、农产品收购保护价等，这些方针和政策直接关系到某些商品价格的确定。

国家对价格形成的间接影响，主要表现在国家某些经济政策的执行会引起商品价值（或成本）、货币价值、市场供求等因素的变动，从而引起价格的变动。例如，最低工资制度、社会保障制度和对高新技术产业的支持政策等，都会引起商品价格的上涨。

五、市场竞争状况

市场竞争是市场经济中同类经济行为主体考虑自身利益，增强自己的经济实力，排斥同类经济行为主体的行为。市场竞争的内在动因在于各个经济行为主体自身的物质利益驱动，以及为丧失自己的物质利益被市场中同类经济行为主体所排挤的担心。

价格竞争是市场竞争的主要方式之一。价格竞争是指企业运用价格手段，通过价格的提高、维持或降低，以及对竞争者定价或变价的灵活反应等，来与竞争者争夺市场份额的一种竞争方式。价格竞争的主要手段就是降价。长期以来，价格竞争一直深受商品生产者、经营者重视，甚至一谈到竞争，就会想到削价。在一定条件下，价格竞争是必要的。但是，把价格看成决定交易成败的唯一因素，难免会造成价格竞争的泛滥。

价格竞争的不利影响包括如下几点：① 价格竞争是竞争对手易于仿效的一种方式，很容易招致竞争对手以牙还牙的报复，以致两败俱伤，最终不能提高经济效益。② 以削价为手段，虽然可以吸引顾客于一时，但一旦恢复正常价格，销售额也将随之大大减少。

③ 定价太低，往往迫使产品或服务质量下降，以致失去买主，损害企业形象。④ 价格竞争往往使资金力量雄厚的大企业才能继续生存，而资金短缺、竞争能力脆弱的小企业将蒙受更多不利。

综上所述，在现代市场经济条件下，非价格竞争已逐渐成为市场营销的主流。

市场竞争状况是影响企业制定产品价格的重要因素。产品的最低价格取决于该产品的成本费用，最高价格取决于产品的市场需求状况，而在上限和下限之间，企业能把产品价格定多高，则取决于市场竞争状况。综上所述，商品价格的确定方式如图 1-3 所示。

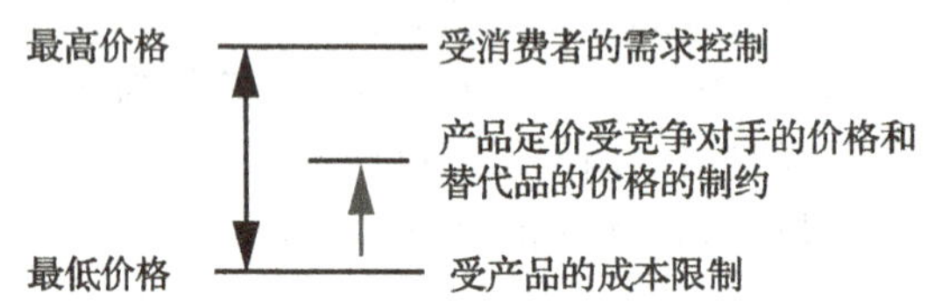

图 1-3 商品价格确定示意图

六、效用

（一）效用的含义

通过上面的学习，我们知道，商品的价值决定了商品的价格，同时商品的供给和需求对商品的价格具有决定性的影响，但是在经济学中还有一种观点认为，商品的价格取决于商品的效用。

那么，什么是效用？经济学所说的效用，是指消费者在购买、使用商品或劳务时感到的满足程度。一种商品或劳务之所以能使消费者感到一定的满足，就是因为它本身有满足一定需要的能力。但这里所说效用的大小，并不是商品本身的客观属性决定的，而是由消费者的主观感受决定的。效用是一种主观感受，同一种商品，如果一个消费者对它没有什么偏好，他所感受到的满足程度就小，即效用小；如果一个消费者根本不喜欢这种商品，那就无所谓效用。即使是同一个消费者，由于条件的改变，在同一商品消费中的感受也会有差别。例如，对于水而言，夏天时的效用就比冬天时的效用大；在沙漠中的效用也比较大。这就是说，商品的效用是一种主观上感受到的满足程度，会因人因时因地而异，同时，随着消费量的不断增加，可感受的效用增量呈递减趋势。

案例

珍珠翡翠白玉汤的故事

相传，朱元璋少时家贫，从没吃饱过肚子，后来又因父母死于瘟疫，无家可归，被迫到家乡的黄觉寺当了一名小和尚，以图有口饭吃。但是，不久家乡就闹了灾荒，寺中香火冷落，他只好外出化缘。在这期间他历尽人间沧桑，常常一整天讨不到一口饭吃。有一次，他一连三日没讨到东西，又饿又气，在街上昏倒了，后被一位路过的老婆婆救起带回家，将家里仅有的一块豆腐和一小撮菠菜浇上一碗剩粥煮一煮，喂给朱元璋吃了。朱元璋食后，精神大振，问老婆婆刚才吃的是什么，老婆婆开玩笑说那叫“珍珠翡翠白玉汤”。

后来，朱元璋投奔了红巾军，最后当上了皇帝，尝尽了天下美味佳肴。突然有一天他生了病，什么也吃不下，于是便想起了当年吃的“珍珠翡翠白玉汤”，当即下令御厨做给他吃。那御厨费尽心机，用山珍海味做成珍珠、翡翠和白玉的模样，煮成汤献上，朱元璋尝后，觉得根本不对味，于是找来他家乡的一位厨师。这位厨师很聪明，他暗想：皇上既然对山珍海味不感兴趣，我不妨用家常材料试试。因此，他便以鱼丸代珍珠，以红柿子椒切条代翡（翡为红玉），以菠菜代翠（翠为绿玉），以豆腐加馅代白玉，并浇以鱼骨汤。将此菜献上之后，朱元璋一吃感觉味道好极了，与当年老婆婆给他吃的极为相似，于是下令重赏那位厨师。

【案例分析】故事中的朱元璋在饿晕的时候，“珍珠翡翠白玉汤”对于他来说可谓是极品的美味。然而在他当皇帝之后，天天锦衣玉食，山珍海味，吃到最后肯定会烦的，因此会怀念起落难时候吃的“珍珠翡翠白玉汤”。这一现象在经济学中有个专业的名词——效用递减。

（二）边际效用

边际效用指的是在一定时间内消费者增加一个单位商品或服务所带来的新增效用，也就是总效用的增量。效用完全是消费者的主观感觉，取决于个人的偏好，没有什么客观标准。

尽管效用是主观的，但所有人的消费都遵循一个共同规律，这就是随着所消费同一种物品的增加，给消费者带来的满足程度是递减的。边际效用递减是指，如果不断添加相同增量的一种投入品（其他投入品保持不变），会导致产品增量在超过某一点后下降，增加的产量就会变得越来越少，甚至使总产量绝对减少。

三块三明治

一位记者在采访一位著名的经济学家时问道：“请问什么是边际效用递减呢？”只见这位经济学家一言不发，只是拿出了一块三明治让记者吃，记者高兴地吃完了，他又拿出第二块，记者勉强吃了下去，没想到他紧接着又拿出了第三块，记者见状赶紧婉言谢绝，这时经济学家笑着说：“现在你知道什么是边际效用递减了吧。”

【案例分析】记者在吃第一块三明治的时候很高兴，第二块就有些勉强，第三块便断然谢绝了。可见，记者的满足程度是越来越低的，这就是边际效用递减的具体表现。

在生活中面对我们向往的事物，第一次接触到该事物时情绪变化最为强烈，第二次接触的时候就会淡一些，第三次会更淡……这样下去，我们接触该事物的次数越多，我们的情感表现就越为淡漠，逐渐趋向乏味。用经济学术语来说就是，“某人在近期内重复获得相同报酬的次数越多，那么，这一报酬的追加部分对他的价值就越小。”

（三）消费者剩余

消费者剩余是指消费者为取得一种商品所愿意支付的价格与他取得该商品而支付的实际价格之间的差额。计算公式如下：

消费者剩余 = 买者愿意支付的最高价格 − 买者的实际支付价格

懂得了消费者剩余理论，可以帮助我们在生活中获得更多的实惠。效用论认为决定需求价格的主要有两个因素：一是消费者满足程度的高低，即效用的大小；二是与其他同类物品所带来的效用和价格的比较。对于商家而言，要想让其商品具有更强的竞争力，应当从两方面入手：一是提高商品给消费者带来的“好处”；二是降低商品的价格。从客观和主观两方面入手，最理想的状态是消费者剩余为零时，定价达到最高值。

例如，目前市面上有无数人追捧小米手机，虽然在创新和操作体验方面，小米手机距离苹果手机仍有一定差距，但后者的价格相比来说非常高昂，使很多消费者望洋兴叹。而小米手机配置颇高、品牌服务有保障、价格厚道，是当前性价比最高的手机之一。较大的“好处”，以及较便宜的价格，使得小米手机的消费者剩余相当突出。消费者剩余的最大化，使得小米成为当前最炙手可热的手机之一。

消费者剩余可能为正数，也可能为负数。假设有一台电脑，富人甲愿意出 8 000 元的价格购买，工薪阶层乙愿意出 7 000 元，学生丙只愿意出 6 500 元。假如现在由 3 位买者竞价，最后的胜出者肯定是甲，当他以 7 500 元买到这台电脑的时候，他的额外收益是多少呢？比起他愿意出的 8 000 元来，他还得到了 500 元的“消费者剩余”。假如现在有 3 台电脑出售，为了使事情简单化，统一以 6 500 元的相同价格卖出，结果会是怎样的呢？我们可以发现，除了丙没有得到消费者剩余之外，其他两个人都不同程度地得了消费者剩余。得到消费者剩余最多的是甲，他获得了 1 500 元的消费者剩余，乙获得了 500 元的消费者剩余，丙虽然没有获得消费者剩余，也并没有觉得自己吃亏，因为他没有以高于自己愿意支付的价格去买。

在日常生活中，消费者剩余可以帮助我们衡量购买物品时所得到的经济实惠的大小。一种物品给消费者带来的消费者剩余越大，即市场价格越低于消费者愿意出的最高价格，消费者就越愿意买；反之，如果市场价格高于消费者愿意出的最高价格，即价格底线，那么消费者就会认为购买该物品物非所值，或者说消费者剩余为负数，那消费者通常情况下就不会购买了。

案例

千金买邻

在南北朝时，有个叫吕僧珍的人，世代居住在广陵地区。吕僧珍为人正直，品德高尚，很有胆识和谋略，受到人们的尊敬和拥护，声名远扬。同时期有一个名叫宋季雅的官员，被朝廷罢免南郡太守后返回家乡。由于仰慕吕僧珍的品德，便买下吕僧珍宅屋旁的一幢普通的宅子，与其为邻。一天，吕僧珍过来拜访这位新邻居，问宋季雅："你花多少钱买这幢宅子？"宋季雅回答："1 100 金。"吕僧珍听了为之一惊："怎么这么贵？"宋季雅笑着回答说："我用 100 金买房屋，用 1 000 金买个好邻居。"

【案例分析】一般来说，人不会花费超过市价 10 倍的价钱去买一栋房子，但是宋季雅却做出了这样的选择，并认为物有所值。因为这其中只有100金是房屋的真实价值，而 1 000 金是专门用来"买邻居"的。也就是说，1 100 金符合宋季雅的消费期待。

勤学苦练

一、简答题

（1）简述市场的概念和分类。

（2）简述市场经济的概念和特征。

（3）简述机会成本的概念。

（4）简述生产要素的概念和内容。

（5）简述市场价格及其影响因素。

（6）通过查找资料，简述边际递减的真实案例。

（7）通过查找资料，简述企业家薪酬的有关内容。

（8）通过查找资料，简述非价格竞争的有关内容。

二、案例分析题

【案例 1】

布里丹选择

有这样一个寓言故事：法国哲学家布里丹养了一头小毛驴，每天向附近的农民买草料来喂。一天，送草的农民出于对哲学家的敬仰，额外多送了一堆草料，放在小毛驴旁边。这下子，毛驴站在两堆数量、质量和与它的距离完全相等的干草之间，可是为难坏了。它虽然享有充分的选择自由，但由于两堆干草价值相等，客观上无法分辨优劣。于是它左看看，右瞅瞅，始终也无法分清究竟选择哪一堆好。于是，这头可怜的毛驴就这样站在原地，一会儿考虑数量，一会儿考虑质量，一会儿分析颜色，一会儿分析新鲜度，犹犹豫豫，来来回回，最终竟在无所适从中活活地饿死了。

（资料来源：道客巴巴，https://www.doc88.com/p-3187941122400.html）

问题：

从故事中，你得到了什么启发？

【案例 2】

苹果的故事

欧阳克有一个苹果，杨康想要这个苹果。对欧阳克来说，苹果值 0.5 元，这就意味着对他来说，要苹果还是不要苹果换回 0.5 元是没有区别的。对杨康来说，苹果值 1 元。最后杨康花了 0.75 元买到了苹果。

这个苹果对欧阳克来说只值 0.5 元，这就是这个苹果对欧阳克的效用。交易的结果是欧阳克得到了 0.75 元，所以他的效用增加了 0.25 元。同理，杨过的效用也节省了 0.25 元。通过这次交易，他们两个人的效用都增加了，都有了收益。

为什么同一个苹果对欧阳克就只值 0.5 元而对杨康就值 1 元？换而言之，为什么效用是主观的？回答这个问题，必须首先接受经济学的一个基本预设：人是理性的经济人。

理性的经济人，是说人会根据一件事情对自己是不是有好处，从而决定是去做还是不做。人一般来说是理性的。不可理喻的人和不可理喻的时候毕竟是少数。也就是说，人能够自己判断某件物品对自己的效用，效用是主观的。同时理性的人会分析自己的成本与收益，做出对自己最有利的决定。换言之，他在追求自己的效用最大化。那么我们当然可以认为：就这次买卖而言，欧阳克一定是觉得通过这个交易他得到了好处，所以他才答应这个交易。而杨康也没有理由不是这么想的。也就是说，在这个交易中，双方的收益都大于成本，都实现了效用的增加。我们也可以假设杨康买这个苹果并非因为他爱吃苹果，而是对欧阳克别有所求，但答案仍然是一样的：他们都获得了好处。推而广之，我们可以把苹果换成其他财物，或是某种服务，某种享受，进而是某种权利。所有这些情况下这个故事并没有实质变化：人只会去做也必然会去做对自己有利的事。通过自由交换，财物也好，权利也好，会流向更能利用它们因而更有效用的人手中。交易不断进行，全部的资源就都找到了最能发挥其作用的主人。一个有利于双方的交易不断重复，最终有利于全社会。

（资料来源：搜狐网，https://www.sohu.com/a/119867789_434465）

问题：

从故事中，你得到了什么启发？谈谈你对经济人的看法？

市场经济条件下的公平与效率

我们面临的是一个稀缺的世界，如何让有限的资源发挥最大的作用，就产生了经济学，而稀缺性是经济学存在的理由；我们面临的是一个互相冲突的世界，如何让有限的财富在人们之间分配，就产生了法律，解决冲突是法律存在的理由。这两种说法，在很大程度上是相通的。什么样的资源配置或者冲突解决方式才是合理的？

例如，现在有一台电视机，有十个人要，该如何分配？如果允许人自由选择，可能有很多种标准。身体健硕的人，可能喜欢以武力为准则；年老的人，则喜欢以年龄为准则；漂亮的人则更喜欢以容貌作为标准；还可以看谁生活更困难给谁，或者谁更有影响力谁得。总而言之，需要有一个资源配置的方式，或者说是一个解决人与人之间利益冲突的规则。

什么样的规则是好的规则？可能各说各有理，因为各自的条件不一样，立场不一样，“屁股决定脑袋”，也可能是因为各自目标不一样。但经济学家可以断言：在千万种标准里，只有一种标准是没有经济浪费因而是最有效率的。那就是按市场价值进行分配。

打个比方，如果对电视机的价格进行管制，把价格定在市场价格以下。那么市场价格与管制价格之间的差额便是一块利益。要得到这块利益，就得花时间排队。可以说，此时时间就是分配电视机的标准。愿意拿更多的时间精力去排队的人，便能得到电视机。也许这没什么不对，但重要的问题是，花几天几夜的时间排队，除了他本人之外，没有任何人得到好处。如果他拿这几天几夜的时间用来工作，赚取几十块钱工资，那么他对社会的贡献，至少也值这几十块钱。而用在排队上的几天几夜便完全被浪费了。再如，古代中国“学而优则仕”，做了官就能赚大钱。于是无数读书人皓首穷经，把精力花在八股文身上。此时，会不会做八股文便成了分配的标准。

推而广之，以武力为分配手段，便只能是互相争夺，人人自危；以地位为分配标准，便会使得人人专事钻营，或跟在权贵之后溜须拍马；以年龄为分配标准，便只能是让年轻人安心等老，或虚报年龄；谁穷谁得，便会有人安心做穷人，等待救济。

只有市场经济下，浪费最少。如果某人要得到电视机，他唯一的办法是出钱。如果电视机非常抢手，卖家必然涨价直到供求均衡，最终价高者得，不存在排队。表面上这似乎不合理。但从买者考虑，买电视机的钱只能是从其他人那里赚回来的，而要赚钱就必须要对社会有贡献，而他的贡献起码要相当于电视机的价值。从卖方考虑，如果电视机供不应求利润很高，一定会有更多的人投入电视机生产，最终使价格下降。由此可见，成千上万的分配标准里，只有通过市场交易，以市场价值定胜负没有浪费。

有人批评市场经济造成贫富不均。然而只要社会没有达到按需分配的地步，就必然需要有分配的标准。而只要有分配的标准，便会有优胜劣汰。人的能力千差万别，总会有人更适用这个分配标准而有人不适用。适者生存，不适者淘汰，是永恒的规律。但唯有市场经济能把人的能力引向生产创造中，从而最大效率地创造社会财富。也唯有在这个做大了的蛋糕之上，才更有可能追求公平。

（资料来源：搜狐网，https://www.sohu.com/a/119867789_434465）

模块二
管理基础知识

● 任务一 管理与管理者

【素质目标】

（1）树立正确的管理意识，提升管理能力。

（2）培养高度的责任意识和积极进取的人生态度。

【知识目标】

（1）理解管理的含义。

（2）熟悉管理的特征和原则。

（3）理解管理者的含义。

（4）熟悉管理者的分类及不同层次管理者应具备的技能。

（5）了解管理者的角色。

【技能目标】

（1）初步具备管理思维。

（2）能运用所学知识分析管理现象。

弥勒佛和韦陀：用人之道

去过寺庙的人都知道，一进庙门，首先看到的是弥勒佛笑脸迎客，而在他的后面则是黑口黑脸的韦陀。相传在很久以前，他们并不在同一个庙里，而是分别掌管不同的庙。

弥勒佛很热情，所以去他庙里的人非常多，但他什么都不在乎，总是丢三落四，虽然去的人多，但因为没有好好管理账务，所以依然入不敷出。而韦陀虽然管账是一把好手，但因为整天阴着个脸，太过严肃，所以去的人越来越少，导致最后香火断绝。

佛祖在查香火的时候发现了这个问题，就将他们俩放在了同一个庙里，由弥勒佛负责公关，笑迎八方客，由韦陀负责财务，严格把关。在两人的分工合作中，庙里一派欣欣向荣的景象。

【案例分析】作为管理者，对企业员工要做到人尽其才，物尽其用，这是管理者必备的能力之一。

（资料来源：n 多题，http://www.mofangge.com/html/qDetail/01/c3/201007/osrvc30155597.html）

一、管理

（一）管理的含义

关于管理的定义，至今仍未得到公认和统一。从不同的角度，对管理可以有不同的理解。

早期的管理学者玛丽·帕克·福莱特给管理下了一个经典的定义："通过其他人来完成工作的艺术。"

斯蒂芬·P·罗宾斯和玛丽·库尔塔对管理的定义是："管理这一术语指的是和其他人一起并且通过其他人来切实有效完成活动的过程。"

帕梅拉·S·路易斯、斯蒂芬·H·古德曼和帕特丽夏·M·范特的观点是："管理被定义为切实有效支配和协调资源，并努力达到组织目标的过程。"

沃伦·R·普伦基特和雷蒙德·F·阿特纳把管理定义为："一个或多个管理者单独和集体通过行使相关职能（计划、组织、人员配备、领导和控制）和利用各种资源（信息、原材料、货币和人员）来制定并达到目标的活动。"

综合上述定义，本书对管理的定义是：管理是指为有效地实现组织的目标而对组织的资源进行合理计划、组织、领导和控制、创新的过程。

对这一定义可做进一步的解释：

（1）管理的载体是组织。组织包括企事业单位、国家机关、社会团体、政治党派等。

（2）管理的本质是合理分配和协调各种资源的过程，而不是其他。所谓合理，是从管理者的角度来看的，因而有局限性和相对合理性。

（3）管理的对象是相关资源，即包括人力资源在内的一切可调用的资源。可以调用的资源通常包括原材料、人员、资金、土地、设备和信息等，其中，人员是最重要的资源。

（二）管理的特征

1．动态性

管理的要素（人、财、物、时间、信息等）都处在一定的时间和空间之中，并随着时空的变化而发展、变化。管理的动态性体现在管理的主体、管理的对象、管理手段和方法上的动态变化，此外，组织目标和管理目标也处于动态变化之中，因此有效的管理是一种因机制宜、因情况而调整的管理。动态管理要求管理者应不断更新观念，避免僵化的、一成不变的思想和方法，不能凭主观臆断行事。也就是说，要根据内外部环境的变化及时调整经营思路，在管理上要快速适应环境的不断变化。

2. 科学性

管理的科学性是指在管理领域应用科学方法，综合抽象出管理过程中的规律和原理所表现出来的性质。

管理是人类不可或缺的社会实践活动，在此过程中存在着不以人的意志为转移的客观规律。人类经过漫长的社会生产实践活动，经过无数次的成功与失败，在管理实践中发现、归纳出一系列反映管理活动过程中客观规律的管理理论和管理方法，逐步建立了系统化的管理理论体系。人们又把这些理论应用到管理实践中去，指导自己的管理实践，再以管理活动的效果来衡量管理过程所用的理论和方法是否行之有效、是否正确，从而使管理理论和方法得到不断的丰富与发展。

揭示管理过程的客观规律性，是管理者实践的结晶。如果不承认管理是一门科学，不按照客观规律办事，违背管理原则，在实践中随心所欲地进行管理，必然会遭到惩罚，最终导致管理效果不佳或失败。

案例

袋鼠与笼子

一天，动物园管理员发现有几只袋鼠从笼子里跑了出来。它们是如何出来的呢？经过开会讨论，大家一致认为是笼子的高度过低。因此，他们决定将笼子的高度由原来的10米加高到20米。结果，第二天他们发现还是有袋鼠跑到外面来了，他们决定再将笼子的高度加高到30米。没想到，隔天居然又看到有袋鼠跑到外面来了，这使管理员们大为紧张，他们决定直接将笼子的高度加高到100米。隔壁的长颈鹿看到后，问袋鼠们："你们说，这些人会不会继续加高你们的笼子？""很难说。"袋鼠回答，"如果他们再忘记关门，我们还是能出去的！"

【案例分析】事有"本末""轻重""缓急"，关门是本，加高笼子是末，舍本而逐末，当然就不得要领了。管理要遵循一定的科学性，即先分析事情的主要矛盾和次要矛盾，认清事情的"本末""轻重""缓急"，然后从重要的方面下手。

（资料来源：百度文库，https://wenku.baidu.com/view/09793bdb240c844769eaee20.html）

3. 艺术性

管理的主体与客体都离不开人，所有的管理活动都会受到人的情感、意志、个性、能力等诸多无法利用科学方法检测和衡量的非理性因素的影响和制约。管理的艺术性主要是指管理者在管理实践活动中对管理原理、理论的运用和对管理方式、方法的选择要具有一定的灵活性、技巧性及创造性。

一方面，由于管理活动都是在某一特定的组织环境中进行的，而组织环境又往往处于复杂的变化之中，因此，不存在一成不变的管理模式，任何管理理论都不可能解决所有组织管理活动中的所有问题。另一方面，由于管理离不开人，而人是具有主观能动性和情感性的高级动物，并且人的需要具有多样性，一个人情感的变化会受到多种因素的影响，经营管理活动会因为人的不同而存在差别，也就造成艺术性特点贯穿于管理的每一个具体过程。

要调动人的积极性和创造性，管理者就要重视环境的变化，具体问题具体分析，运用所掌握的管理理论和方法，发挥自身的聪明才智，采取权变的管理方式和方法，这样才能取得理想的管理效果。从这方面来说，管理是由管理者创造的灵活运用诸如计划、组织、领导、控制等职能手段的艺术。既然管理是一门艺术，它其中的内涵往往“只可意会，不可言传”，其艺术的真谛也很难从教科书中获得，需要在管理的实践活动中进行修炼和感悟。

4. 创造性

由于管理具有一定的动态性，对任何一个具体的管理对象都没有一种完全有章可循的模式可以参照，那么，为达到既定的组织管理目标，就需要具备一定的创造性。管理的创造性根植于管理的动态性之中，与管理的科学性和艺术性相关，正是由于这一特征的存在，使得管理创新成为必要。

5. 经济性

资源的稀缺性决定了资源配置的成本大小，管理过程必然是对人、财、物、时间和信息等的合理配置。资源配置的方式不同，其耗费的成本也不同，管理就是要使资源配置的成本最小化。

（三）管理的原则

1. 讲究经济效益原则

组织为了生存和发展，就不能不讲究经济效益。讲究经济效益，就是要求组织在经济活动中，用尽可能少的劳动资源和消耗，创造出尽可能多的符合市场需求的产品，获得尽可能高的利润。

评价企业经济效益的具体标准包括以下几个方面：

（1）企业的生产成果（或服务成果）同社会需要相比较，即产品（或服务）适销对路、满足市场需要的程度。

（2）生产的有效成果同劳动消耗比较。

（3）生产的有效成果同劳动占用的比较（劳动占用的货币形态就是流动资金和固定资金，它反映已有物质财富在生产中的合理利用程度）。

（4）生产的有效成果同资源利用的比较。

2. 以人为本原则

这一原则要求现代组织应尊重人、爱护人和激发人的工作热情，着眼点在于满足职工的合理需求，从而调动职工工作的积极性。例如，积极改善职工的工作、生活条件，维护职工的合法权益，尊重职工的人格和尊严，积极采纳职工的合理化建议和意见，实行民主化管理。

不圆满的圈

一位著名企业家在做报告，一位听众问："你在事业上取得了巨大成功，请问，对你来说，最重要的是什么？"企业家没有直接回答，他拿起粉笔在黑板上画了一个圈。这个圈并没有画圆满，而是留下了一个缺口。他反问道："这是什么？""零""圈""未完成的事业""成功"，台下的听众七嘴八舌地答道。他对这些回答未置可否："其实，这只是一个未画完整的句号。你们问我为什么会取得辉煌的业绩，道理很简单——我不会把事情做得很圆满，就像画个句号，一定要留个缺口，让我的下属去填满它。"

【案例分析】留个缺口给他人，并不说明自己的能力不强。实际上，这是一种管理的智慧，是一种更高层次上带有全局性的圆满。给猴子一棵树，让它不停攀登；给老虎一座山，让它自由纵横。也许，这就是企业管理用人的最高境界。

（资料来源：豆丁网，https://www.docin.com/p-1090692697.html）

3．突出重点，强化内部管理的原则

企业既要面向市场，适应市场的需要，又要练好"内功"，充分挖掘内部的潜能。强化内部管理，不同企业在不同时期有不同的侧重点。但总体来说，以下原则是始终需要坚持的：

（1）建章立制，抓好基础管理。制定制度应做到科学、合理、适用，包括企业的定额制度、标准制度、财务制度、作业制度、设备管理制度、材料管理制度、质量管理制度、车间管理制度等。

（2）强化财务管理和成本核算。企业要在资金管理上下功夫，想方设法用好资金，力戒周转缓慢、浪费、占压资金。同时，要严格进行成本核算，实行严格考核，弥补管理中的漏洞。

（3）强化质量管理和营销管理。质量是企业的生命，要抓好全面质量管理。同样，营销管理水平的高低对企业的发展是至关重要的。

二、管理者

管理者是管理行为过程的主体，是指在正式的社会组织中经合法途径被任用而担任一定领导职务、履行特定领导职能、掌握一定权力、肩负某种领导责任的个人和集体。管理者一般由拥有相应的权力和责任，且具有一定管理能力从事现实管理活动的人或人群组成。

（一）管理者的分类

1．基层管理者

基层管理者是指那些在组织中直接负责非管理类职工日常活动的人。基层管理者的主

要职责是直接指挥和监督现场作业人员，保证完成上级下达的各项计划和指令。例如，生产车间的工段长、班组长就属于基层管理者。

2. 中层管理者

中层管理者是指位于组织中基层管理者和高层管理者之间的人员。中层管理者的作用是承上启下，主要职责是正确领会高层管理者的指示精神，创造性地结合本部门的工作实际，有效指挥各基层管理者开展工作。例如，部门主管、机构主管、项目经理、业务主管、地区经理、部门经理、门店经理等就属于中层管理者。

3. 高层管理者

高层管理者是指组织中居于顶层或接近顶层的人员。高层管理者对外代表组织，对内拥有最高职位和最高职权，并对组织的总体目标负责。他们侧重组织的长远发展计划、战略目标和重大政策的制定，拥有人事、资金等资源的控制权，以决策为主要职能，故也称为“决策层”。例如，总裁、副总裁、行政长官、总经理、首席运营官、首席执行官、董事会主席等就属于高层管理者。

案例

丙吉问牛

西汉有一个丞相叫丙吉，有一天他到长安城外去视察民情，走到半路就有人拦轿喊冤，查问之下原来是有人打架斗殴，家属来告状。丙吉回答说：“不要理会，绕道而行。”走了没多远，发现有一头牛躺在路上直喘气，丙吉下轿围着牛查看了很久，问了很多问题。人们就议论纷纷，觉得这个丞相不称职，对打架斗殴的人不管不问，对一头生病的牛却那么关心。

皇帝听到传言之后就问丙吉为什么这么做，丙吉回答：“这很简单，打架斗殴是地方官员该管的事情，他自会按法律处置，如果他渎职不办，再由我来查办他，我绕道而行没有错。丞相管天下大事，现在天气还不热，牛就躺在地上喘气，我怀疑今年天时不利，可能有瘟疫要流行。要是瘟疫流行，我没有及时察觉就是我丞相的失职。所以，我必须了解清楚这头牛生病是因为吃坏了东西还是因为天时不利。”皇帝听后，赞赏不已。

【案例分析】管理者应该清楚自己所处的层次，明白自己的职责，什么该管、什么不该管，有所为，有所不为。

（资料来源：道客巴巴，http://www.doc88.com/p-3137112675023.html）

（二）管理者的角色

管理者的角色是十分重要的，加拿大管理思想家亨利·明茨伯格通过研究得出，管理者扮演着 10 种角色——代表人、领导者、联络者、信息监视者、信息传播者、发言人、企业家、故障处理者、资源分配者和谈判者。这 10 种角色又可以分为三大类：人际角色、信息角色和决策角色。

1. 人际角色

明茨伯格所确定的第一类角色是人际角色。管理者所扮演的三种人际角色是代表人角色、领导者角色和联络者角色。

（1）代表人。作为管理者需行使一些具有礼仪性质的职责。例如，管理者有时必须参加社会活动或宴请重要客户等。在这样做的时候，管理者行使着代表人的角色。

（2）领导者。由于管理者对所在单位的成败负重要责任，他们必须在工作小组内扮演领导者角色。例如，负责激励和动员下属，负责人员配备、培训和交流等。对这种角色而言，管理者和职工一起工作并通过职工的努力来确保组织目标的实现。

（3）联络者。管理者还需扮演联络者的角色。管理者无论是在和组织内的个人工作小组一起工作时，还是在建立和外部利益相关者的良好关系时，都起着联络者的作用，如发感谢信、从事外部委员会工作、从事其他有外部人员参加的活动等。管理者必须对重要的组织问题有敏锐的洞察力，从而能够在组织内外建立关系和网络。

2. 信息角色

明茨伯格所确定的第二类管理者角色是信息角色。管理者所扮演的三种信息角色是监督者、传播者和发言人。

（1）监督者。作为监督者，管理者要持续关注组织内外环境的变化以获取对组织有用的信息。根据这些信息，管理者可以识别工作小组和组织的潜在机会和威胁。例如，管理者通过阅读杂志和与他人谈话来了解公众兴趣的变化。

（2）传播者。作为传播者，管理者要把他们作为信息监督者所获取的大量信息分配出去。管理者把重要信息传递给工作小组成员，有时也向工作小组隐藏特定的信息。更重要的是，管理者必须保证职工获得必要的信息，以便切实有效地完成工作。

（3）发言人。管理者所扮演的最后一种信息角色是发言人角色，即管理者要把信息传递给单位或组织以外的个人。例如，管理者必须向董事和股东说明组织的财务状况和战略方向，必须向消费者保证组织在切实履行社会义务。

3. 决策角色

管理者也起着决策者的作用。管理者所扮演的三种决策角色是企业家、故障处理者和谈判者。

（1）企业家。作为企业家，管理者对所发现的机会进行利用，如开发新产品、提供新服务、发明新工艺、制定战略、检查会议决议执行情况、开发新项目等。

（2）故障处理者。一个组织无论管理得多么好，它在运行的过程中，总会遇到或多或少的冲突或问题，管理者必须善于处理冲突、解决问题。例如，平息客户的不满，同不合作的供应商进行谈判，对员工之间的争端进行调解，等。

（3）谈判者。对所有层次管理工作的研究表明，管理者把大量的时间花费在谈判上。管理者的谈判对象包括员工、供应商、客户和其他工作小组。无论是何种工作小组，其管理者都要进行必要的谈判工作，以确保小组朝着组织目标迈进。

案例

光杆司令

某公司面临重组，决定让员工与新部门负责人双向选择。通常情况下，表现欠佳的员工会无处着落，但结果却是产品部的原部门总监成了光杆司令，没人愿意去他的部门。是他为人有问题吗？恰恰相反。这个总监脾气好，也大方，每次部门出去吃饭、喝酒，他都抢着买单。那为什么大家都不愿意去他的部门呢？

原来，他在工作中没有身为部门老大的担当，从来不“罩”着大家。无论是高管会还是部门间沟通，只要是其他部门一投诉产品部，他不去调查事情原委，也不给相关人员解释的机会，第一反应就是“都是我们的错”，因而逐渐在领导那儿赢得了“工作态度好、从不推卸责任”的好名声。

事实上，很多事情的责任根本不在产品部。每每这时，他安抚大家的口头禅就是“有则改之，无则加勉”，而从不去领导面前说明真相。久而久之，产品部成了公司里无关紧要的存在，谁都可以踩几脚；而在领导的印象中，产品部也慢慢变为问题专业户，只要一出问题，就追问是不是产品部的责任。

【案例分析】管理者在组织中直接监督和指导他人工作，能够实质性地影响该组织及组织成员的发展。因此，一个员工能否获得发展机会，与其所在部门在公司的地位息息相关。管理者应努力维护部门利益，为部门争取更多的发展空间，为下属争取更多的发展机会和利益。

（资料来源：搜狐网，https://www.sohu.com/a/122826577_455978）

（三）管理者的技能

管理是否有效，在很大程度上取决于管理人员是否真正具备了一名管理者所必须具备的管理技能。美国的管理学家罗伯特·卡茨提出，有效的管理者应具备技术技能、人际技能和概念技能。

1. 技术技能

技术技能是指管理者在所监督的专业领域中运用知识、技术、工具和程序完成组织任务的能力。不同的企业、不同的部门要求的专业知识都不尽相同。管理者对于自己所属单位的任务，不但需深入了解，更要对自己所需的专业技术知识多加研究，如监督会计人员的管理者必须懂会计相关知识。尽管管理者未必是技术专家，但他必须具备足够的技术知识和技能以便卓有成效地指导员工、组织任务，把工作小组的需要传达给其他小组以解决问题。

技术技能对于基层管理者最为重要，因为其最接近现场作业；对于中层管理者较重要；对于高层管理者较不重要。

2. 人际技能

人际技能是指与处理人事关系有关的技能，即理解、激励他人并与他人共事的能力，包括处理与上级、下级、平级、客户、合作伙伴等的关系。一个管理者如果不善于处理人际关系，即使他拥有再多的专业知识、再丰富的工作经验，也无法圆满地完成预期目标。

由于管理工作的工作对象是人，因此人际技能是所有层次上的管理者必须掌握的基本技能。

3．概念技能

概念技能是指纵观全局，认清为什么要做某事的能力，也就是洞察企业与环境之间相互影响的能力。具体包括：理解事物的相互关联性，从而找出关键影响因素的能力；确定和协调各方面关系的能力；权衡不同方案优劣和内在风险的能力。

具有概念技能的管理者往往把组织视作一个整体，并且了解组织各个部分的相互关系；能够准确把握工作单位之间、个人和工作单位之间，以及个人之间的相互关系；深刻了解组织中各种行动的后果，正确行使管理职能。概念技能可为管理者识别问题的存在、拟订可供选择的解决方案、挑选最好的方案并付诸实施提供便利。

概念技能对于高层管理者最重要，因为由高层管理者所做的计划、决策等都需要概念技能；对于中层管理者较重要；对于基层管理者较不重要。

综上所述，各种管理技能的重要性在不同管理层次中是不同的，如图 2-1 所示。

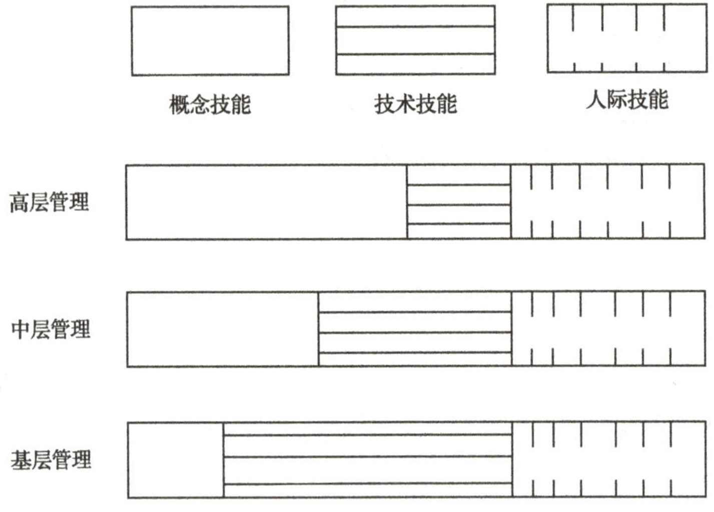

图 2-1　各种管理技能的重要性在不同管理层次中的差异

不当管理者的王师傅

王师傅是省劳动模范、技术标兵，一直担任车工班班长，十几年了从没动过。他的徒弟有的当了车间主任，还有的当了副厂长，可他就是不着急，总是乐呵呵的，一副心满意足的样子。王师傅新来的徒弟小李很为他抱不平，对他说："师傅，你年年完成任务最出色，奖状一个接一个拿，为什么他们就不提拔你？”王师傅说：“小李，管理者不是那么好当的。我不是没当过，头两年他们让我当车间主任，上下左右各种关系要协调，还要做计划、搞检查，忙得要死，工作还没多大起色，只好不干了。我就是当工人的料，工作干好，睡觉舒坦，比什么都强。”

【案例分析】工作最出色的人不一定就是提拔最快的人，这是因为工作出色可能仅仅因为他技术技能过硬，但如果人际技能和概念技能欠缺的话，提拔到高层做管理者就会遇到很多困难。一个想做将军的士兵必须要全面发展自己。

技术技能、人际技能和概念技能之间往往是互补的，掌握了一种技能对进一步获得其他技能是有帮助的，但如果仅仅满足于一种技能而不在其他技能的获得上下工夫，就会妨碍自己的进步。

（资料来源：豆丁网，http://www.docin.com/p-1392631363.html）

● 任务二　管理理论

【素质目标】

（1）保持思想上的先进性，不断提高政治思想水平。

（2）培养实事求是、坚持问题导向的思维逻辑。

【知识目标】

（1）理解科学管理理论和行为管理理论。

（2）了解其他管理理论。

【技能目标】

培养应用管理理念分析处理实际管理问题的能力。

案例引入

搬铁块试验：实践出真知

1898 年，弗雷德里克·温斯洛·泰勒作为一名管理者到了伯利恒钢铁厂工作。不久，生铁的价格急剧上涨，工厂的生意很好。不过，这种好景象也使不少工人累倒在工厂里。这促使泰勒开始思考如何既能保证经营，又能减轻工人的疲劳。由此，他和他的助手们开始了著名的搬铁块试验。

当时，铁块是由一组计日工搬运的，每个工人每天可以挣到 1.15 美元。泰勒从统计资料中看到，当时平均每个工人一天搬运铁块的重量在 12～13 吨。

泰勒的第一步工作是找到合适的工人。他和他的助手用 4 天时间，观察和研究了 75 个人，从里面挑选出 4 个人，然后又从这 4 个人中选定了来自宾夕法尼亚的荷兰人施米特。施米特是一个爱财如命且十分小气的人，泰勒用金钱激励他，答应每天给他1.85美元，条件是必须按他要求的那样去搬运铁块。

泰勒与他的助手们在试验过程中试着转换各种工作因素，以观察它们对施米特的日生产率的影响。例如，从车上或是地上把铁块搬起来需要多长时间；带着所搬的铁块在平地上走，每英尺（1英尺=0.305米）需要多长时间；带着所搬的铁块沿着跳板走向车厢，每步需要多长时间；把铁块放下或者堆放起来需要几秒钟；空手回到原地，每走一英尺需要多长时间。

最终的试验结果让泰勒万分振奋：如果对工人进行训练，把劳动时间和休息时间很好地搭配起来，工人每天搬运铁块的重量，可以从原来的12～13吨，提高到48吨！而且，负重时间只有42%，工人也不容易疲劳。

最终，工人的工作效率得到提高的同时，工资也提高了，达到了每天1.85美元，工人的积极性大大提高，由此实现了工厂和工人的双赢。

【案例分析】任何事物都有再改进的空间，任何事情都有再改善的地方。凡事都可以通过更科学的管理，来提高效率、增加效果。

（资料来源：淘豆网，https://www.taodocs.com/p-176789585.html，有改动）

一、“经济人”管理思想

“经济人”又称“理性经济人”“实利人”或“唯利人”。“经济人”假设最早是由英国经济学家亚当·斯密提出来的。他认为，人们在经济行为中，追求的完全是私人利益。但是，每个人的私人利益又受到其他人的利益限制，这就迫使每个人必须顾及其他人的利益，正是这种限制进而产生了社会利益。因此，社会利益是以个人利益为立足点的。

他在《国富论》一书中曾用这样的话来描述人们的相互关系：“人类几乎随时随地都需要同胞的协助，要想仅仅依赖他人的恩惠，那是一定不行的。他如果能够刺激他们的利己心，使有利于他，并告诉他们，给他做事，是对他们自己有利，他要达到目的就容易得多了。不论是谁，如果他要与旁人做买卖，他首先就要这样提议：‘请给予我所需要的东西吧，同时，你也可以获得你所要的东西。’这句话是交易的通义。”

这种将人类的行为始点归于“经济”因素的“经济人”的观点，即认为人类是由于追求物质、经济利益才产生了行为的动机，是当时生产关系的反映。此观点对于传统管理时期和科学管理时代的管理实践和理论，都产生了极其重要的影响。

一美元的汽车

有一位妇人在纽约市的多家报纸上刊登了一美元卖宝马车的广告，人们并不相信这是真的，因为一美元是不可能买到宝马车的。一周过去了，没有人去买这辆廉价的宝马车。刚毕业的小伙子约翰看到这则广告，满怀希望地拿着一美元找到了报纸上的地址。很快，约翰就和卖车的妇人办好了手续。约翰问："为什么这辆宝马车只卖一美元呢？"这位妇人说："因为我的丈夫去世了，他的遗产全是我的，只有这辆宝马车属于他的情人。根据他的遗嘱，要把这辆车拍卖，拍卖所得的款项全部归他的情人。所以，一美元即可。"于是约翰高高兴兴地开着宝马车回家了。

【案例分析】"经济人"思想认为，人的思考和行为都是在既定的约束下追求自己利益的极大化。如同案例中的约翰，他很乐意用很少的钱去购买一辆宝马车，而卖车的妇人因为痛恨丈夫的情人，故意以一美元的价格出卖汽车。

无论个体的行为是成功地为个体带来正的经济利益的流入，还是带来负的经济利益的损耗，在做出决策时，个体都是理性的经济人。

（资料来源：豆丁网，https://www.docin.com/p-2174760884.html）

二、科学管理理论

美国人泰勒在其主要著作《科学管理原理》中提出的科学管理理论在管理学发展史上占有极其重要的地位，是现代管理学发展的起点，使管理从此走上了科学发展之路，因此，泰勒本人被誉为"科学管理之父"。

（一）泰勒的科学管理理论

泰勒科学管理的研究范围涉及广泛，其理论体系也被称为"泰勒制"，主要内容可以概括为以下几个方面。

1．工作效率和工作定额研究

生产效率低下的主要表现往往是存在大量的非生产工作时间，为此必须提高时间的利用率。泰勒为制定科学的工作定额，从工人在劳动操作中的时间和动作两个方面着手，做了大量的基础研究和试验，并提出了改进措施。他采用工作日写实和测时的方法，根据现场的观测、记录，研究如何保留工作中的必要时间，去掉不必要时间，从而达到提高劳动生产率的目的；通过对工序和工人操作步骤进行现场测量的方法，研究了工时消耗的组成，总结出先进工人的操作经验，确定了合理的工作结构，形成了科学、合理的工作定额，并进行了推广。

泰勒总结并实行的这一套关于时间和动作研究的行之有效的方法，成为现代工作研究的两个基本方面，是提高劳动生产率和节省工作体力消耗的基本方法。

2．科学地挑选和使用工人

以往，工厂在使用工人、分配工作的时候，只考虑数量上的匹配，很少根据工作岗位的性质考虑究竟需要什么样的人，从而造成人员与工作的不协调。泰勒认为，每个人的天赋和才能各异，人们所适合做的工作也是各不相同的，挑选出最适合的工人将其安排在最适合于他的工作岗位上，才能提高劳动生产率。

另外，除了工作能力外，一个人的工作态度也是决定工作效率高低的重要因素，只有本人愿意努力工作，工作效率才会提高。为此，泰勒非常强调上岗之前对工人进行教育和培训，使其领会工作的意义，并掌握必要的科学的工作方法。只有工人的能力、工作态度和工作本身得到科学、合理的匹配，工作效率才能大大提高。

3. 实行标准化作业

科学管理的基础是制定出科学、合理的劳动定额，其实质是劳动时间和操作动作的标准化。泰勒指出："要为人们工作的每一个环节制定一种科学方法，以代替旧有的只凭经验的工作方法。"他主张在工作中要建立各种标准的操作方法、规定和条例，使用标准化的机器、工具和材料。标准化能够大幅度地提高生产效率和工作效率，已在现代工业生产中得到了充分的证实，这是泰勒科学管理思想的一个重要组成部分。

4. 差别计件工资制

为鼓励工人超额完成工作定额，泰勒制定出一种差别计件工资制。其主要内容是，如果工人完成或超额完成定额，可以按比正常单价高出 2 倍来计酬；如果工人完不成定额，则按比正常单价低 20%来计酬。

泰勒认为，工资制度不合理是引发劳资矛盾的重要因素，实行差别计件工资制则可以体现多劳多得，有利于提高工人们的劳动积极性；推行差别计件工资制，可能会增加资本家的支出，但只要产量增加和利润提高的幅度超过工资提高的幅度，总的来说对资本家还是有利的。同时，泰勒奉劝资本家要严格按照规定的标准行事，保证工资持续增长，否则工人不会更卖力地干活。通过这种工资制来缓和劳资矛盾，达到"和谐的合作关系"。现在看来，泰勒的这一思想显然是很超前的，具有重要的理论价值。

5. 工作职能分析

泰勒所处的时代，企业还没有专门的管理部门，许多管理工作一律被视为执行性质的工作，企业管理所必需的各种计划、统计、质量检验、控制等职能划分不清，混合交织进行，管理人员的角色定位也很不明确。

泰勒认为，应该将管理工作与一般的执行工作分离开来，主张设立专门的管理职能部门，并配备专门的管理人员，专门从事时间研究和动作研究、制定劳动定额和标准、选用标准工具和操作方法等工作。他将此称为计划管理。为此他还对管理人员应该具备的基本能力和品质进行了比较全面和深入的论述。

泰勒这一关于管理具有独立职能的思想在管理发展史上具有重要意义，它进一步促进了劳动分工的发展，实现了管理工作的专业化，也为科学管理理论的形成奠定了坚实的组织基础。

6. 例外原则

"例外原则"是泰勒管理思想的一个重要内容。简单地说，所谓例外原则就是将管理工作分成两类：一般事务管理和例外事务管理。企业的高级主管人员应把处理一般事务的权限下放给下级管理人员，自己只负责对下级管理人员的监督和处理例外事务。这种原则的实质是实行分权管理，在当时集权化管理和分权化管理不分的背景下，"例外原则"的提出无疑具有非常积极的现实意义，在今天看来也是极有远见和启发作用的。

（二）科学管理理论的其他代表人物

在美国，与泰勒同时代的对管理改革做出过杰出贡献的还有弗兰克·吉尔布雷思夫妇、亨利·甘特、亨利·福特等学者。他们在管理理论和实践方面对泰勒的理论做了进一步补充、发展与完善，使科学管理理论更具有推广和应用价值，后人将以泰勒为代表的这些学者所形成的学派称为“科学管理学派”。

1. 弗兰克·吉尔布雷思夫妇

弗兰克·吉尔布雷思与其妻莉莲·吉尔布雷思以“动作研究”而著称于世。

他们采用观察记录、电影摄影等方法首先在建筑行业里对工人们在生产过程中的动作进行研究，分析哪些动作是合理的、应该保留的，哪些动作是多余的、可以省掉的，哪些动作需要加快速度，哪些动作应该改变次序。他们把工人们劳动时手和臂的活动分解成 17 项基本动作，然后制定出标准的操作程序，这就是著名的“动作研究”。

应该说，吉尔布雷思夫妇的动作研究继承了泰勒的管理思想，但比泰勒的研究更为细致和广泛。1911 年，吉尔布雷思夫妇将他们的研究成果《动作研究》结集出版，本书成为该领域奠基性的经典文献，对现代人体工程学、工效学等具有深远影响。

2. 亨利·甘特

与吉尔布雷思夫妇一样，亨利·甘特也是寻求通过科学的调查研究来提高工人的效率，他扩展了泰勒的某些思想，并融进了自己的理解。甘特在管理上最著名的发明是创造了“甘特图”。这是一种用线条来表示计划内容和执行情况的图表，这在当时可以称得上是一项革命。甘特图及其后来的各种改进形式，至今仍广泛用作各种组织安排工作进度计划的基本手段。

3. 亨利·福特

美国人亨利·福特是“福特生产方式”的创始人。福特在泰勒的单工序动作研究的基础上，对如何提高整个生产过程的效率进行了深入研究，通过规定生产流程各道工序的标准时间，将整个生产过程在时间上协调起来，使大量生产成为可能。福特创造了世界上第一条流水生产线——汽车流水生产线，极大地提高了整个企业的生产效率，使产品成本明显下降，企业竞争力锐增。“福特生产方式”在世界工业化史上具有重大意义，它标志着人类进入了大规模生产时代。

亨利·福特用科学管理打造汽车帝国

纵观福特汽车公司的成长史，人们不得不慨叹亨利·福特把泰勒的科学管理理论发挥到了极致。整个福特汽车公司的大规模化生产就是科学管理思想的演示。

福特工厂的技术人员吸收了泰勒数年前在美国钢铁业提出的流水线生产理论，创造了新的汽车生产方式。他们将制造各种部件的每一机械操作细分化、标准化、制度化、规模化，在这一原则下，连续化、专业化的设想，渐渐从部件供应线的应用上转向最后的车体组装，创造出极高的劳动生产率。1925 年 10 月，福特汽车公司一天就造出 9 109 辆汽车，平均每 10 秒钟一辆，在全世界同行业中遥遥领先。福特首创的大规模装配线生产方式和管理方法，不仅为今天高度发达的工业生产奠定了基础，而且加快了工业建设的速度。

福特公司实施的“5美元工作日”效果极其显著，具有划时代的意义。“5美元工作日”几乎引起了一场全国范围的大迁徙。尽管当时宣布只需要4 000千名新工人，但一下子吸引来了15 000多人，因此公司从中吸收了大量劳动力中的精华。厂内没有一句反抗之言，因为人人都明白，任何不服从指挥的人都会被撵出大门，而无条件地迅速服从则有利可图。不到一年的时间，福特公司的劳动生产率迅速提高，利润猛增，在同行中遥遥领先。

【案例分析】标准化、规模化的生产可以大幅提高企业的生产效率，而通过提高工资可以调动工人的潜能，同样也可以提高劳动生产率。

（资料来源：道客巴巴，http://www.doc88.com/p-9189413031377.html，有改动）

三、组织管理理论

组织管理理论着重研究管理职能和整个组织结构。其代表人物主要有亨利 • 法约尔、马克斯 • 韦伯等。

（一）法约尔的一般管理理论

法约尔是和泰勒同时代的杰出人物，都是管理科学理论的奠基人。但由于他们的背景和经历不同，因而他们研究管理的着眼点也有所不同。法约尔是从高等学校毕业后进入企业工作的，长期在企业中担任领导工作，这使他有自上而下观察管理问题的基础和条件，考虑问题也总是从高层管理者的角度出发，最关心企业整体管理效率的提高。法约尔提出了企业的六项经营活动和管理的五个职能，并确定了管理的十四条基本原则。这些系统化、明确化的概念和认识成为众多管理者的共同语言，为后人研究企业经营、管理行为、管理原则起到了先导作用。

1. 企业的六项经营活动

（1）技术活动。技术活动指生产、制造加工等。

（2）商业活动。商业活动指购买、销售、交换等。

（3）财务活动。财务活动指资金的筹集和运用。

（4）安全活动。安全活动指财产和人员的保护。

（5）会计活动。会计活动指财产清点、资产负债表的制作、成本核算统计等。

（6）管理活动。管理活动包括计划、组织、指挥、协调和控制五种职能。

2. 管理的十四条原则

法约尔对管理基本原则的充分论述，是其管理思想中颇具特色的方面，很多内容已经成为今天管理学当中的基本知识。这些原则及其主要含义如下：

（1）劳动分工。对劳动实行专业化分工可以提高效率，但分工要适度，并非越细越好。

（2）职权与职责。职权与职责应该相互联系、相互匹配，任何组织和个人在行使职权的同时，都必须承担相应的责任，有权无责或有责无权都是组织上的缺陷。

（3）纪律。纪律是企业领导人同下属人员之间在服从、勤勉、积极、尊敬等方面所达成的协议，组织成功离不开纪律。

（4）统一指挥。组织中作为下属的每个成员只能接受来自一个上级的指挥，统一的指挥是组织成功的重要保证。

（5）统一领导。组织中具有同一目标的各项活动只能有一个领导人。

（6）个人利益服从整体利益。任何雇员个人或雇员群体的利益，都应当服从组织的整体利益，个人和小集体的利益不能凌驾于组织利益之上。

（7）人员报酬要合理。对工作成绩和工作效率优良者应给予奖励，但报酬应该合理，不能超出合适的限度。

（8）集权与分权。组织权力的集中与分散应符合组织的客观情况，要根据组织的性质、条件、环境及人员素质确定适当的权力结构。

（9）“等级链”与“跳板”。由高层管理者到低层管理者的直线职权组成了一个“等级链”，管理信息应当按等级链上下传递。如果恪守等级链会导致信息传递延迟，平级之间则可以直接通过“跳板”来横向沟通，但事后要汇报。

（10）秩序。组织中的各项物资要安排有序，每个成员要各安其位、各司其职。

（11）公平。管理者应当和善、平等地对待下级。下级在受到公平对待时，会报以忠诚和献身精神，来完成他们的任务。

（12）人员稳定。人员的经常变动对企业不利，组织应当留住自己需要的人才。

（13）首创精神。管理者应当鼓励职工充分发挥创造性和主动性，这是人们工作的动力和乐趣之一。

（14）人员团结。管理者应鼓励职工团结一致，以实现组织内部成员之间的协调与合作。

（二）韦伯的行政组织理论

韦伯是和泰勒、法约尔同一时期的德国著名社会学家和哲学家。韦伯科学管理的核心是强调组织管理的高效率，为此他对政府、教会、军队等各种组织进行了长期的研究，他认为等级制度、权力形态和行政制度是一切社会组织的基础，并从此着手进行分析，最终将其发展为一个完整的理论体系——“理想的”行政组织理论，主要内容包括以下几点。

1. 权力的基础

韦伯将权力归纳为以下三种基本形态：

（1）合理合法的权力。这一权力是以“合法性”为依据、以规则为基础的，其前提是在已经存在了一套等级制度的情况下，人们对已确认的职务和职位所带来的权力的服从。

（2）传统权力。这一权力是以古老传统的不可侵犯性和执行这种权力的人的地位的正统性为依据，以传统的信念为基础的。对这种权力的服从实际上是对这种不可侵犯的权力地位的服从。

（3）“神授”的权力。这一权力是以对个别人的特殊的、神圣的、英雄主义或模范品德等的崇拜为依据，以对个人尊严、典范品格的信仰为基础的，对这种权力的服从源于追随者对被崇拜者的威信或信仰的服从。

韦伯认为，任何组织的存在都必须以某种形态的权力为基础，缺少某种权力形态的组织不但会混乱不堪，而且也难以达到组织目标。在“理想的”行政组织管理中应以“合理手合法”的权力作为基础。这是因为，这是一种理性的权力，管理者是在能胜任其职责的基础上被挑选出来的；这是一种合法的权力，管理者具有行使权力的合法地位；这是一种明确的权力，所有的权力都有明确的规定并限制在完成组织任务所必需的范围内。

2. 行政组织的特征

韦伯指出，高效率的组织在行政制度的管理上应具备下列几个主要特征：

（1）劳动分工。把实现组织目标所需的全部活动划分为各项基本的工作，并分配给每个组织成员。同时，明确规定每个职位的权力和责任，并使之合法化、制度化。

（2）职权等级。组织中各种职务和职位按照职权的等级原则严格划分，并形成一个自上而下的指挥体系。各级管理者对自己的决定和行为不仅要向上级负责，而且还要向下级负责。

（3）正式选拔。组织成员的任用应根据职务的要求，通过公开的考试或培训，以及严格的选择标准择优录用。这种不因人而异、人人平等的录用方式，不仅要求任用者必须称职，还要求任用后不可随意被免职，此外，组织成员能领取固定的薪金。

（4）正式的规则和制度。管理者必须倚重正式的规则和制度进行管理，必须严格执行组织规定的规则和纪律。

（5）非人性化。规则和控制的实施具有一致性，不能受个人感情和偏好的影响。

（6）职业定向。管理人员是“专职”的职业人员，从组织领取固定的薪金，而不是他所管理的组织的所有者。

四、行为管理理论

行为管理理论最早形成于20世纪20年代，早期被称为人际关系学说，后来进一步发展为行为科学，现代则更多地称之为组织行为理论。

（一）人际关系学说

人际关系学说的代表人物是埃尔顿·梅奥，他领导了1927年至1932年在芝加哥西方电气公司霍桑工厂进行的试验工作，即著名的“霍桑试验”。试验主要是通过改变工人的工作环境、照明、工作气氛、休息时间、工资支付方法等，来观察、研究影响工人工作积极性的原因，其目的是找出工作条件对生产效率的影响，以寻求提高劳动生产率的途径。

梅奥对其领导的霍桑试验进行了总结，写成了《工业文明中人的问题》一书。在书中，梅奥阐述了与古典管理理论不同的观点——人际关系学说。该学说主要包括以下内容。

1. 工人是“社会人”，而不是“经济人”

梅奥等人创立了“社会人”的假说，认为人不是孤立存在的，而是属于某一工作集体并受这一集体影响的，是复杂的社会系统的成员。影响工人生产积极性的因素，除了物质条件外，还有社会的和心理的因素，他们不是单纯地追求金钱收入，还要追求人与人之间的友情、安全感、归属感等社会和心理欲望的满足。因此，不能把工人看成是单纯的“经济人”，必须从社会、心理等方面来鼓励工人提高劳动生产率。

2. 生产效率主要取决于工人的工作态度及其与周围人的关系

梅奥认为，提高生产率的关键是提高工人的满足度，即工人对社会因素、特别是人际关系的满足程度。如果满足度高，工作的积极性、主动性和协作精神就高，生产率就高。

3. 企业中存在着一种“非正式组织”

组织内各成员在共同劳动过程中，由于抱有共同的社会感情、惯例和倾向，产生了共同的感情，自然形成一种行为准则或惯例要求个人服从，这就构成了“非正式组织”。非正式组织以感情为主要标准，要求其成员遵守人群关系中形成的非正式的不成文的行为准则，无形地左右着成员的行为。因此，不能只注意正式组织的一面，还应重视这两种组织间的相互依存关系，才能更有效地提高生产率。

（二）X/Y 理论

美国社会心理学家道格拉斯•麦格雷戈提出的“X/Y 理论”，围绕人的本性来研究人类行为规律及其对管理的影响。

在麦格雷戈看来，每一位管理人员对职工的管理都基于一种对人性看法的哲学，或者说有一套假定。他把传统管理对人的观点和管理方法称为“X 理论”，把建立在对人性和人的行为动机更为恰当的认识基础上的新理论称为“Y 理论”。

1. X 理论

（1）一般人天生好逸恶劳，只要有可能，就会逃避工作。

（2）人生来就以自我为中心，漠视组织的要求。

（3）一般人缺乏进取心，逃避责任，甘愿听从指挥，安于现状，没有创造性。

（4）人们通常容易受骗，易受人煽动。

基于这种对人做出的“性本恶”的判断，持该理论观点的管理者就必然会在管理工作中对员工采用强制、惩罚、解雇等手段来迫使他们工作。

2. Y 理论

（1）一般人并不是天生好逸恶劳的，人们对工作的喜恶取决于工作给他们带来的满足和他们对惩罚的理解。

（2）外来的控制与惩罚并不是促使人们为实现组织目标而努力工作的最好办法。相反，如果让人们参与制定自己的工作目标，则有利于实现自我指挥和控制。

（3）在适当的条件下，一般人是能主动承担责任的。不愿负责、缺乏雄心壮志并不是人的天性。

（4）大多数人都具有一定的想象力、独创性和创造力。

（5）在现代社会中，人的智慧和潜能只是部分地得到了发挥。

基于这种对人性的乐观认识，持有“Y 理论”观的管理者就倾向于在管理工作中实行以人为中心的、宽容的、民主的管理方式，以使员工个人目标同组织目标很好地结合起来，并为员工发挥智慧和潜能创造有利条件。

五、管理科学学派

管理科学学派又称“数理学派”，它是泰勒科学管理理论的继续和发展，它的代表人物为美国的埃尔伍德·斯潘塞·伯法等人。伯法的代表作是《现代生产管理》。管理科学学派的特点包括以下几点：

（1）力求减少决策中的个人艺术成分，依靠建立一套决策程序和数学模型以增加决策的科学性。即将众多方案中的各种变数或因素加以数量化，利用数学模型研究各变数和因素之间的相互关系，寻求一个以数量表示的最优化答案。决策的过程就是建立和运用数学模型的过程。

（2）各种可行的方案均以经济效果作为评价依据，如成本、总收入和投资利润率等。

（3）广泛使用计算机。建立模型后依靠计算机完成极为繁重、复杂的统计和运算，得出最佳方案。

管理科学学派重点研究的是操作方法和作业方面的管理问题。现在，管理科学也有向组织更高层次发展的趋势，但目前完全采用管理科学的定量方法来解决复杂环境下的组织问题还面临着许多实际困难，有待于进一步的研究，也有待于其他科学的发展。

六、决策理论学派

决策理论学派是从社会系统学派发展而来的，代表人物是美国的赫伯特. A. 西蒙。该学派认为管理的关键在于决策，因此，管理必须采用一套制订决策的科学方法，要研究科学的决策方法及合理的决策程序。有人认为，西蒙的大部分思想是现代企业经济学和管理科学的基础。决策理论的主要观点包括以下几个方面：

（1）决策是一个复杂的过程。决策理论学派认为，决策是一个非常复杂的过程，包括决策前的了解、调查、分析过程，以及在此后的评价过程。决策过程从大的方面可分成四个阶段：提出制定决策的理由；尽可能找出所有可能的方案；在诸行动方案中进行抉择，选出最满意的方案；对该方案进行评价。每一个阶段都含有丰富的内容，并且各个阶段有可能相互交错，因此决策是一个反复的过程。

（2）决策可分为程序化决策和非程序化决策。西蒙认为，根据决策的性质可以把它们分为程序化决策和非程序化决策。前者是指反复出现和例行的决策，这种决策的问题由于已出现多次，人们会制定出一套程序予以专门解决。后者是指那种从未出现过的，或者其确切的性质和结构还不是很清楚或相当复杂的决策。随着人们认识的深化，许多非程序化决策逐渐转变为程序化决策。

（3）决策依据一定的行为准则。西蒙认为，由于组织处于不断变化的外界环境的影响之下，收集到决策所需要的全部资料是非常困难的，且人的知识和能力也是有限的，因此制定决策时，很难求得最佳方案。实际上，即使已求得最佳方案，出于经济方面的考虑，人们往往也不会选择，而是根据一定的准则进行决策。也就是说，提前制定出一套令人满意的标准，只要方案达到或超过了这个标准，就是可行方案。这提示了决策作为环境与人的认识能力交互作用的结果的复杂性。

七、系统管理理论

系统管理理论的代表人物是弗里蒙特. E. 卡斯特等人。他们认为，系统是由若干相互作用、相互依存的子系统构成的，应该按系统观念来进行企业管理，把企业看成是一个与周围环境相互影响的、开放的动态系统。系统管理理论强调系统的综合性、整体性，强调构成系统各部分之间的联系，认为只有把各个部分、各种资源按系统的要求进行组织和利用，才能提高企业的整体效益。

八、权变管理理论

权变管理理论是 20 世纪 70 年代在美国形成的一种管理理论。权变管理理论的代表人物是琼·伍德沃德等人。

权变理论认为，组织和组织成员的行为是复杂的、不断变化的，而环境的复杂性又给有效的管理带来困难，这样以前的各种管理理论所适用的范围就十分有限，例外的情况越来越多。所以说，没有任何一种理论和方法适用于所有的情况，因此，管理方式或方法也应该随着情况的不同而改变。为了使问题得到很好的解决，要进行大量的调查和研究，然后把组织的情况进行分类、建立模式，据此选择适当的管理方法。建立模式时应考虑如下因素：组织的规模，工艺技术的模糊性和复杂性，管理者的位置高低，管理者的位置权力，下级个人之间的差别，环境的不确定程度。

九、管理理论新发展

随着冷战时代的结束，计算机的广泛普及，互联网的广泛运用，人类进入了信息化的新经济时代。信息化、网络知识化和全球化是新经济时代，尤其是 20 世纪 90 年代以来，更是产生了一些体现时代特征的管理理论，主要有学习型组织、业务流程再造和核心能力理论等。

（一）学习型组织

学习型组织是指通过培养弥漫于整个组织的学习气氛，充分发挥员工的创造性思维而建立起来的一种有机的、高度柔性的、符合人性的、能持续发展的组织。这种组织具有持续学习的能力，具有高于个人绩效总和的综合绩效。

学习型组织最初的构想源于美国麻省理工学院杰伊·福利斯特教授，他的学生彼得·圣吉是学习型组织理论的奠基人。

彼得·圣吉指出，现代企业欠缺系统思考能力，这是一种整体的动态搭配能力，许多组织因为缺乏这种能力而无法有效学习。之所以会如此，是因为现代组织分工负责的方式将组织切割，当人们不需要为自己的行动的结果负责时，就不会去修正自己的行为，也就无法有效地学习。

因此，企业应建立学习型组织，通过学习提升整体运作的“群体智力”和持续的创新能力，以在面临剧烈变化的外部环境时能够维持竞争力。

（二）业务流程再造

1993 年，美国麻省理工学院的教授迈克尔·哈默博士与管理大师詹姆斯·钱皮合著了《再造企业——管理革命的宣言书》一书，正式提出了企业再造理论。企业再造的基本含义是指为了飞越性地改善成本、质量、服务、速度等重大的现代企业的运营基准，对工作流程进行根本的重新思考与彻底翻新。

再造就是企业对战略、增值营运流程，以及支撑它们的系统、政策、组织结构进行快速、彻底、急剧的重塑，以达到工作流程和生产率的最优化。再造的核心是业务流程再造，强调以业务流程为改造对象和中心、以关心客户的需求和满意度为目标，对现有的业务流程进行根本的再思考和彻底的再设计，利用先进的制造技术、信息技术及现代管理手段，最大限度地实现技术上的功能集成和管理上的职能集成，以打破传统的金字塔状的职能型组织结构，建立横宽纵短的扁平式柔性管理体系，从而实现企业经营在成本、质量、服务和速度等方面的根本性改善。

企业再造的特点是：企业经营活动和生产活动、经营管理和生产管理、各个职能部门之间相互渗透，趋于一体；职能型和阶层型组织将逐渐消失，工作分工和职务分工将根据工作流程的性质重新整合；实行弹性工作制；以消费者满意为唯一考核标准；广泛采用高新技术手段。

企业再造适应了当今世界市场以消费者为导向、竞争激烈和需求迅速变化的三大趋势，再造后企业能适应信息社会的高效率和快节奏，适合企业员工参与企业管理，可实现企业内部上下左右的有效沟通，具有较强的应变能力和较大的灵活性。

（三）核心能力

1990 年，C. K. 普拉哈拉德和加里·哈默在《哈佛商业评论》中首先提出“核心能力”的概念，认为核心能力是构成企业竞争能力和竞争优势基础的多方面技能、互补性资源、运行机制的有机融合，是识别和提供竞争优势的知识体系。因为竞争优势是促成优势企业比竞争者更成功的因素，而且这些因素无法被竞争者轻易模仿，从而可以给企业带来长期竞争优势和超额利润。核心能力具有以下特点：价值性、独特性、持续创造价值的能力、难以模仿、不可替代性和长期性。

一项核心能力可以界定为企业的核心能力，必须满足以下五个条件：① 不是单一技术或技能，而是一簇相关的技术和技能的整合；② 不是物理性资产；③ 必须能创造消费者看重的关键价值；④ 与对手相比，竞争上具有独特性；⑤ 超越特定的产品或部门范畴，从而为企业提供通向新市场的通道。

任务三 管理职能

【素质目标】

（1）不断锐意进取，充分发挥主观能动性和积极创造性。

（2）建立批判性思维，正确认识自我，认识世界。

【知识目标】

（1）理解计划、决策、组织、领导和控制的含义。

（2）熟悉计划的性质和程序。

（3）熟悉决策的程序。

（4）熟悉组织的程序和结构。

（5）熟悉领导的职能和权力。

（6）熟悉控制的类型和过程、有效控制的原则。

【技能目标】

（1）能够根据企业实际情况制订合理的计划，做出正确的决策。

（2）具备一定的构建组织结构的能力。

（3）能够有效利用所学知识，提高个人的领导能力。

（4）能够运用协调控制知识，实施一定的协调控制行为。

案例引入

农夫垦荒：凡事预则立，不预则废

从前有一个农夫，他有三个儿子。一天，农夫让三个儿子分别去开垦一片荒地。大儿子想，种水稻最好，这是生活必需品，就算不能都卖出去，起码一家人吃的东西有了。二儿子想种鲜花，他觉得城里人喜欢鲜花，把鲜花拿到城里去卖，一定可以赚大钱。小儿子倒没有匆忙做出决定，他观察了周围的地形，发现这块地离水源很远，然后又查了气象局的长期预报，说预计今年雨水会很少，于是就琢磨种抗旱的作物，最终他决定种土豆。

三个兄弟都信心满满地开垦荒地去了。一年过后，三个兄弟的结果却大有不同：大儿子种水稻需要水，可是连续干旱，水源又远，收成很不好；二儿子的鲜花开始火了一阵，可自从邻近城里的花圃开始营运后，他的花因运输成本高导致价格偏高，慢慢就无人问津了。这时候，三儿子的土豆大丰收了，虽然没有赚到大钱，但是一家人冬天的口粮总算有了着落。

【案例分析】 农户没有合理的种田计划，就有可能面临青黄不接、无米下锅的局面；豪华的泰坦尼克号缺乏英明的舵手，最终命殒于冰山一角。一个组织，无论财力和规模大小，如果没有长远规划，也只能是昙花一现。

（资料来源：道客巴巴，http://www.doc88.com/p-9773330805457.html，有改动）

管理是人们日常进行的一项实践活动。在不同管理者的管理工作中，管理者往往采用程序具有某些类似、内容具有某些共性的管理行为，如计划、组织、控制等，人们对这些管理行为加以系统性归纳，逐渐形成了“管理职能”这一被普遍认同的概念。所谓管理职能，是管理过程中各项行为的内容的概括，是人们对管理工作应有的一般过程和基本内容所做的理论概括。

当今大部分学者认为管理应有四大基本职能：计划、组织、领导、控制。其他分类的职能都可以看成这四大职能的不同划分和不同表述。各大职能都有其独特的表现形式。计划职能通过方案的产生、选择和通过，计划的制订，最终决策表现出来；组织职能通过组织结构的设计和人员的配备表现出来；领导职能通过领导者和被领导者的关系表现出来；控制职能通过对偏差的识别和纠正表现出来。

一、计划职能

（一）计划

1. 计划的含义

计划有两种含义，一种是计划，另一种是计划工作。计划与计划工作是两个既有联系又有严格区分的概念。计划是计划工作的结果，是未来行动安排的管理文件，往往以书面文字或电子文档形式出现。

计划工作又有广义和狭义之分。广义的计划工作是指制订计划、执行计划和检查计划的执行情况三个阶段的工作过程。狭义的计划工作则是指制订计划的工作过程。此处所指的计划是狭义的计划工作，也就是制订计划工作，即通过计划的编制，合理地安排组织内的一切具体管理活动，有效地利用组织的人力、物力和财力资源，以期达到组织决策目标的实现。

2. 计划的性质

（1）目的性。每一个计划方案及其派生计划都旨在实现组织的目的。任何一种类型的机构都要通过人们的协作劳动来实现特定的目的，这种特定的目的便是组织的使命或宗旨。计划活动将人们的行动聚焦于组织的根本目的上，使得人们能够预测和判断哪些行动有助于目的的实现，哪些行动会背离目的，哪些行动会彼此相互抵消，而哪些活动则与组织的目的毫不相干。

（2）首位性。在各项管理职能中，计划活动处于首要地位。管理的组织、领导和控制职能都是为了促使和保证目标的实现，而组织目标和实现目标的途径正是通过计划活动而确立的，因此计划职能成为必须首先实施的职能。

（3）普遍性。组织中的管理者，无论职位高低，或多或少地都要进行计划活动。尽管因所处位置和所拥有的职权不同，使各级管理人员所从事的计划活动会有不同的特点和范围，但计划活动是各级管理人员的共同职能。一般来说，高层主管主要致力于那些战略性的计划，而中层或基层主管则主要致力于那些战术性的或执行性的计划。

（4）效益性。计划活动要讲求效益。计划的效益是以实现计划目标所带来的利益扣除执行计划所支出的费用以及各种非预期的代价之后的总额来衡量的。

3．计划的程序

（1）分析环境。在计划开始前，管理者应该针对组织所处的宏观环境和内部的微观环境进行分析，认清组织的长处和不足、外部环境存在的机会和威胁，并评估把握机会所需的资源和能力。

（2）确定目标。确定目标是计划编制工作中尤为关键的一个环节。计划目标是企业预定的、在计划期内生产经营活动的结果，它应在分析企业外部和内部情况的基础上确定。目标可指明所要做的工作有哪些，重点应放在哪里，以及通过策略、政策、程序、预算和规划等所要完成的具体任务是什么。

（3）拟订可行性计划方案。计划目标确定后，下一步的工作就是拟订各种可行的计划方案。由于实现计划目标的方法往往不止一种，因此，企业应拟订多种实现计划目标的方案，以便寻求实现目标的最好计划方案。拟订可行的计划方案，一方面要依赖过去的经验，另一方面要根据实际情况进行一定的创新。

（4）评价方案。在各种备选方案中，有的方案利润大，但支出资金多，回收慢；有的方案利润小，但风险也小；有的方案对长远规划有效益；有的方案对当前工作有好处。因此，管理者要根据企业的内外部条件，认真评价各可行方案。

（5）选择最优计划方案。最终方案关系到计划目标的实现，关系到企业的经济效益，甚至经营的成败。因此，管理者要充分比较各方案的优缺点，从众多的可行方案中选择最优方案。选择方案的标准，主要是看哪一个方案最接近许可的条件和计划目标的要求，需要冒的风险最少。

（6）制订派生计划。派生计划是总计划下的分计划。总计划的完成要靠派生计划来扶持。例如，一家企业制订的总计划是“销售利润比上年增加 20%”，这就需要相应的派生计划的支持，如人员配置计划、生产计划、资金筹备计划等。

（7）用预算形式使计划数字化。计划编制的最后一步是制订预算，将计划转变成预算，使计划数字化。定量计划可以将计划的指标体系更加明确，使企业更易于控制计划的执行工作，还能降低定性计划在可比性、可控性和奖惩方面的困难。

（二）决策

1．决策的含义

目前，关于决策概念的界定不下上百种，仍未形成统一的看法，将诸多界定归纳起来，基本上有以下 3 种理解：

一是把决策看作一个包括提出问题、确立目标、设计和选择方案的过程。这是广义的理解。

二是把决策看作从几种备选的行动方案中做出最终抉择，是决策者的拍板定案。这是狭义的理解。

三是认为决策是对不确定条件下发生的偶发事件所做的处理决定。这类事件既无先例，又没有可遵循的规律，所以做出选择要冒一定的风险。也就是说，只有冒一定的风险的选择才是决策。这是对决策概念最狭义的理解。

本书将决策定义为“组织或个人为了实现某种目标而对未来一定时期内有关活动的方向、内容及方式的选择或调整的过程”。

2. 决策的程序

（1）界定决策问题。决策是为了解决一定的问题而做出的，没有发现组织运行中存在问题，就没有必要做出新的决策来对组织活动做出调整和改变。因此，决策者首先要研究组织的现状，通过市场调查、科学分析，找出问题及出现问题的原因，从而界定决策问题。

（2）明确决策目标。决策目标可分为必达目标和争取要达到的目标。根据实际情况，决策目标的确立要注意以下几个问题：一是要分清主次，抓住主要目标；二是要保持各项目标的一致性，做到相互配合、衔接；三是目标要尽可能明确、具体，力求数量化，便于衡量；四是要明确规范好决策目标的约束条件。因此，只有在深入分析、全面考虑各种因素的基础上，才能正确地确定目标，从而保障目标的可实现性。

（3）拟订备选方案。即根据决策目标的要求，寻求和拟订实现目标的多种方案。所拟订的方案应符合两个要求：一是方案的整体性，即全部备选方案应包括所有可能的方案。二是方案的相互排斥性，即不同的方案必须相互替代、相互独立，不能相互包容。

拟订备选方案时应注意：一是以实现决策目标为目标；二是拟订方案是一个创新过程，既要实事求是、讲求科学，又要勇于突破常规、敢于和善于创新；三是要充分考虑企业外部环境所提供的条件；四是充分利用企业内部的各种资源。

（4）选择决策方案。步骤如下：① 对拟订的方案进行充分论证，并做出综合评价；② 在评价的基础上，权衡各个方案的利弊得失，提出取舍意见；③ 在分析比较的基础上，从备选方案中选择最满意的方案。

在选择决策方案的过程中，应注意以下问题：① 确定评价的价值标准。评价的价值标准要根据决策目标而定。凡是能够量化的都要确定量化标准；难以定量的，可以做出详细的定性说明。② 注意方案之间的可比性和差异性。即把不可比的因素转化为可比因素，着重对其差异性进行比较与分析。③ 从正反两方面进行比较。其目的在于考虑方案可能带来的不良影响和潜在问题，以权衡利弊得失，做出正确的决策。

（5）贯彻实施方案。将所选择的方案付诸实施是决策过程中至关重要的一环。方案一旦选定以后，组织应该着手制订实施方案的具体措施和步骤。一般而言，决策方案实施过程中应该做好以下工作：① 制定相应的具体措施，保证方案的正确实施；② 确保实施决策方案的相关人员充分了解并接受决策方案；③ 建立重要工作的报告制度，以便随时了解方案进展情况，并及时调整行动。

（6）反馈及追踪检查。一项复杂的决策方案的实施通常需要较长时间，在这段时间内，情况可能会发生变化，所以组织必须通过定期的检查评价，及时掌握决策的执行情况，并将有关信息反馈到决策机构，以便其及时采取措施处理。

老农移石

多年以来，老农的田地里有块大石头，这块石头碰断了老农的好几把犁头。可是这块石头太大了，老农对此无可奈何，巨石成了他种田时挥之不去的心病。一天，在又一把犁头被碰坏之后，老农想起巨石带给自己的无尽麻烦，终于下定决心要清理掉这块巨石。他找来撬棍伸进巨石底下，却惊讶地发现，石头埋在地里的部分并没有想象的那么深，他稍使点劲就把石头撬了起来，然后用大锤打碎，把石块清出田外。刹那间，老农脑海里闪过多年被巨石困扰的情景，再想到完全可以早些时候就把这桩头疼事处理掉，禁不住一阵苦笑。

【案例分析】遇到问题应立即弄清根源，有问题更须立即处理，决不可拖延。企业在管理活动中，往往会遇到反复出现的问题或不良现象，如若讳疾忌医或拖延了事，积压下来，就必然给企业造成困难，甚至使企业的生产经营活动无法正常进行，严重时还会威胁到企业的生存。所以，对企业管理中出现频率较多的问题，不应回避，而是抓住苗头，及时调查，追根溯源，及时找出解决的途径和办法。

（资料来源：道客巴巴，http://www.doc88.com/p-7078079524802.html）

二、组织职能

（一）组织的含义

在管理学中，组织的概念可以从静态与动态两个方面来理解。从静态方面来看，组织是指组织结构，即反映人、职位、任务，以及它们之间的特定关系的网络。从动态方面来看，组织是指组织工作，即通过组织的建立、运行和变革去配置组织资源，完成组织任务和实现组织目标的过程。

组织工作的最终结果是形成组织结构。一个良好的组织可以有效配置资源，使组织内部人员的能力得到最大程度的发挥，而组织工作就是要设计并保持这种角色关系，即管理的组织职能。

（二）组织的程序

（1）确定组织目标。通过收集、分析资料，进行设计前的评估，以确定组织目标。

（2）划分业务工作。对组织目标进行分解，根据组织的工作内容和性质，将组织活动组合成具体部门的作业，并确定部门业务范围和工作量。

（3）形成组织结构的基本框架。按组织设计要求决定组织的层次及部门结构，形成层次化的组织管理系统。

（4）确定职责和权限。明确规定各层次、各部门及每一职位的权限、责任，一般以职位说明书或岗位职责等文件形式表达。

（5）设计组织的运作方式。确定各项管理工作和业务开展的工作程序、工作标准及管理方法，设计各类运行制度规范、各部门沟通与协调手段等。

（6）配备人员。各部门按职务、岗位及技能要求，配备恰当的管理人员和员工。

（7）形成组织结构。对组织设计进行审查、评价及修改，通过职权关系和信息系统，把各层次、各部门组合成一个有机整体，确定组织结构及组织运作程序。

（8）调整组织结构。根据组织运行情况及内外环境的变化，对组织结构进行调整，使之不断完善。

（三）组织结构

组织结构是组织在职、责、权方面的动态结构体系，其本质是为实现组织战略目标而采取的一种分工协作体系。组织结构必须随着组织的重大战略调整而调整。在企业实践中，组织结构多种多样，下面主要介绍三种常见的企业组织结构。

1．直线—职能制组织结构

这种组织结构形式是把企业管理机构和人员分为两类，一类是直线领导机构和人员，按命令统一原则对各级组织行使指挥权；另一类是职能部门和人员，按专业化原则，从事组织的各项职能管理工作。直线领导机构和人员在自己的职责范围内有一定的决定权和对所属下级的指挥权，并对自己部门的工作负全部责任。而职能部门和人员，则是直线指挥人员的参谋，不能对直接部门发号施令，只能进行业务指导。目前，我国多数制造企业、加工企业就是直线—职能制组织结构。直线—职能制组织的结构如图 2-2 所示。

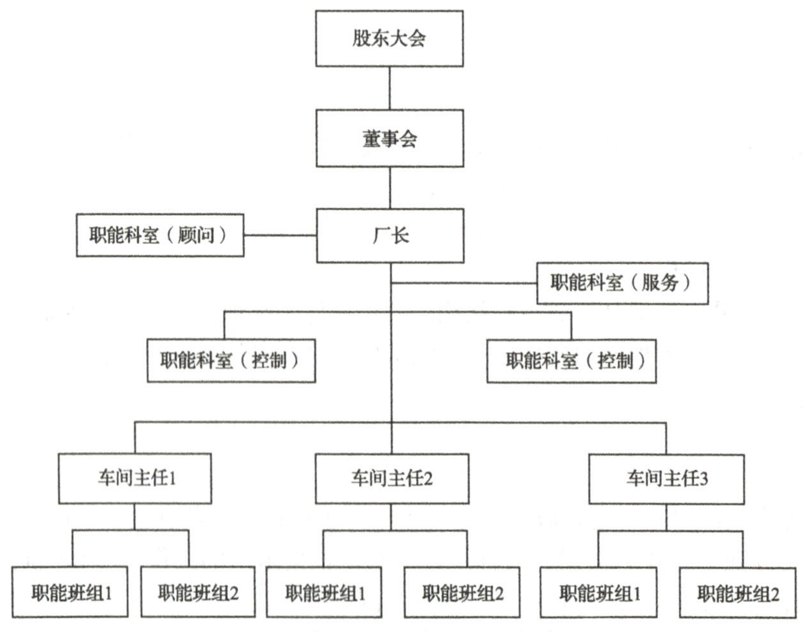

图 2-2　直线—职能制组织结构图

直线—职能制的优点：既保证了企业管理体系的集中统一，又可以在各级行政负责人的领导下，充分发挥各专业管理机构的作用。

直线—职能制的缺点：职能部门之间的协作和配合性较差，职能部门的许多工作要直接向上层领导请示才能处理，一方面加重了上层领导的工作负担，另一方面也造成了办事效率较低。

2．事业部制组织结构

事业部制是分级管理、分级核算、自负盈亏的一种形式，即一个公司按地区或按产品类别分成若干个事业部，从产品设计、原料采购、成本核算、产品制造，一直到产品销售，均由事业部及所属工厂负责，实行单独核算、独立经营。公司总部只保留人事决策、预算控制和监督大权，并通过利润等指标对事业部进行控制。事业部制组织的结构如图 2-3 所示。

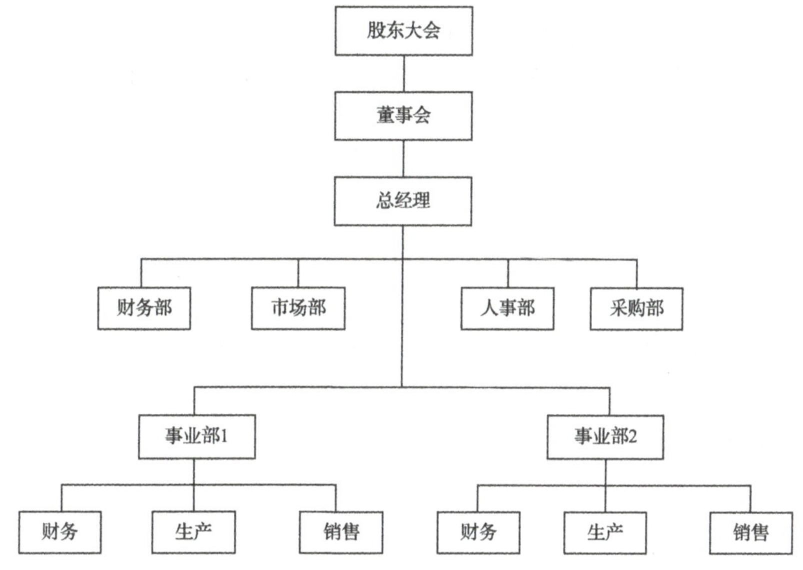

图 2-3　事业部组织结构图

事业部制组织结构的优点包括以下几个方面：

（1）每个事业部都有自己的产品和市场，能够规划其未来发展，也能灵活自主地适应市场出现的新情况从而迅速做出应对，所以，这种组织结构既有高度的稳定性，又有良好的适应性。

（2）建立事业部制组织结构，有利于最高领导层权力下放，使其能够摆脱日常行政事务和直接管理具体经营工作的繁杂事务，而成为坚强有力的决策机构；同时又能使各事业部发挥经营管理的积极性和创造性，从而提高企业的整体效益。

（3）事业部为利润中心，建立事业部制组织结构，便于建立衡量事业部工作效率的标准，易于评价每种产品对公司总利润的贡献大小，以指导企业发展的战略决策。

（4）总部往往主要通过各事业部的业绩对其进行考核和评价，所以会在一定程度上促进各事业部之间的相互竞争，形成竞争氛围。同时，也能激发各事业部的积极性，有利于促进企业发展。

（5）各事业部自主经营，责任明确，使得目标管理和自我控制能有效进行。在这样的条件下，高层领导人的管理幅度便可以适当扩大。

事业部制组织结构的缺点包括以下几个方面：

（1）由于各事业部独立经营，实行独立核算，容易滋长本位主义。同时，在一定程度上会影响各事业部之间的协作，也会阻碍各事业部之间的交流沟通，不利于相互取长补短、共同发展。

（2）公司与事业部的职能机构部分重叠，会出现管理人员和其他非生产性人员增加的倾向，造成管理人员及相关费用的浪费。

（3）事业部制组织结构对公司总部的管理工作要求较高，若管理不当，易发生难以控制的局面。

3．矩阵制组织结构

在组织结构上，把既有按职能划分的垂直领导系统，又有按产品（项目）划分的横向部门关系的结构，称为矩阵制组织结构。矩阵制组织的结构如图 2-4 所示。

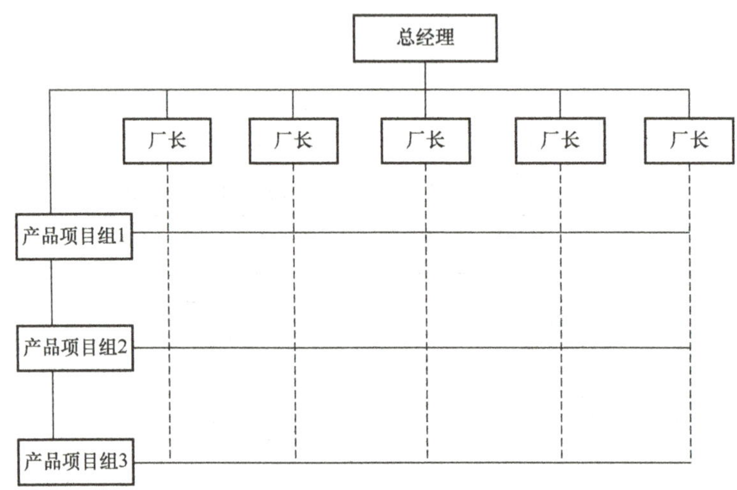

图 2-4　矩阵制组织结构图

矩阵式组织是为了改进直线—职能制横向联系差、缺乏弹性的缺点而形成的一种组织形式。它的特点表现在围绕某项专门任务成立跨职能部门的专门机构上。例如，企业在进行新产品开发时，组成一个专门的产品（项目）小组去从事新产品开发工作，在研究、设计、试验、制造等各个不同阶段，由有关部门派人参加，做到纵横结合，保证任务的完成。

矩阵制组织结构在形式上是固定的，但人员却是变动的。这是因为项目小组的负责人及组织内人员是为完成任务临时组织、委任的，完成任务后就退出组织，各自回到原来的职能部门。因此，矩阵制组织结构具有一定的临时性。

矩阵制组织结构的优点：组织结构机动、灵活，可随项目的开发与结束进行集中或解散；将企业的横向和纵向相结合，有利于协作生产；针对特定的任务进行人员配置，有利于发挥个体优势，集众家之长，提高项目完成的质量和效率。

矩阵制组织结构的缺点：项目负责人的责任大于权力；项目负责人对项目参与者的管理困难，没有足够的激励和惩治手段；要求项目负责人具有较高的协调能力和丰富的经验。

三、领导职能

（一）领导的含义

“领导”一词有两个词性。一是作为名词，指领导者；一是作为动词，指领导活动，即在社会共同活动中，具有影响力的个人和集体在特定的结构中通过示范、说服、命令等途径，动员下属实现群体目标的过程。在管理学中，一般将“领导”看作动词。

（二）领导和管理的区别

法约尔认为，领导是技术、商业、财务、安全、会计、管理这六项职能得以贯彻的保证力量，而“管理”仅仅是这六项职能中的一种。通用电气公司前首席执行官和董事长杰克·韦尔奇曾这样说过：“把梯子正确地靠在墙上是管理的职责，领导的作用在于保证梯子靠在正确的墙上。”也就是说，管理者受约束驱动，因而要正确地做事；而领导者受目标驱动，因而是做正确的事。

领导和管理的区别如表 2-1 所示。

表 2-1　领导和管理的区别

区别	领导	管理
工作侧重点	处理变化的问题，开发未来前景，制定达到前景的战略，并与员工有效沟通，激励其克服困难、实现目标	处理复杂的问题，制定详细的工作步骤或时间表，并监督计划实施的效果，以确保目标的达成
计划与预算	注重宏观方面，着重于更长的时间范围，不排斥带有一定风险性的战略	强调微观方面，覆盖的时间范围从几个月到几年，旨在降低甚至排除风险，追求的是合理性
从业人员要求	注重综合素质和整体能力	强调专业化
效用	领导行为具有较大的可变性，能带来有益的变革	管理行为通常具有很强的可预测性，以有效地维持秩序为目标

（三）领导的职能

1．领导的一般职能

领导的一般职能包括引导、指挥、组织、协调、控制和监督。

（1）引导。领导的具体任务是规定组织的发展方向，主要体现在正确地规划目标、提出任务和制订实现任务的方法。正确地规划目标是引导的核心，领导是为实现某种组织目标而进行的活动，目标应该被视为领导的导引。正确地提出任务是引导的中心环节。提出任务就是提出计划，计划活动包括确立行动方案，组织落实、评价和修正计划。科学地选择和确定领导方法和领导方式是引导的重要内容，即通过一系列技术化的手段保证组织目标的实现。

（2）指挥。指挥活动是领导者通过与组织层级相一致的权力线或指挥链实施上级对下级组织和个人的领导。它是领导者运用组织权责，发挥领导权威，推动下属为实现既定目标任务而进行的工作。

（3）组织。组织就是按照目标合理地设置机构、建立体制、分配权力、使用人员等。这是实现领导任务的可靠保证。

（4）协调。协调就是通过及时地调整，使各个方面、各个部分的工作配合得当。

（5）控制。控制就是从外部对执行者和执行组织的活动和运行状况进行宏观把控，对其偏离未来目标的行为及活动进行监控、校正、引导，以保证其在实现未来目标的过程中保持相对稳定和有序的运动，从而高效能地实现组织目标。

（6）监督。监督就是经常检查规划任务完成情况，及时发现问题，纠正偏差，确保组织目标的实现。

2．领导的基本职能

领导的基本职能是指贯穿于领导一般职能始终的职能，包括决策、用人和思想政治工作。

（1）决策。决策是领导者为了达到预定目标而在几个可供选择的行动方案中选择一个合理方案的过程。正确决策是成功的领导者必须具备的本领，决策在领导活动中占据首要地位，是领导者的重要职能。决策是领导过程的起点，是领导活动的中心环节，也是事业成功的关键。

（2）用人。领导者制订和规划了组织的目标以后，必须依靠人来实现这个目标。对领导者来说，用人是最基本的职能。这里所说的用人，包括两方面的内容：一是选拔管理骨干，二是挑选本组织的成员。领导者用人既要遵循符合社会发展规律的一些公认的原则，又要讲究一些方法和技巧。例如，比尔·盖茨主张聘用“聪明的人才”——富有创新精神和合作精神的人才，所以微软每年新录用的员工中大多为年轻的、有才华的人，特别是刚走出校门的“社会新鲜人”。

（3）思想政治工作。思想政治工作着重对人的思想政治观念、世界观、工作态度和生活态度施加影响，以便调动人的积极性，使其服务于组织的生产经营。

 案例

唐僧的领导作用

《西游记》的神话故事妇孺皆知。在去西天取经的途中，大徒弟孙悟空神通广大，上天入地无所不能，他火眼金睛，妖魔鬼怪都逃不脱他的法眼，但有时也会因直言不讳，惹师傅生气；二徒弟猪八戒好吃懒做，又喜欢拈花惹草，常常会惹是生非，但每当师徒中关系出现不和谐时，他总能出面和解；三徒弟沙僧，踏踏实实地挑着所有人的行李，默默无闻地为大家做好后勤服务，从无怨言，遇到事情，能服从大局，合作共处，共渡难关。只是师傅唐僧，凡人一个，不会武功，关键时刻只知道一心念佛、祈

求保佑，似乎本事最小。然而，正是这样一个看似难以掌控的团队，却在师傅唐僧的带领下完成了去西天取经的重大使命。

【案例分析】唐僧的领导作用与才能功不可没。首先，他给组织制订了明确的奋斗目标——从西天取回真经成佛；其次，他通过观音菩萨这个猎头，找来了武艺高超、神通广大的三个徒弟，为远大目标的实现准备了必要的条件；再次，他通过自己以身作则的影响力，针对不同徒弟的性格特点采取了相应的管理措施，有效地实现了沟通、协调和激励，最终达到了西天取得真经的目标。

（资料来源：淘豆网，https://www.taodocs.com/p-244020739.html）

（四）领导的权力

1. 权力的概念

领导者的权力是领导者为实现既定的组织目标，在实施领导的过程中，对被领导者所实施的具有强制性的影响力、约束力或控制力，是领导者在领导活动中，对被领导者施加影响和控制的主要手段。

2. 权力的构成

领导权力主要有以下五种表现形式：

（1）法定权力。法定权力是企业等正式组织赋予在这一职位的领导者组织指挥调度下属的权力。这一权力不随任职者的变动而变动。

（2）奖赏权力。奖赏权力是指领导者所拥有的对部属行为认可时，实施奖励、赞赏的权力，包括赞扬、提薪、升职、发奖金、给予培训机会等。

（3）强制权力。强制权力是指领导者凭借其领导职位、法定权力向部属实施惩罚性措施的权力，包括批评、降职、扣发工资或奖金、给予行政处分等。

（4）专家权力。专家权力也称“专家影响力”，是指由领导者个人的特殊能力或某些专业知识技能而产生的权力。一个有着丰富知识和经验、处理问题能力突出的领导者，会使部属由衷地敬佩、信服和尊重，其指示命令常很容易得到贯彻。

（5）感召和参考权力。感召权力是指由领导者个人的品质、魅力、经历、背景等产生的权力。参考权力是指因与某些领导或权威人物的特殊关系而具有的与普通人不同的影响力。

以上五种权力可以归纳为两大类：制度权力（行政性权力）和个人权力。我们把与职位有关的法定权力、奖赏权力和强制权力统称为制度权力，把与个人因素相关的专家权力、感召和参考权力统称为个人权力。

四、控制职能

（一）控制的含义

控制职能是与计划职能紧密相关的。控制是指按既定计划、标准和方法对工作进行对照检查，发现偏差，分析原因，进行纠正，以确保组织目标实现的过程。它包括制定各种控制标准；检查工作是否按计划进行，是否符合既定的标准；若工作发生偏差，要及时发出信号，然后分析偏差产生的原因，纠正偏差或制订新的计划，以确保实现组织目标。

控制的含义可以从以下三个方面来理解：一是控制具有很强的目的性，二是控制通过监督和纠偏来实现，三是控制本身是一个过程。

（二）控制的类型

按照控制的时间不同，控制可分为事前控制、事中控制和事后控制。

1. 事前控制

事前控制也称“预先控制”或“前馈控制”，是指以未来为导向，在工作开始之前对工作中可能产生的偏差进行预测和估计，并据此采取防范措施的一种控制方法。

事前控制有很多优点。首先，事前控制是在工作之前进行的控制，因而可防患于未然。其次，事前控制是针对某项计划行动所依赖的条件进行的控制，不针对具体人员，不会造成心理冲突，易被员工接受并付诸实施。

事前控制的局限性也较多。例如，它要求拥有大量准确、可靠的信息，并清楚地了解计划行动过程，懂得计划行动本身的客观规律性，并随着行动的进展及时了解新情况和新问题，否则就无法实施事前控制。

2. 事中控制

事中控制也称“现场控制”“过程控制”或“同步控制”，是指在企业生产或经营过程中，对活动中的人和事进行指导和监督，以便管理者在出现问题时及时采取措施纠正偏差。

事中控制应该遵循计划中所确定的组织方针、政策和标准，控制的内容应该和被控制对象的工作特点相适应。控制的有效性取决于主管人员的个人素质、个人作风、表达方式及下属对相关指导的理解程度。

事中控制具有指导职能，有助于提高工作人员的工作能力和自我控制能力。但是事中控制容易受到管理者的时间、精力、业务水平的限制，管理者不可能随时都进行过程控制；且事中控制的应用范围较窄，对生产工作容易进行事中控制，而对那些问题难以辨别、成果难以衡量的工作，如科研、管理工作等，几乎无法进行过程控制。此外，事中控制容易在控制者与被控制者之间形成心理上的对立，容易损害被控制者的工作积极性和主动性。

3. 事后控制

事后控制是最常见的控制类型。在最后输出产品和服务的阶段，系统内部对结果的总结和系统外部消费者与市场的反应，都是在计划完成后进行的总结和评定，具有滞后特点，但可为未来计划的制订、活动的安排以及系统的持续运作提供借鉴。

事后控制的注意力主要集中在结果上，通过对工作结果进行测量、比较和分析，从而采取措施，进而矫正今后的行动。它最大的弊端是在采取纠正措施之前，活动中出现的偏差已在系统内造成无法弥补的损失。

案例

扁鹊治病

魏文王问名医扁鹊说："你家兄弟三人都精于医术，到底哪一位最好呢？"扁鹊答："长兄最好，中兄次之，我最差。"文王再问："那为什么你最出名呢？"扁鹊答："长兄治病，是治病于病情发作之前，由于一般人不知道他事先能铲除病因，所以他的名气无法传出去。中兄治病，是治病于病情初起时，一般人以为他只能治轻微的小病，所以他的名气只及本乡里。而我是治病于病情严重之时，很多人都看到我在经脉上穿针管放血、在皮肤上敷药等，所以以为我医术高明，因此我的名气较大。"

【案例分析】根据扁鹊所说的"长兄最好，中兄次之，我最差"可知，事后控制不如事中控制，事中控制不如事前控制。

（资料来源：道客巴巴，http://www.doc88.com/p-79429091969842.html，有改动）

（三）控制的过程

1. 制订控制标准

标准是评定工作成绩的尺度，是用以衡量实际成果与预计状况之间的偏差的依据和基础。制定控制标准包括确定控制对象、选择控制重点、制定标准三方面的内容。

（1）确定控制对象。组织控制职能的对象涉及整个经营管理活动，包括人力、物力、财力、信息等资源的利用情况，营销、财务、生产、安全等各项具体职能。可以说，组织的每一项活动都是控制对象。

（2）选择控制重点。组织不可能对所有的成员、所有的活动都实施有效控制，只能根据情况有重点地选择控制的对象。一般而言，对企业经营成败起决定作用的因素有以下八种：获利能力、市场地位、生产率、产品领导地位、人员利用、员工态度、公共责任、短期目标与长期目标的平衡。

（3）制定标准。控制的标准要求坚持目的性、多元性、可检验性、可行性和利益目标一致性。一般而言，企业可以使用的建立标准的方法有三种：一是根据企业的历史统计资料来为未来的活动建立标准；二是根据管理人员的经验、判断和评估来建立工作标准；三是在客观的定量分析的基础上建立工程（工作）标准。

案例

和尚撞钟

有一个小和尚被安排担任撞钟一职，半年下来，他觉得无聊至极，认为生活就是"做一天和尚撞一天钟"而已。有一天，住持宣布调他到后院劈柴挑水，原因是他不能胜任撞钟一职。小和尚很不服气地问："我撞的钟难道不准时、不响亮？"老住持耐心地告诉他："你撞的钟虽然很准时、很响亮，但钟声空泛、疲软，没有感召力。钟声是要唤醒沉迷的众生，因此，撞出的钟声不仅要洪亮，而且要圆润、浑厚、深沉、悠远。"

【案例分析】制定标准是有效工作的前提，也是考核工作绩效、控制工作过程的重要依据。

（资料来源：百度文库，https://wenku.baidu.com/view/af60b4a20912a216147929a5.html）

2. 衡量工作绩效

衡量工作绩效是指把实际工作情况与标准进行比较，找出实际业绩与控制标准之间的差异，并据此对实际工作业绩进行评估。

衡量工作绩效时应该坚持的原则有：一是坚持系统检查，不能断章取义；二是实事求是，尊重事实；三是抓住重点，突出关键；四是持之以恒，落到实处。

为了能够及时、正确地提供可反映偏差的信息，同时又符合控制工作在其他方面的作用，管理者在衡量工作绩效的过程中要注意以下三个问题：一是通过衡量工作绩效，检验标准的客观性和有效性；二是确定适宜的衡量频度，控制不足或过多都会影响控制的有效性；三是建立信息反馈系统，适时地传递、利用控制活动反映的信息。

3. 纠正偏差

利用科学的方法，依据客观的标准，通过对工作绩效的衡量，可以发现计划执行中出现的偏差。纠正偏差就是在此基础上，分析偏差产生的原因，制定并实施必要的纠正措施。为了保证纠偏措施的有效性和针对性，必须注意以下问题：

（1）找出偏差产生的主要原因。并非所有的偏差都会影响企业的最终绩效，且偏差产生的原因比较复杂，因此在采取纠正措施前，必须首先分析原因，找出主要矛盾。

（2）确定纠偏措施的实施对象。纠偏措施的实施对象可能是企业的实际活动，也可能是组织这些活动的计划或衡量这些活动的标准，这在采取纠正措施前是必须要明确的。

（3）选择恰当的纠偏措施。在纠偏措施的选择和实施过程中要注意以下三个问题：一是纠偏方案要不断优化，二是要充分考虑原先计划实施的影响，三是注意消除员工对纠偏措施的顾虑。

（四）有效控制

控制的目的是保证企业活动符合计划的要求，以有效地实现预定目标，为此，管理者追求控制活动的有效性。为保证有效控制，管理者在具体履行控制职能时应遵循以下原则。

1. 适时控制

组织活动中产生偏差时，只有及时采取措施加以纠正，才能避免偏差扩大，避免偏差对组织不利影响的扩散。纠正偏差的最理想方法应是在偏差未产生以前，就注意到偏差产生的可能性，从而预先采取必要的防范措施，防止偏差的产生。

2. 适度控制

适度控制是指控制的范围、程度和频度要恰到好处。为此，应注意以下几个问题：防止控制过多或控制不足，处理好全面控制与重点控制的关系，使花费一定费用的控制得到足够的控制效益。

3．客观控制

有效的控制必须是客观的、符合组织实际的。为此，控制过程中必须要贯彻“实事求是”的思想，必须要客观了解和评价被控制对象的活动状况及其变化，必须要深入实地调查研究。

4．弹性控制

任何一个控制系统，若想保证与外界进行正常的物质、能量和信息交换，保证与外部环境保持积极的动态适应关系，就必须充分考虑各种变化的可能性，保证管理系统整体或内部各要素、各层次在各个环节和阶段上保持适当的弹性。因此，组织应尽量建立信息反馈控制系统，通过该系统使被控制对象能够实现自我控制，灵活适应环境。

任务四　企业认知

【素质目标】

（1）感悟企业家精神和企业社会责任，树立正确的人生观、价值观和世界观。

（2）寻找正确的自我定位，树立信念坚定的职业理想。

【知识目标】

（1）了解企业的概念和特征。

（2）熟悉企业的类型和社会责任。

（3）熟悉现代企业制度的概念、内容和特征。

（4）了解企业的经营目标和财务管理目标。

【技能目标】

（1）能根据企业的基本知识对现实中的企业进行分类。

（2）能对现实中的企业经营目标和财务管理目标进行识别和分析。

案例引入

桃谷四仙的烦恼：交易成本

有这么四个人，他们的名字分别叫作桃根、桃干、桃叶和桃花。桃根是养猪的，经常请桃花来帮忙，他常常将养的猪卖给桃干。桃干把猪杀了之后，将猪肉加工成香肠，再批发给桃叶去挨家挨户推销。他们的合作通常是愉快的，但有时也难免遇到一些麻烦。例如，桃根有时候会把猪卖给邻村上门收猪（用于加工腊肉）的人，因为他们给的价格可能更高；而有的时候，桃叶已经答应一户人家过年的时候供应 50 千克香肠，结果到了交货日期时桃干却发现这个月的生产量不够。此外，交易期间的讨价还价也给他们带来烦恼。

有问题就要设法解决。他们四个人决定联合起来：桃根和桃花专门负责养猪，并将猪交给桃干加工，而桃叶负责销售，到年底时大家一起分红。考虑到合作期间可能产生矛盾，于是他们制定了章程，并推举桃根为负责人。这样，他们就可以统一规划从养猪到加工再到销售的所有工作，进而避免原先那种各打各的算盘的情况。开业后，他们的生意越来越红火。第二年，他们又招了一些员工，扩大了业务规模，他们的团队最终形成了企业，他们四个人则当上了董事和董事长。很快，消费者都知道了一个响当当的香肠品牌“桃谷四仙”。

【案例分析】如果交易成本为零，一个生产者能够立刻以市场价格获得所需要的材料，能够马上在劳务市场以合适的价格请一个人帮他做事，也能够以满意的价格将产品立即卖出去，那么他没有和他人联合起来的必要，因为他能通过一次又一次富有效率的自由交易获得所需要的原料和服务。然而，现实中的交易不可能没有交易成本。故事中的“桃谷四仙”正是看到了这一点，于是以节约交易成本为目的联合起来。这种做法给他们带来了更多好处。

（资料来源：搜狐网，https://www.sohu.com/a/119867789_434465）

一、企业概述

（一）企业的概念

企业一般是指以营利为目的，运用各种生产要素（土地、劳动力、资本和技术等），向市场提供商品或服务，实行自主经营、自负盈亏、独立核算的具有法人资格的社会经济组织。

在商品经济领域，企业作为多种组织单元的模式之一，是按照一定的组织规律组成的经济实体。企业以实现投资人、客户、员工、社会大众的利益最大化为使命，通过提供产品或服务换取收入。企业的概念包含以下三层含义：

（1）企业是在社会化大生产条件下产生的，是商品生产与商品交换的产物。

（2）企业是从事生产、流通与服务等基本经济活动的经济组织。

（3）就企业的本质而言，它属于营利性组织。

（二）企业的特征

企业的特征主要包括以下六个方面。

1. 合法性

企业是依法设立的。企业必须具备法律规定的设立条件，并依照法律规定的程序依法设立，取得权利能力和行为能力。

2. 营利性

企业总是力求在若干备选方案中选用能够产生最大收益的方案，以使经济利益最大化。作为市场经济活动的基本单位和独立的商品生产经营者，企业只有取得利润，才能促使国家财力增长，宏观经济效益不断提高，并为自身的技术创新、产品创新、管理创新奠定良好的物质基础，从而增强自身的市场竞争力和市场应变能力。因此，市场经济条件下的企业追求利润最大化不仅是合理的而且也是非常必要的。

3. 独立性

企业是一种在法律上和经济上都具有独立性的组织，它（作为一个整体）对外完全独立，依法独立享有民事权利，独立承担民事义务和民事责任。企业与其他自然人、法人在法律地位上完全平等，没有行政隶属关系。企业拥有独立的、边界清晰的产权，可以独立行使对企业财产的支配权、使用权和处置权。同时，企业具有独立的经营决策权和管理权，可根据市场环境和企业内部的条件变化，自主灵活地开展企业经营管理活动。此外，企业的独立性还表现在独立核算、自负盈亏上，企业的盈利来源于以最经济的投入获得最理想的产出，以自己的收入来抵偿支出，并对盈亏完全负责。

4. 社会性

企业既是一个经济组织，也是一个社会组织。现代企业是一个与社会有着广泛而紧密联系的开放系统。一方面，企业的经济行为受到许多社会因素的约束和影响，这些因素包括社会制度、国家的政策和法律、文化差异、传统习俗、消费习惯、竞争对手的竞争策略等，企业必须在一定程度上满足这些不同要求，才能生存和发展。另一方面，企业作为社会物质财富的创造者和社会生产力的代表，对社会经济生活、文化生活和政治生活等方面都产生着广泛而深刻的影响。可以说，企业在推动社会发展的过程中具有不可替代的作用。

5. 经济性

企业作为一种社会组织，不同于行政、军事、政党、社团组织，以及教育、科研、文艺、体育、医卫、慈善等组织，它本质上是一种经济组织，以经济活动为中心，实行全面的经济核算，致力于不断提高经济效益。此外，企业也不同于政府和国际组织对宏观经济活动进行调控监管的机构，它是直接从事经济活动的实体，和消费者同属于微观经济单位。

6. 开放性

企业与外部环境之间的关系十分密切。任何企业都不是孤立存在的，企业的生存与发展都离不开一定的环境条件。企业是一个开放系统，它与外部环境存在着互相交换、互相渗透、互相影响的关系，企业必须从外部环境接受人力、资金、材料、技术、信息等元素的投入，然后把这些元素转换成产品、劳资及企业成员所需要的各种形式的报酬，使这些元素以产出的形式离开企业系统，从而完成自身与外部环境之间的交换。

（三）企业的类型

按照财产构成的不同，企业可以分为以下三种：个人独资企业、合伙企业和公司。公司是现代企业最主要、最典型的组织形式，可分为有限责任公司和股份有限公司。很多时候，个人独资企业和合伙企业也被称为公司，但是在法律条文中，公司仅指有限责任公司和股份有限公司。

1. 个人独资企业

个人独资企业是指依法在中国境内设立的，由一个自然人投资，财产为投资人个人所有，投资人以其个人财产对企业债务承担无限责任的经营实体。

个人独资企业由个人出资经营的，投资人掌握企业的经营决策权，对企业的债务承担无限责任，即个人独资企业的财产与投资人的个人财产并未彻底分清。当个人独资企业的资产不足以清偿到期债务时，投资人应以自己个人的全部财产进行清偿。个人独资企业是非法人企业，没有独立的法律人格，全凭投资人的个人资信对外进行业务往来。个体工商户就是个人独资企业的主要形式之一。

个人独资企业的设立条件如下：

（1）投资人为一个自然人。投资人只能是一个自然人且是中国公民。这句话包含以下两层意思：① 只能是自然人，不包括法人；② 只能是具有中国国籍的自然人。

（2）有合法的企业名称。个人独资企业应当有自己的名称，其名称应与其责任形式及从事的行业相符合，且不得与登记主管机关管辖区内的同行业企业名称相同或相似。此外，其名称不得使用“有限”“有限责任”或者“公司”字样。

（3）有投资人申报的出资。个人独资企业的投资人应当根据其企业的规模申报相当的经营资金，投资的形式可以是货币，也可以是实物、土地使用权、知识产权或者其他财产权利，但不能以劳务出资。

（4）有固定的生产经营场所和必要的生产经营条件。作为一个经营实体，个人独资企业只有具有固定的生产经营场所和必要的生产经营条件，才能具有一定的稳定性。生产经营场所包括企业的住所（主要办事机构所在地）和与生产经营相适应的场所；必要的生产经营条件是指根据企业的业务性质、规模等因素而需具备的设施、设备、人员等方面的条件。

（5）有必要的从业人员。个人独资企业需要有与其生产经营范围、规模相适应的从业人员。

2．合伙企业

合伙企业是指两个或两个以上自然人、法人和其他组织依法在中国境内设立，按照协议投资，合伙经营，共享收益，共担风险的企业。根据《中华人民共和国合伙企业法》第3条规定，国有独资公司、国有企业、上市公司及公益性的事业单位、社会团体不得成为普通合伙人。

合伙企业分为普通合伙企业和有限合伙企业。普通合伙企业由普通合伙人（自然人、法人和其他组织）组成。有限合伙企业由普通合伙人和有限合伙人（即只承担有限责任的投资人）组成。普通合伙人对合伙企业债务承担无限连带责任，有限合伙人以其认缴的出资额为限，对合伙企业债务承担责任。

普通合伙企业的设立条件如下：

（1）有两个以上合伙人。普通合伙企业的合伙人至少应有两个。合伙人应当具有完全民事行为能力，无民事行为能力人和限制民事行为能力人不得成为普通合伙企业设立时的合伙人。

（2）有书面合伙协议。合伙协议是由各合伙人通过协商，共同决定相互间的权利、义务而达成的具有法律约束力的文件。合伙协议应当依法由全体合伙人协商一致，以书面形式订立。合伙协议经全体合伙人签名、盖章后生效。合伙人依照合伙协议享有权利，履行义务。修改或者补充合伙协议，应当经全体合伙人一致同意；但是，合伙协议另有约定的除外。

（3）有合伙人认缴或实际缴付的出资。合伙协议生效后，合伙人应当按照合伙协议的规定缴纳出资。合伙人可以用货币、实物、知识产权、土地使用权或者其他财产权利缴纳出资，也可以用劳务出资。

（4）有合伙企业的名称。合伙企业的名称是合伙企业人格特定化的标志，一般具有唯一性和排他性。普通合伙企业的名称中应当标明“普通合伙”的字样，不得使用“有限”或者“有限责任”的字样。

（5）有固定的生产经营场所。合伙企业必须有固定的合法经营场所，即合伙企业从事生产经营活动的地方。经企业登记机关登记的合伙企业主要经营场所只能有一个，并且应当在其企业登记机关登记管辖区域内。

有限合伙企业的设立应符合以下特殊规定：

（1）有限合伙企业由 2 个以上 50 个以下合伙人设立，且至少应当有 1 个普通合伙人。有限合伙企业仅剩有限合伙人的，应当解散；有限合伙企业仅剩普通合伙人的，转为普通合伙企业。

（2）有限合伙企业名称中应当标明“有限合伙”字样。

（3）有限合伙企业的合伙协议除应符合普通合伙企业合伙协议的规定外，还应当载明下列事项：① 普通合伙人和有限合伙人的姓名或者名称、住所；② 执行事务合伙人应具备的条件和选择程序；③ 执行事务合伙人权限与违约处理办法；④ 执行事务合伙人的除名条件和更换程序；⑤ 有限合伙人入伙、退伙的条件、程序及相关责任；⑥ 有限合伙人和普通合伙人相互转变程序。

（4）有限合伙人可以用货币、实物、知识产权、土地使用权或者其他财产权利作价出资，但不得以劳务出资。有限合伙人应当按照合伙协议的约定按期足额缴纳出资；未按期足额缴纳的，应当承担补缴义务，并对其他合伙人承担违约责任。

（5）有限合伙企业登记事项中应当载明有限合伙人的姓名或者名称及认缴的出资数额。

3. 有限责任公司

有限责任公司是指在中国境内设立的，股东以其认缴的出资额为限对公司承担责任，公司以其全部资产为限对公司的债务承担责任的企业法人。

有限责任公司具有如下特征：① 有限责任公司的股东，仅以其认缴的出资额为限对公司承担有限责任；② 有限责任公司的资本不分为等额股份，股东出资不以股份为单位计算，而直接以出资额计算；③ 有限责任公司不能通过发行股份来募集资本，而只能采取发起设立的方式，由全体股东出资设立。

有限责任公司的设立条件如下：

（1）股东符合法定人数。根据《中华人民共和国公司法》（以下简称《公司法》）规定，有限责任公司由 50 个以下股东出资设立。也就是说，股东人数不能超过法定的 50 人上限。

（2）有符合公司章程规定的全体股东认缴的出资额。根据《公司法》规定，有限责任公司的注册资本为在公司登记机关登记的全体股东认缴的出资额。股东可以用货币出资，也可以用实物、知识产权、土地使用权等可以用货币估价并可以依法转让的非货币财产作价出资；但是，法律、行政法规规定不得作为出资的财产除外。股东应当按期足额缴纳公司章程中规定的各自所认缴的出资额。以货币出资的，应当将货币出资足额存入有限责任公司在银行开设的账户；以非货币财产出资的，应当依法办理其财产权的转移手续。

（3）股东共同制定公司章程。有限责任公司的章程是记载有关公司组织和行为基本规则的文件，对公司的存在和发展有着不可替代的重要意义。根据《公司法》规定，章程应当由有限责任公司的全体股东来共同制定，以使其反映全体投资者的意志。

（4）有公司名称，并建立符合要求的组织机构。公司名称是公司对外开展活动时显示自己独特法律地位的标志，也是自己区别于其他公司的显著标志之一。公司名称一般由公司所在地行政区域、商号（字号）、所在行业或经营特征，以及“有限责任公司”或“有限公司”字样 4 个部分构成。公司组织机构是公司的法人机构，是形成公司独立意志、代表法人进行各种活动的机构。根据《公司法》规定，有限责任公司的内部组织机构分为股东会、董事会、监事会和经理等。

（5）有公司住所。有公司住所是设立有限责任公司的必要条件。根据《公司法》规定，公司以其主要办事机构所在地为住所。

4．股份有限公司

股份有限公司是指全部资本分为等额股份，股东以其认购的股份为限对公司承担责任的企业法人。股份有限公司的设立，可以采取发起设立或者募集设立的方式。发起设立是指由发起人认购公司应发行的全部股份而设立公司。募集设立是指由发起人认购公司应发行股份的一部分，其余股份向社会公开募集或者向特定对象募集而设立公司。

股份有限公司具有以下特征：

（1）全部资本分为等额股份。股份有限公司的全部资本分割为等额股份，股份总数乘以每股金额，就等于公司全部资本总额。股份是构成公司资本的最小单位。

（2）股份以股票为表现形式，股票可以依法转让。即股份以股票的形式证券化。

（3）股东以其所认购股份为限对公司承担责任，公司以其全部资产对公司债务承担责任。

（4）法律对公司股东人数只有下限规定，而无上限规定。

（5）股东以其所认购持有的股份，享受权利，承担义务。

（6）股份发行和经营状况具有开放性。股份有限公司可以面向社会募集资本，具有最广泛的开放性。同时，股份有限公司应该向股东和社会公开其经营状况。

股份有限公司的设立条件如下：

（1）发起人符合法定人数。股份有限公司应当有 2 人以上 200 人以下为发起人，其中须有半数以上的发起人在中国境内有住所。

（2）有符合公司章程规定的股本总额或者实收股本总额。根据《公司法》第 80 条第 1 款和第 2 款规定，股份有限公司采取发起设立方式设立的，注册资本为在公司登记机关登记的全体发起人认购的股本总额。在发起人认购的股份缴足前，不得向他人募集股份。股份有限公司采取募集方式设立的，注册资本为在公司登记机关登记的实收股本总额。《公司法》第 84 条规定："以募集设立方式设立股份有限公司的，发起人认购的股份不得少于公司股份总数的百分之三十五；但是，法律、行政法规另有规定的，从其规定。"

（3）股份发行、筹办事项符合法律规定。发起人设立股份有限公司，必须按照法律规定发行股份并进行其他筹办事项，向社会公开募集股份要报经中国证券监督管理委员会批准。

（4）制定公司章程，创立程序合法。股份有限公司的发起人应当制定公司章程。采取发起设立方式设立股份有限公司的，公司章程由全体发起人共同制定，并由全体发起人签署；采取募集设立方式设立股份有限公司的，在发起人将章程草案确定后，还应提交公司的创立大会进行表决，经出席会议的认股人所持表决权过半数通过，最终的公司章程才能形成。

（5）有公司名称，并建立符合要求的组织机构。股份有限公司应当按照法律、行政法规的相关规定确立公司名称，公司名称中应标明"股份有限公司"或"股份公司"字样；应建立股东大会、董事会、监事会和经理等组织机构。

（6）有公司住所。股份有限公司应该有其住所，公司的住所是其主要办事机构所在地。

（四）企业的责任

企业作为一种社会经济组织，在生存、发展和获利的过程中必须承担一定的社会责任，包括保障员工、债权人和消费者权益的责任及保护自然环境的责任等。

1. 保障员工的权益

员工是企业不可或缺的人力资源，是企业生产经营活动的参与者。员工为企业的生存和发展提供劳动同时，要求企业保障其合法权益。企业必须保障员工的合法权益，具体保障措施包括支付合理的工资薪酬、提供相应的福利保障、建立一定的激励机制等。

2. 保障债权人权益

企业的债权人，尤其是借款机构，是企业所需资本的提供者之一，企业在其生产经营活动中离不开债权人的货币资本支持。债权人要求企业保障其合法权益，企业必须履行其债务责任，按期偿还债务利息，保障债权人的合法权益。

3. 保障消费者权益

企业的产品和服务只有通过消费者的消费，才能最终实现价值。企业必须承担保障消费者权益的责任，向消费者提供合格消费品和良好的后续服务。

4. 保护自然环境

企业在生产经营活动中开发与使用所需资源，尤其是自然资源时，可能对自然环境产生一定的不利影响。因此，企业必须承担保护自然环境的责任，将一定的财力和物力资源用于保护环境。

二、现代企业制度

（一）现代企业制度的概念

现代企业制度是指为以企业法人制度为基础，以有限责任制度为核心，以产权清晰、权责明确、政企分开、管理科学为条件的新型企业制度。现代企业制度包含以下几层含义：

（1）现代企业制度是一种制度体系，是由若干具体制度构成的系统，它是现代企业法人制度、现代企业产权制度、现代企业组织制度和现代企业管理制度等有机结合的统一体。

（2）企业法人制度是现代企业制度的基础。在企业法人制度下，企业的所有权和经营权分离，企业拥有经营权（法人财产权），在对所有者承担责任的前提下能够独立支配企业的财产。

（3）在有限责任制度下，企业责任人以其部分财产承担责任。有限责任的股东以其出资为限对公司的债务承担责任，公司以其所有财产对公司债务承担责任。

（4）现代企业产权制度就是企业法人产权制度。在企业法人产权制度下，出资者所有权的实现形式主要是享有重大决策权和收益权；法人企业则享有其财产的占有权、处置权等。

（二）现代企业制度的内容

现代企业制度的基本内容包括三个方面：现代企业产权制度，即公司法人产权制度；现代企业组织制度，即公司组织制度；现代企业管理制度，即公司管理制度。

1．现代企业产权制度

现代企业产权制度是现代企业制度的一项核心内容。这种产权制度的构建，在企业方面表现为建立企业法人制度，在出资者方面则表现为建立有限责任制度。它的实质是建立出资者所有权和企业法人财产权相分离的产权配置格局。

现代企业制度以完善的企业法人制度为基础。在现代企业制度下，企业只有依法取得法人地位，才能在取得法人资格的同时获得法人财产权。这是企业在市场经营活动中独立从事民事活动、享有民事权利并承担民事责任的前提条件。

2．现代企业组织制度

现代企业组织制度是在企业法人制度基础上形成的法人治理结构。它是企业在长期的市场经济发展过程中，为了满足自身的发展需要而逐步建立起来的一套完整的组织制度。在现代企业组织制度下，企业可以形成一种以众多股东个人意志和利益要求为基础的独立的组织意志，并以这种组织意志为指导来独立地开展经营活动。

法人治理结构是指为实现资源配置的有效性，所有者（股东）对法人的经营管理和绩效管理进行监督、激励、控制和协调的一整套制度安排。它是现代企业制度中最重要的组织架构。狭义的法人治理结构通常是指公司内部股东、董事、监事及经理层之间关系的制度安排，广义的法人治理还包括前述各主体与利益相关者（如员工、客户、存款人和社会公众等）之间关系的制度安排。常见的法人治理结构如图 2-5 所示。

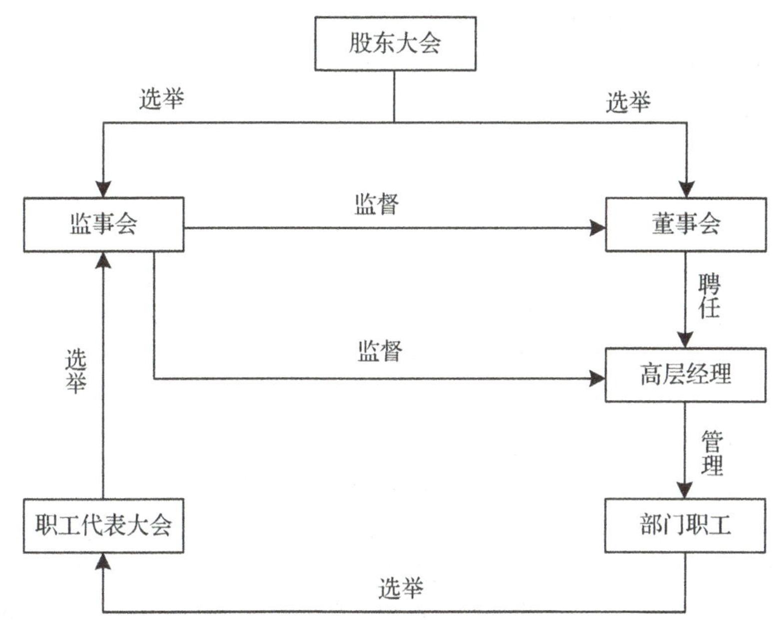

图 2-5　法人治理结构

3．现代企业管理制度

现代企业管理制度是指企业适应生产力发展的客观规律，按照市场经济发展的需要，积极应用现代科学技术成果，包括现代经营管理的思想、理论和技术，并有效地进行管理，以创造出最佳经营效益的一种制度。这种制度要求企业围绕企业战略目标，按照系统观念和整体优化的要求，在管理人才、管理思想、管理组织、管理方法、管理手段等方面实现现代化，并把这几个方面的现代化内容同各项管理功能（如决策、计划、组织、指挥、协调、控制、激励等）有机地结合起来，形成完整的现代化的企业管理体系。

现代企业管理制度包括以下几个方面的内容：① 具有正确的经营思想和能适应企业内外环境变化、推动企业发展的经营战略；② 具有适应现代化生产要求的领导制度；③ 拥有熟练掌握现代管理知识与技能的管理人才，并打造具有良好素质的员工队伍；④ 有一套符合本企业特点、保证生产经营活动高效率运行的组织机构和管理制度；⑤ 在生产经营各个主要环节有效地使用现代化管理方法和手段，建立起比较完善的电子计算机管理信息系统，推广计算机集成制造系统等现代化管理；⑥ 建设以企业精神、企业形象、企业规范等内容为中心的企业文化，培育良好的企业精神和企业集体意识。

现代企业产权制度、现代企业组织制度和现代企业管理制度三者相辅相成，共同构成了现代企业制度的总体框架。

（1）现代企业产权制度确立了企业的法人地位和企业法人财产权，实现了企业民主权利能力和行为能力的统一，使企业成为自负盈亏的法人实体。

（2）现代企业组织制度以合理的企业组织结构，确定了所有者、经营者与员工三者之间的制约关系，能让出资者放心、经营者精心、生产者用心，从而使企业长期稳定的发展有了组织保证。

（3）现代企业管理制度通过科学的生产管理、质量管理、销售管理、人力资源管理、研究与开发管理、财务管理等一系列管理体系的建立，有效地保证企业内部条件和外部环境相适应，使企业各项资源得到最有效的利用。

（三）现代企业制度的特征

1. 产权清晰

产权清晰是指企业的资产所有权及相关权利的归属明确、清晰。产权清晰主要有以下两层含义：首先，在宏观上，产权有比较完整的法律地位；其次，在微观上，产权有比较健全的法律程序；最后，产权能得到法律的保护，资产的占有权和支配权都有法律保障。

2. 权责明确

权责明确是指股东所有权与企业财产权之间职责、权限的边界非常清楚，即出资者与企业法人之间的权益、责任关系明确，并用法律和经验制度来保障。

在现代企业制度中，权责明确的表现如下：出资者按投入企业的资本额享有所有权的权益，即资产受益、重大决策和选择管理者等权利；当企业亏损或破产时，出资者只以出资额为限对企业的债务承担有限责任；出资者不直接参与企业的具体经营活动，不直接支配企业的财产。企业拥有法人财产权，享有自主经营的权利，以全部法人财产承担自负盈亏、照章纳税的责任，以自己的名义和全部法人财产享有民事权利，同时也要以全部法人财产承担民事责任。企业行使自主权时必须对出资者履行义务，依法维护出资者的权益，对出资者的资产承担保值增值的责任，而不能损害出资者的权益。

此外，责权明确还体现在，企业内部所有者、经营者和生产者之间的权利和义务既相互制衡又协同一致，利益主体之间的关系分明，且利益分配合理。

3. 政企分开

政企分开的基本含义是政府的行政管理职能、宏观和行业管理职能与企业经营职能分开。

政企分开要求政府将原来与政府职能合一的企业经营职能分离出来并还给企业，国企改革以来所进行的“放权让利”“扩大企业自主权”等就是为了解决这个问题。同时，政企分开还要求企业将原来承担的社会职能分离后交还给政府和社会，如住房、医疗、养老、社区服务等。

需要注意的是，政府作为国有资本所有者，对拥有其股份的企业行使所有者职能是理所当然的，不能因为强调“政企分开”而改变这一点。当然，问题的关键还在于政府如何才能正确地行使而不是滥用其拥有的所有权。

4. 管理科学

管理科学就是现代企业通过各种管理手段、管理方法的实施，在所有者、经营者和劳动者之间建立起一个既相互配合又相互制约的协作关系。

管理科学是一个较宽泛的概念。从广义上说，它包括了企业组织合理化的含义；从狭义上说，它要求企业管理的各个方面实现科学化，如质量管理、生产管理、供应管理、销售管理、研究开发管理、人事管理等方面。管理致力于调动人的积极性和创造性，其核心是激励、约束机制。为使管理更加科学，现代企业应引入先进的管理方式，包括国际上先进的管理方式，建立适应社会主义市场经济体质的企业领导体制和完善、科学的财务管理体制，推行企业管理现代化，转换企业内部经营机制，建立完善的人事、劳动、分配制度等。

三、企业的经营目标

企业经营目标是指在既定的所有制关系下，企业作为一个独立的经济实体，在其全部经营活动中所追求的目标。企业经营目标在客观上制约着企业行为。

企业经营目标是企业在分析企业外部环境和企业内部环境的基础上确定的企业各项经济活动的发展方向和奋斗目标，是企业经营思想的具体化，是企业一定时期内生产经营活动所要达到的预期成果，是企业生产经营活动目的性的反映与体现。它使企业能在一定的时期、一定的范围内适应环境，使企业的经营活动保持连续性和稳定性。

企业是以营利为目的的组织。企业经营活动是在激烈的市场竞争中进行的，充满着风险，有时企业甚至面临着破产倒闭的危险。企业必须先生存下去才可能获利，同时，企业也只有在不断的发展中才能获得永久的生存。因此，企业的经营目标可以概括为生存目标、发展目标和获利目标。

（一）企业的生存目标

企业只有先生存下来才能获得利润。企业的生存需要资源，包括人力、物力和财力等方面的资源。企业需要通过市场获得、交换自己所需要的资源。这些市场包括金融市场、商品市场、人力资源市场和技术市场等。企业为了维持生存，需要不断地在市场上进行各种资源的交换。如果由于各种因素（如长期亏损或资不抵债）而无法进行资源交换，那么企业的生存将难以为继。因此，企业必须以维持长期、稳定的生存为目标。

（二）企业的发展目标

企业是在持续的发展中维持生存的。企业的发展表现为企业资本的积累和规模的扩张，具体包括企业收入的增加、企业利润的增长和企业价值的提升等。要想获得发展，企业必须在市场上进行更大规模的资源交换，这会使企业面临更加激烈的市场竞争，以经受优胜劣汰的考验。发展是硬道理，只有获得发展，才能更好地生存。因此，企业必须树立发展的目标。

（三）企业的获利目标

投资者出资创办企业的基本目的就是获利和提高投资价值，因此，企业以获利为根本目标。企业能够获利，才有生存的价值，进而增加企业的价值。企业只有不断地获利，才能更好地生存和发展。从财务角度看，获利就是使企业的资产获利超过其投资回报。企业以获利为目标，也就是说企业必须通过有效的运营和财务管理，不断地提高获利水平。

四、企业的财务管理目标

企业财务管理目标是企业财务管理预期实现的结果，是评价企业财务管理效果的基本标准。关于企业财务管理总体目标的表达，理论界有多种不同的观点，这些观点主要包括利润最大化、股东财富最大化、现金流量最大化、企业价值最大化和企业利益相关者利益最大化等。

（一）企业利润最大化

企业利润最大化是指企业通过合法经营，增收节支，以获得最大的利润。利润有绝对数（利润额）和相对数（利润率）之分，同时又有许多口径，如毛利、经营利润、利润总额、税后利润等。作为企业目标，利润最大化是指税后利润额最大化，因为企业生存发展的最终目标就是获利。利润直接体现了投资者的投资目的和企业的获利目标，它是企业在一定时期内的全部收入减去全部费用后的金额数量，能够定量，可纳入企业的全面预算体系。因此，在财务实践中，企业往往将利润最大化作为财务管理目标。

利润最大化的观点认为，企业要想在市场中求得生存，除了以收抵支、到期偿债以外，还必须最大限度地获得利润，用于扩大再生产，以提高自身的抗风险能力。

作为市场主体的企业有一个鲜明的目标："利润最大化。"它已经成为企业高呼的口号和行动的指南。身处市场大潮之中的任何一个企业，都不能、也不敢违背这一目标，而只能尽力去实现它。

以利润最大化作为财务管理目标存在下列弊端：

（1）利润最大化目标会给企业带来较大的财务风险。这是西方学者在对一些破产企业进行实证分析后所得出的结论。企业在面临破产时，为了获得最大的利润，往往热衷于通过负债来获得杠杆利益，这是以增大企业风险为代价的，企业往往由于举债过多而最终陷入财务危机。

（2）利润最大化目标易引发企业的短期行为。这是因为用利润的多少考核管理人员和职工的业绩会使企业管理者只顾眼前利益，人为地提高当期利润额，进而导致企业的发展后劲不足。

（3）利润最大化目标会使企业重投入、轻产出，从而导致资源配置不合理。利润最大化的条件是边际成本等于边际收入，而成本利润率最大化的条件是边际成本等于平均成本，这两种条件不可兼得。因此，企业利润最大化这一财务管理目标会使企业管理者在边际收入大于边际成本时，不断地增加投入，而不考虑供求关系，最终造成社会资源的严重浪费。

多生产一单位产品会多赚吗

一家皮鞋厂在一个销售期结束后进行盘点。该皮鞋厂的总收益是卖出皮鞋后的全部收入，平均收益便是每卖出一双皮鞋所增加的收入，规范地说，就是"出卖每单位产品所得到的收入”。不难看出，平均收益其实就是每双皮鞋的价格。假设该皮鞋厂每生产一双皮鞋所增加的收益（边际收益）为 20 元，而每多生产一双皮鞋的边际成本为 15 元，那么，该皮鞋厂可以通过增加生产量来实现利润最大化，把能赚的钱都赚到。但是，如果一双皮鞋的边际收益为 20 元，而边际成本为 25 元，每生产一单位产品就会赔 5 元，那么，该皮鞋厂就一定要减少生产量，因为生产活动正在“贴钱卖货”。只有当边际收益与边际成本相等（都为 20 元）时，企业既不会增加产量，也不会减少产量，企业才能实现利润最大化。

【案例分析】企业一般以利润最大化作为自己的财务管理目标。虽然企业可以追求其他非利润目标，如提高产品的市场占有率、提升企业知名度等，但这类目标与利润最大化目标相比是微不足道的。因为对企业的生存和发展来说，如果没有利润，企业就不可能在竞争中生存，更谈不上其他目标的实现。所以，企业的利润动机是最强烈、最普遍、最持久的力量，它支配着企业的行为。

（资料来源：道客巴巴，http://www.doc88.com/p-3867329789693.html）

（二）股东财富最大化

股东财富最大化的观点认为，企业财务管理的最终目标是股东财富增加。而股东财富一般表现为所拥有企业股票的数量与股票价格的乘积。在股票数量一定时，股东财富就与股票价格成正比。由此可见，股东财富最大化实质上可以看作股票价格最大化。这显然是站不住脚的。因为股票价格除了受企业盈利情况的影响外，还受其他因素的影响。

以股东财富最大化作为财务管理目标的最主要优势在于，企业考虑货币的时间价值和风险价值，并在一定程度上克服在利润追求方面的短期行为。但是，以股东财富最大化作为财务管理目标的观点存在下列缺陷：

（1）强调股东利益，而不够重视企业其他关系主体的利益，不利于企业妥善处理财务活动中的各种财务关系。

（2）在上市公司仍然只占少数的情况下，这一目标显然不具有普遍适用性。

（3）在完善的金融资本市场上，股票价格才能准确地反映投资者的财富。而现实社会中，金融资本市场不够完善，股票价格受多种因素的影响，具有很大的不确定性。

（三）现金流量最大化

现金流量是指企业在一定会计期间按照现金收付实现制，通过一定的经济活动（包括经营活动、投资活动、筹资活动和非经常性项目）实现的现金流入、现金流出及其总量情况的总称，即企业在一定时期内的现金和现金等价物的流入和流出的数量。

利润最大化目标和股东财富最大化目标主要反映了企业获利能力的强弱，并未反映企业现实支付能力的强弱。利润额和每股收益很高且资产总额非常庞大的企业，可能在短期内会因无法偿还到期债务而破产。而一个负债累累、常年亏损的企业，只要能筹集到资金，按时偿还到期债务，也能继续生存下去，这是因为企业有充足的现金净流量。这说明，现金净流量在一定程度上决定企业的生存和发展能力。现金是一种非营利性资产，企业持有现金净流量过大，表明资产处于闲置状态，没有得到充分利用。因此，若以现金净流量最大化为目标，则可能会使企业管理人员不顾风险地去筹集更多的资金，造成资源的浪费。

（四）企业价值最大化

企业价值最大化是指企业通过合法经营，使企业价值达到最大。一个企业的价值是指该企业值多少钱，它体现企业全部财产的市场价值。企业价值有多种计量口径，常用的计量口径有以下三种：

（1）企业价值等于其未来净收益（或现金流量）按照一定折现率折算的现在价值。

（2）企业价值等于其股票的现行市场价值。

（3）企业价值等于其长期债务和股票的折现价值之和。

以企业价值最大化作为企业财务管理目标至少存在以下三个方面的缺陷：① 企业价值最大化的概念比较抽象，人们通常较难理解或接受；② 企业价值的计量存在困难；③ 企业价值最大化不能直接反映微观企业的营利动机。所以，将企业价值最大化作为企业财务管理的最佳目标是不合适的。

（五）企业利益相关者利益最大化

什么是利益相关者？从利益相关者与企业的关系角度出发，企业利益相关者是指在企业中投入了一些实物资本、人力资本、财务资本或一些有价值的东西，并由此承担企业风险的主体，包括债权人、债务人、股东、顾客、员工和政府等。

企业利益相关者利益最大化的观点认为，企业是众多利益相关者通过缔结一系列契约所形成的结合体。股东和各相关利益者为了实现各自利益的最大化必然要进行博弈，而博弈的结果就是股东效益与其他相关利益者的效益之和达到最大值。

上述几种财务管理目标并不是互不相干、彼此排斥的，而是相互包容、相互作用的。一般来说，利润的增长尤其是每股利润的增长，通常会促进股票市场价格的上涨，从而导致股东财富和企业价值的增加。

一、简答题

（1）什么是管理？

（2）简述管理者的分类。

（3）泰勒的科学管理理论包括哪些方面的内容？

（4）管理的职能有哪些？

（5）简述企业的类型。

二、案例分析题

【案例 1】

三个候选人

谢丁是一家电脑公司分管人事工作的副总经理。公司董事会日前做出了“第二次创业”的战略决策，决定将公司经营业务的重点从组装杂牌电脑转到创立自己品牌的方向上来，要求谢丁必须在一周内做出一项人事决定，挑选一个人担任公司新设业务部门的领导。

谢丁有三个人可以选择，他们都在公司工作过一段时间。第一个候选人是李非，虽然他比较年轻，但领导手下人挺有一套办法，而且他的领导风格跟谢丁很像。谢丁是曾在部队从事过通信系统维护工作的退役军人，多年军队生活使他养成了目前这种说一不二、敢作敢当的领导方式，但谢丁自己心里明白，公司新设立的业务部门更需要能激发创造性的人。第二个候选人是秦雯，她为人友善，喜欢听取下属的意见，并且经常参加工商管理培训班，所以她有一种独特的领导风格。第三个候选人是彭英，她和秦雯一样为人友善，喜欢听取下属的意见，但似乎总是更喜欢让下属帮忙做出决策，很少说出自己的主张。

（资料来源：淘豆网，https://www.taodocs.com/p-275281007.html）

问题：

假如你是在谢丁身边工作多年的一位参谋人员，谢丁想让你从纯理性角度对该项人事决策做出分析，你会建议谢丁选择谁担任新设业务部门的领导？为什么？

【案例 2】

看球赛引发的风波

金工车间是全厂唯一进行倒班的车间。一个周六的晚上，车间主任去查岗，发现上二班的年轻人几乎都不在岗位。主任在得知他们去看足球比赛的现场直播后气坏了。在星期一的车间大会上，主任一口气点了十几个人的名。没想到，他的话音刚落，人群中不约而同地站起几个被点名的青年，他们不服气地异口同声道：“主任，您调查了没有，我们并没有影响生产任务，而且……”主任没等几个青年把话说完，就严厉地警告说：“我不管你们有什么理由，如果下次再发现谁脱岗去看电视，扣发当月奖金。”

谁知，就在宣布“禁令”的那个周末的晚上，主任去查岗时又发现有 6 名员工不在岗，他气得直跺脚，质问班长是怎么回事，班长无可奈何地掏出 3 张病假条和 3 张调休条，说：“昨天都好好的，今天一上班都送来了。”说着，他凑到主任身边劝道：“主任，说真的，其实我也是身在曹营心在汉，那场球赛太精彩了，您只要灵活一下，看完了电视大家再补上工作，不是两全其美吗？其实上个星期的二班为了看电视，星期五就把活提前干完了……”主任没等班长把话说完，一声不吭就向车间对面还亮着灯的厂长办公室走去……

（资料来源：豆丁网，https://www.docin.com/p-40563877.html）

问题：

（1）你认为二班年轻人的做法合理吗？

（2）如果你是这位车间主任，你会如何处理这件事？

学无止境，日进有功

管理的关键原理

什么是管理？它是一大堆技巧和窍门吗？还是一大把商学院传授的分析工具？毫无疑问，这些东西确实很重要。但是，管理的发展和历史告诉我们，管理首先是少数几条关键的原理，具体包括以下几个方面。

1. 管理是关于人的管理

管理的任务是使人与人能够协调配合，扬长避短，发挥最大的集体效益。几乎每一个人都受雇于或大或小、或商业性或非商业性的机构，而在这些机构中都必不可少地存在着管理。可以说，一个人的生计依赖于管理，一个人为社会做贡献能力的大小既取决于其自身技术和努力，也依赖于其所在组织的管理水平。

2. 管理根植于文化中

无论是在德国、英国、美国、日本，还是在中国，管理者所做的事情几乎完全相同，但是他们做这些事情的方式有可能大相径庭。因此各个国家的管理者所面临的一个基本挑战，就是要从本国的传统、历史和文化中找出可以用作管理的基本构件的那些东西。中国的经济全球领先，印度的经济却相对落后，这种差别在很大程度上可以由下面这个事实做出解释：中国的管理者能够把外来的管理概念移植到本国的文化土壤中，并让它们茁壮成长。

3. 管理要确定共同的目标和使命

组织必须有简单、清晰并能让所有成员保持一致的目标；组织的使命必须足够明确、足够高远，这样才能为所有成员树立共同的愿景。而管理的首要任务就是要把这些目标和使命考虑清楚并且确定下来。

4. 管理让成员不断发展

每一个组织都是一个学习和教学机构。培训和开发必须融入它的每一个层级，而且培训和开发必须永不停息。

5. 管理建立在沟通和责任之上

所有成员都必须考虑清楚自己要实现什么目标，并要确保同事们了解和理解这个目标。所有成员都必须考虑清楚自己要对别人付出什么，并要确保对方理解这一点。反过来，所有成员还必须考虑清楚自己要从别人那里得到什么，并要确保对方了解自己的期望。

（资料来源：百度文库，https://wenku.baidu.com/view/46413dbd69eae009591bec4d.html）

模块三

个人管理知识

● 任务一 认知自我管理

【素质目标】

（1）培养自主意识，增强自我约束、自我管理的能力。

（2）树立崇高理想和远大志向，立志做一个有抱负、有社会价值的时代新青年。

【知识目标】

（1）理解自我意识的概念和内容。

（2）熟悉自我管理能力的内容。

【技能目标】

（1）能够运用自我意识的相关知识进行自我分析。

（2）能够分析自己的自我管理能力。

案例引入

正己化人：自我改变

很久很久以前，人类都还赤着双脚走路。

有一位国王到某个偏远的乡间旅行，乡间的路面崎岖不平，且有很多碎石头，国王的脚被刺得又痛又麻。回到王宫后，国王下了一道命令，要给国内所有道路都铺上一层牛皮。他认为这样做，不只是为自己，还可以造福他的人民，让大家走路时不再受刺痛之苦。

然而，即使杀尽国内所有的牛，也筹措不到足够的皮革，且不知道需要花费多少金钱、动用多少人力。虽然根本做不到，甚至还相当愚蠢，但因为是国王的命令，国民也只能遵从并摇头叹息。

一位聪明的大臣大胆向国王建言："国王啊！为什么您要劳师动众，牺牲那么多头牛，花费那么多金钱呢？您为何不只用两小片牛皮包住您的脚呢？"国王听了之后很惊讶，但也领悟了大臣的意思，于是立刻收回成命，并采纳了这个建议。据说，皮鞋就是由此而来。

【案例分析】想改变世界，很难；要改变自己，则较为容易。与其改变全世界，不如先改变自己，当自己做出改变后，眼中的世界自然也跟着改变了。心若改变，态度就会改变；态度改变，习惯就改变；习惯改变，人生就会改变。

（资料来源：搜狐网，https://www.sohu.com/a/211830891_698749）

要做一个成功的管理者，首先要知道自我管理。所谓自我管理，是指个体对自己的心理、思想、行为和目标等进行管理的过程，即自己管理自己，自己约束自己，自己激励自己，自己管理自己的事务，最终实现自我奋斗目标的一个过程。

自我管理在人们的日常生活、工作和学习中具有相当重要的角色。一个人要想获得发展，就必须学会自我管理。只有知道自己所处的位置、所具备的能力、所拥有的意识，才能有效地发挥自己的才能，取得较好的成绩。

一、自我意识探索

（一）自我意识的概念

自我意识是指个体对自己身心状态及自己与客观世界之间关系的认识、体验和评价。它具有目的性和能动性等特点，对人格的形成、发展起着调节、监控和矫正的作用。自我意识包括三个层次的含义：对自己及自身状态的认识；对自己肢体活动状态的认识；对自己思维、情感、意志等心理活动的认识。简单地说，自我意识就是自己对自己的认识，具体包括认识自己的生理状况（如身高、体重、体态等）、心理特征（如兴趣、能力、气质、性格等），以及自己与他人的关系（如自己与周围人们相处的关系、自己在集体中的地位与作用等）。

（二）自我意识的构成

自我意识的主要由自我认知、自我体验和自我控制三个方面构成。

1. 自我认知

自我认知是指个体对自己的洞察和理解。它是个体了解自己的特性、价值观和人生观，熟悉自己的优点和缺点、喜好和厌恶、情绪和行为的过程。自我认知是一种基本的情商。它既可影响个体的自我行为，又可影响个体看待他人的方式，它是个体理解自己、理解社会、理解自己与他人之间关系的出发点。

自我认知包括自我观察和自我评价。

（1）自我观察是指个体对自己的感知、思维和意向等方面的觉察。自我观察是个体对自己身心状态的认识，是个体对自我感知、思维、情感、意向等内部感受与心理活动的观察和分析，是个体正确认识自己的重要途径。个体在进行自我观察时应注意以下几个方面：首先，要正确地观察和分析自己的容貌、身材、风度和健康等；其次，要正确观察和分析自己在社会生活中的地位、所获得的荣誉和所拥有的财产等，如了解别人是怎么看待自己的、自己的品德才干是否得到了认可等，这对个体自信心的树立具有重大影响；最后，要正确认知自己的个性与特质，如气质、性格、能力、兴趣等内在精神因素，这是个体自我认知的核心。

窗户上的污渍

吴太太多年来不断抱怨对面的刘太太很懒惰："那个女人的衣服永远洗不干净。看，她晾在院子里的衣服，总是有斑点！我真的不知道，她怎么连洗衣服都洗成那个样子……"

直到有一天，一个细心的朋友来到吴太太的家里，她发现不是对面的刘太太衣服洗得不干净，而是吴太太家的窗户玻璃上有污渍。这个朋友拿了一块抹布，把吴太太窗户上的污渍抹掉后说："看，这不就干净了吗！"

【案例分析】一个人发现别人的错误比发现自己的错误容易，而错怪别人也比检讨自己简单。只有擦去了自己心灵上的"灰尘"，才能更客观、更准确地看待外部世界，而不至于因眼不亮、心不明而扭曲认识。

（资料来源：21 世纪教育，http://tiku.21cnjy.com/quest/5NTMTwQc.html）

（2）自我评价是指个体对自己的身心状况、能力、想法、行为和人格特征，以及自己所处的地位、自己与他人及社会之间关系的判断和评估。自我评价是自我调节的重要条件。个体对自己的思想、动机、行为和个性的一系列综合评价，会直接影响其学习和参与社会活动的积极性，也会影响其与他人之间的交往关系。一个人如果能够正确地认识和评价自己，就能正确地对待和处理自己与社会、与集体、与他人之间的关系，从而积极地克服自身缺点，发扬自身优点，在学习和工作中充分发挥自己的作用。

实事求是地评价自己是自我教育和自我完善的重要前提。一个心理健康的人往往能做出恰当的自我评价。他们能客观地评价自己的能力、性格和优缺点，能认识到自己的价值；同时，他们能接纳自己，能以正确的态度待人处世，不骄傲也不自卑。心理不健康的人往往缺乏自知之明，不能客观地评价自己的优缺点，在学习和工作中常有自高自大、自我欣赏或自暴自弃的表现。

2. 自我体验

自我体验是指个体在自我认知的基础上产生的内心情感体验。它是个体对自己所持有的态度。自信、自卑、自爱、自尊、自满、自豪、内疚、羞耻等都是自我体验。其中，自尊是自我体验的最主要方面。自我体验与自我认知密切相关，也与个体对社会规范、价值标准的认识有关。良好的自我体验有助于个体人格的健康发展。对个体进行自我体验训练，目的就是让其拥有自尊感、自信感和自豪感，使其不自卑，不自傲，不自满。

3. 自我控制

自我控制是指个体对自己思想、言语与行为的控制，包括自我监督、自我塑造、自我克制、自我教育等。自我控制是个体意志品质的集中体现。人们常说的自制力，就是自我控制能力。从某种意义上来说，自制力的优劣决定着学习、工作和生活的成败。自制力强的人通常有自觉、自立、自主、自强、自信、自律的表现，在任何阶段都有明确的目标，能够很好地克制自己的情绪，管理自己的言行，有责任感，遇事沉着冷静，果断而坚毅，决不半途而废。自制力差的人往往没有明确的目标，缺乏主见，优柔寡断，对自己的情感和行为都缺乏控制能力，凡事都难以坚持到底。

中国有句名言说："知己知彼，百战不殆。"个体在自我认知和自我体验的基础上，应根据自己的思想、动机、行为、个性等制订有针对性的培养计划，完善自己的知识结构，提升自己的实践能力，以便不断地完善自己。在日常生活和工作中，个体应有意识地提高自己的自我控制能力，有效地管理自己的言行，使其符合群体规范，符合社会道德要求。提高自我控制能力的关键在于促使转变，即促使自己由外控制向内控制转变。

总之，一个人要想有效地进行自我管理，就必须以拥有正确的自我意识为前提，即必须正确认识自己，丰富自我体验，积极地悦纳自己，高效地控制自己，并不断地完善和超越自己。

二、自我管理能力

（一）自我管理能力的概念

能力是指个体顺利完成某种活动所必需的、影响活动效率的个性心理特征。自我管理能力是指一个人依靠主观能动性，按照社会目标有意识、有目的地对各方面事务和关系进行组织或控制的能力。自我管理能力的形成和发展受天资、环境、社会实践和个人主观努力等因素的影响。其中，社会实践活动是自我管理能力发展的决定性因素。一个人如果不参加实践活动，那么即使拥有良好的天资和外在环境，其自我管理能力也得不到有效发展。个人主观努力可以为自我管理能力的发展提供动力。

案例

所长无用

古时候，有个鲁国人擅长编草鞋，他妻子擅长织白绢。他想迁到越国去。友人对他说："你到越国去，一定会贫穷的。"他问道："为什么？"友人回答道："草鞋，是用来穿着走路的，但越国人习惯于赤足走路；白绢，是用来做帽子的，但越国人习惯于披头散发。你迁到用不到自己长处的地方去。这样，要使自己不贫穷，可能吗？"

【案例分析】一个人要发挥专长，就必须适合社会环境需要。如果脱离社会环境的需要，那么其专长也就失去了价值。因此，高职学生应根据社会的需要来管理自己的能力和行动，以便更好地发挥自己的专长。

（二）自我管理能力的内容

每个人都有或大或小的梦想，且所拥有的资源是有限的，如时间、精力、时间和金钱等。所以，一个人要想在有生之年实现自己梦想或让自己更接近梦想，就必须学会管理自己的心态、形象、目标、行动等各个方面，不断提高自己的管理能力。

案例

三个木匠

从前，有三个木匠，他们都在一个教堂里干活。教堂里的神父问了他们两个问题，即“你为什么工作？”和“你如何对待工作？”。

第一个木匠回答道：“我干活是为了养家活口。老板给多少钱，我就干多少事。”

第二个木匠回答道：“我干活是为了将来成为师傅。老板交代什么事，我就做什么事，并且尽量把它做好。”

第三个木匠回答道：“我干活是为了实现心中的一个梦想——将来自己盖一座教堂。无论老板吩咐我做什么事，我都一定要超标准完成所交代的任务，提交超出他的期望值的成果。”

20 多年过去了，神父找到了当年的三个木匠。他发现，第一个木匠依然只是个木匠，靠手艺养家糊口，日子过得紧巴巴的；第二个木匠已成为一家木器厂的主管；第三个木匠成了亿万富豪，果真慷慨解囊，在当地建了一座教堂。

【案例分析】三个木匠的人生为何如此不同？原因就在于三个人的理想不同，价值观不同，对工作的态度不同。说到底，是三个人的自我管理方式不同！那些懂得自我管理的人，更容易实现自己的梦想，成就自己有价值的人生。

（资料来源：道客巴巴，https://www.doc88.com/p-064169400310.html）

个体应有意识地培养自我管理能力。具体而言，自我管理能力包括以下几个方面：

1. 自我心智管理能力

心智是个体的心理与智能的综合表现。它对个体的生存与发展有着重要影响。受环境、教育、经历等各种因素的影响，每个人在成长的过程中都会形成一套思维、行为的模式，即心智模式。心智模式会影响个体看待事物的方式和行为方式。个体的心智模式与事物发展的规律相符时，能够正确地引导个体的言行；反之，个体的心智模式与事物发展的规律不相符时，就无法正确地引导个体不断前行。所以，个体应善于审视自我心智，并对其进行有效管理，塑造正确的心智模式，纠正心智模式中不科学的部分，以免自己的思想和行为受到误导。

2．自我心态管理能力

自我心态管理是指个体为了完善自我或实现奋斗目标而对自己的心态进行调整的行为。自我心态管理能力就是调节和控制心态的能力。个体的自我认识过程和自我完善过程总是受到个体心态的影响。成功的管理者总是善于管理自己的心态，在生活、学习和工作中总是持续地保持积极的心态。

3．自我形象管理能力

在社会生活中，一个人的形象很重要。形象包括外在的服饰着装和内在的品质呈现。良好的个体形象能给一个人的成功增添砝码；相反，不良的个体形象会极大地影响一个人的成功概率。因此，一个人，尤其是管理者，应当根据自身气质、身份和所在场合合理地搭配着装，得体地修饰自己的面容，学会用礼仪规范来管理自己的言行举止，并加强自身修养和职业素养，从内在和外在两个方面来管理自我形象。

4．自我激励管理能力

每个人的生命里都潜藏着一种神秘的力量，那就是自我激励。人的一切行为都因受到激励而产生。善于自我激励的人，总是不乏前进的动力。自我激励管理能力的实质是一个人把握自己命运方向的能力，它是一个人事业成功的关键。一个人，尤其是管理者，应当善于运用适合自己的方法进行自我激励。

5．自我时间管理能力

每个人都同样地享有每年 365 天、每天 24 小时。为什么有的人在有限的时间内既能发展辉煌的事业，又能充分享受亲情和友情，还能让自己的业余生活多姿多彩呢？他们有三头六臂吗？他们会分身术吗？其秘诀就在于他们善于进行自我时间管理。自我时间管理能力是自我管理能力的重要组成部分。一个人，尤其是管理者，应当积极地采取有效措施对自己的时间进行管理。

6．自我人际管理能力

有人说：“成功=30%知识+70%人脉。”也有人说：“人际关系与专业技能才是真正的第一生产力。”人际关系就是人们在生产或生活活动过程中所建立的一种社会关系。人在社会活动中永远不是孤立存在的个体。处理好人际关系，对于每个人来说都非常重要。一个人，尤其是管理者，要想获得成功或顺利实现人生构想，就应有效地提高自我人际管理能力。

7．自我目标管理能力

目标能为个体指引前进的方向，并为个体提供不断前行的内在动力。生命的悲剧不在于目标没有达成，而在于没有目标。目标有多远，一个人就能走多远。在生活、学习和工作中，个体应当根据自己的实际情况确定合理的总目标和具体目标，并为每个目标规定一个期限，以便自己朝着既定的方向不断努力，直到最终实现人生目标。

8．自我情绪管理能力

自我情绪管理是指通过观察和分析自己对自身情绪和他人情绪的认识、协调、引导和控制，培养自己驾驭情绪的能力，让自己保持良好的情绪状态，并获得良好管理效果的过程。成功之路上的最大敌人就是情绪失控。不会管理情绪的人往往会让他人望而却步，并因此失去很多宝贵的机会。因此，一个人，尤其是管理者，必须有意识地锻炼和提升自我情绪管理能力。

9. 自我行为管理能力

根据社会伦理和组织所要求的行为规范，每个人的行为都可以分为正确的行为和错误的行为。在生活和学习中，个体应当严格管理自己的言行，使其符合自己所在领域的行为规范。在工作中，个体应当坚持正确的行事规范，是自己的言行符合职业化行为的规范要求。

10. 自我学习管理能力

学习是人类生存与发展的动力。人不是生而知之，而是学而知之。知识和能力不是生来就有的，而是从学习和实践中获得的。在这个竞争激烈的时代，个体应当加强自我学习管理能力，及时学习新知识，紧跟时代步伐，这样才能始终保持竞争优势。

书到用时方恨少

李斯前往某报社应聘。在面试过程中，报社的电脑出了故障，致使面试无法正常进行。时间一分一秒地过去了，电脑故障还是没有排除。对此，在场的不少应聘者开始议论纷纷，有的人开始对报社耽误时间表示不满。报社的招聘人员根据简历信息挑选出一些“精通电脑”的应聘者，并让他们尝试排除电脑故障。在这个关键时刻，大部分应聘者退缩了，但中文专业毕业的李斯没有退缩，他毛遂自荐，挺身而出。在众人质疑的目光中，李斯利用自己平时积累的电脑知识，沉着地进行各种测试，最终找到了电脑出现故障的原因，并快速地排除了电脑故障。李斯出人意料的表现得到了招聘人员的认可，他也因此赢得了报社的职位。

【案例分析】李斯的应聘经验表明，合理的知识结构在求职择业中具有非常重要的作用。广大的高职生不仅要学好专业知识，而且要扩大自己的知识面，养成良好的学习习惯，尽可能多地掌握新的知识，以便不断地完善自我。

（资料来源：豆丁网，http://www.docin.com/p-160490532.html）

11. 自我反省管理能力

自我反省有利于个体更加清晰地认识事物，更加理性地认识自己，进而做出更加客观的判断。个体应当提升自我反省管理能力，学会根据反省结果调整自己的言行，不断地完善自己。

任务二 掌握时间管理

【素质目标】

（1）一寸光阴一寸金，树立正确的时间观。

（2）强化时间管理的意识，养成良好的时间管理习惯。

【知识目标】

（1）理解时间管理的概念和关键。

（2）熟悉时间管理的法则。

（3）掌握时间管理的技巧。

【技能目标】

（1）能运用时间管理的知识分析日常活动安排的合理性。

（2）能运用时间管理的知识制订自己的学习计划。

30 秒钟电梯理论：一刻千金

著名的麦肯锡咨询公司（以下简称“麦肯锡”）曾经得到过一次沉痛的教训。麦肯锡曾经为一家重要的大客户提供咨询服务。在咨询结束的时候，麦肯锡的项目负责人在电梯间里遇到了客户方的董事长，该董事长问麦肯锡的项目负责人：“你现在能不能说一下咨询结果？”由于该项目负责人没有准备，而且即使有准备，也无法在电梯从第 30 层运行到第 1 层的 30 秒钟内把结果说清楚。因此，麦肯锡失去了这一重要客户。从此，麦肯锡要求公司员工：凡事都要在最短的时间内把结果表达清楚，凡事要直奔主题、直奔结果。

【案例分析】麦肯锡认为，一般情况下人们最多记得住“一、二、三”，而记不住“四、五、六”，所以在与人沟通时应归纳出 3 条以内的要点信息。这就是如今在商界流传甚广的“30 秒钟电梯理论”（又称“电梯演讲”）。

（资料来源：天眼查，https://news.tianyancha.com/ll_5901wm9eh0.html）

一、时间管理概述

（一）时间管理的概念

时间管理是指个体在日常事务中运用一定的工具、方法和技巧，规划、管理自己的工作和生活，合理有效地利用可以支配的时间，从而实现既定目标的活动过程。

案例

装瓶实验

有一位教授做过一个装瓶实验。实验中，他拿出一个瓶子、一些拳头大小的石头、一桶砾石、一袋沙子和一壶水，然后把石头往瓶子里装。当石头装得高出瓶口，再也装不下的时候，教授问学生：“这个瓶子装满了没有？”学生回答道：“装满了。”于是，教授取了一些砾石往瓶子里倒，边倒边敲击玻璃瓶壁，以使砾石填满石头之间的缝隙。

随后，教授问道：“现在瓶子满了吗？”学生回答道：“满了。”教授听后从桌下取了一些沙子，将其慢慢地倒入玻璃瓶，沙子瞬间填满了石头和砾石之间的所有缝隙。这时，教授又问：“瓶子满了吗？”学生略有感悟地说：“没满。”教授说：“很好。”然后，他拿出一壶水倒入玻璃瓶，直到水面与瓶口持平。这时，他抬头看看学生，问道：“这个实验让我们学到了什么？”一个学生举手发言：“这个实验告诉我们，无论时间表排得多满，只要肯挤时间，就可以做更多的事。”教授说：“你说得不全对。这个例子告诉我们，如果不先放较大的石头，就不一定能把它装进瓶子了。”

【案例分析】人们常说“事分轻重缓急”，先放大石头就是时间管理的奥妙所在。合理分配时间，才能够在有限的时间内依次完成最核心的、重要的、次要的事情。做事情也一样，一定要有优先顺序，不能捡了芝麻丢了西瓜。

（二）时间管理的关键

时间管理的目的不是把所有事情做完，而是更有效地利用时间。时间管理不是为了完全掌控活动安排，而是为了降低变动性。除了明确该做些什么事情之外，时间管理的另一个重要作用是明确什么事情不应该做。时间管理的最重要功能是将事先的规划作为行动的指引。

二、时间管理法则

（一）时间“四象限”法则

时间“四象限”法则是由著名管理学家斯蒂芬·科维提出的。该时间管理法则把工作按照重要和紧急的不同程度进行划分，形成了四个象限（见图 3-1）。

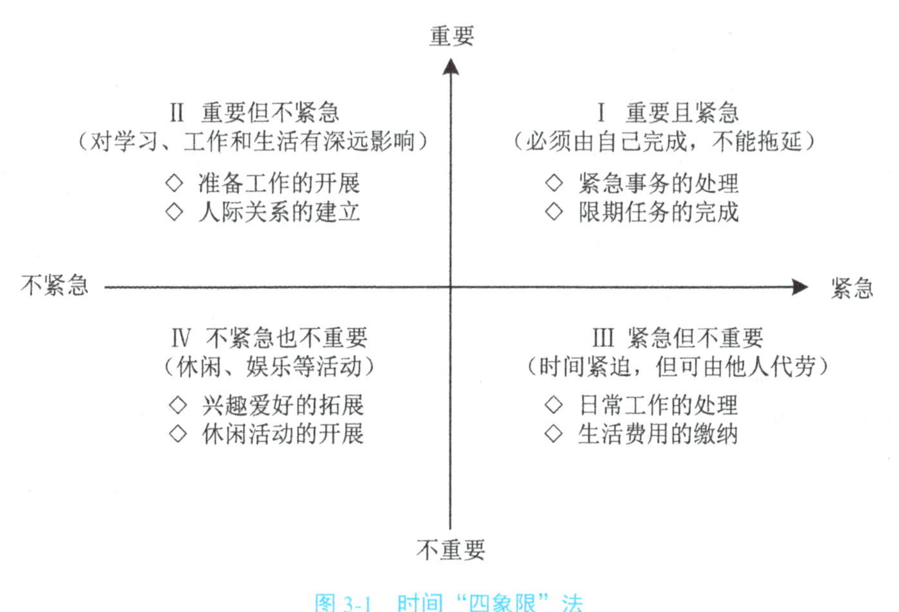

图 3-1　时间“四象限”法

1. 第一象限：须马上去做

对于重要且紧急的事务，如突发病情、重大危机、即将到达截止日期的任务等，应该立即去做，且必须由自己完成，否则将会产生非常严重的后果。

生活当中的主要危机来自第一象限。第一象限中 80%的事务来源于第二象限中没有及时处理好的事务。第一象限就像是一个雷区，事务进入第一象限的次数越少越好。

2. 第二象限：按计划去做

对于重要但不紧急的事务，如人际关系的建立、人员的培训、知识的积累等，应在第一时间将其进行任务分解，并制定计划表，然后按计划去完成。第二象限的事情对工作和生活具有深远影响，个体应将时间用于第二象限，而不要因为它是不紧急的事情就不去处理。

3. 第三象限：交他人去做

对于紧急但不重要的事务，如不速之客的到来、未接电话的处理、生活费用的缴纳等，可以有选择性地做，或者交给他人去做。

4. 第四象限：尽量不去做

对于不紧急也不重要的事务，如拓展兴趣爱好、看娱乐性电视节目、与朋友聚会或闲谈等，应尽量少做或不做。第四象限是一个用于缓冲的象限。个体可以通过做一些不紧急也不重要的事情来调整自己的身心状态。

个体使用时间“四象限”法则进行时间管理时，应按照“第一象限>第二象限>第三象限>第四象限”的顺序处理待办事项。

案例

农夫的一天

一个农夫早上起来后对妻子说要去耕地。当他走到要耕的那片地时，发现耕地的机器（耕耘机）需要加油了，于是，他打算马上给机器加油。刚准备开动机器工作，他想起家里的四五头猪还没喂食。机器没油了不要紧，而猪不吃饱就会被饿瘦。于是，农夫决定先回家喂猪。他经过仓库的时候看到了几只土豆，这让他想起地里的土豆可能要发芽了，他觉得应该去看看。于是，农夫朝地里走去。途中经过木柴堆时，他想起来妻子提醒了好几次——家里的木柴要用完了，需要抱一些木柴回去。农夫决定顺道抱一些木柴回去。他走近木柴堆时发现有一只鸡躺在地上。他认出来这是自己家的鸡，原来它的脚受伤了，他决定给鸡包扎一下……就这样，农夫一大早就出门了，直到太阳落山才回来，忙了一整天，晕头转向，结果猪也没喂，油也没加，最重要的是地也没耕。

【案例分析】故事中的农夫一整天都被各种临时状况牵着鼻子走，最后浪费了时间，却没有完成当天的目标任务。这个故事告诉人们，做任何事情时都应有时间管理意识，在管理时间的过程中应有轻重缓急之分，在临时出现的干扰事件面前应时刻牢记目标任务，严格按照轻重缓急的顺序安排和执行任务。

（资料来源：美篇，https://www.meipian.cn/1y5fbg48）

（二）帕累托法则

帕累托法则是 19 世纪末 20 世纪初由意大利经济学家维尔弗雷多·帕累托提出的。他认为，在任何事物中，最重要的、起决定性作用的只占一小部分，所占比例约为 20%；其余 80%尽管是多数，却是次要的、非决定性。因此，这一法则又称“二八法则”或“二八定律”。

帕累托法则的核心内容是，生活中 80%的结果几乎源于 20%的活动。例如，20%的客户带来了 80%的业绩，且可能创造了 80%的利润；世界上 80%的财富被 20%的人掌握着，世界上 80%的人只分享了 20%的财富。因此，人们应把注意力放在 20%的关键事情上。

帕累托法则广泛应用于经济学、管理学领域。在时间管理方面，它给人们带来重要启示：要学会抓主要矛盾，避免将时间和精力花在琐事上。一个人的时间和精力都是非常有限的，要想真正地“做好每一件事情”几乎是不可能的。做事切忌面面俱到，正确的方法是突破重点，将 80%的时间用在能带来关键效益的 20%的事情上，利用这 20%的重要方面带动其余 80%的事物发展。

案例

活用帕累托法则

弗兰克·贝特格是美国人寿保险的创始人，他讲述了自己的故事：

“很多年前，我刚开始推销保险时，对工作充满了热情。后来，发生了一件事，让我觉得很气馁，我开始看不起自己的职业并打算辞职。但在辞职前，我想弄明白到底是什么让我业绩不佳。

“我先问自己：‘问题到底是什么？’我拜访过那么多人，然而成绩一般。我和顾客谈得好好的，可是到最后成交时他们却对我说：‘我再考虑一下吧！’于是我又得花时间去找他们，而且说不定那时他们已经改变了主意。这让我觉得很颓丧。

“我接着问自己：‘有什么解决办法吗？’在回答之前，我拿出过去 12 个月的工作记录进行详细研究。工作记录上的数字让我很吃惊：我所卖的保险中，有 70%是在首次见面时成交的；有 23%是在第二次见面时成交的；只有 7%是在第三次、第四次、第五次见面时才成交的。而我，竟把一半的工作时间都浪费在第三次至第五次的拜访上了。这个发现让我激动不已，我又燃起了创造佳绩的激情，把辞职的事抛到九霄云外去了。

“该怎么做呢？不言自明：我应该立刻停止第三次、第四次和第五次拜访，把空出的时间用于寻找新顾客。

“执行结果令我大吃一惊：在很短的时间内，我的业绩上升了一倍。”

【案例分析】弗兰克发现自己的精力和时间都浪费在效益并不明显的 7%的业务上，所以业绩并不突出。在帕累托法则的影响下，弗兰克立即改变了工作方法，把大部分时间和精力用来寻找新客户，新客户为弗兰克带来了 80%的工作收益。这就是弗兰克在了解并运用帕累托法则后得到的最大收获。一个人的时间、精力和成本都是有限的。每个人必须学会分配，将最重要的精力和时间分配给最重要的事情。

三、时间管理技巧

时间是最宝贵、最稀缺的资源，它无法再生，无法储存。人类一切活动的开展都需要时间，人类社会随着时间的推移而发展变化。现代管理大师彼得·德鲁克说：“不能管理时间，便什么都不能管理。”科学合理地管理和使用时间是现代人的一个重要标志。

个体在管理时间的过程中可以灵活运用下列技巧。

（一）适时地说“不”

在生活、学习和工作中，有的人不会拒绝他人，缺乏时间管理观念，往往不假思索地接受别人的请求或提议，将时间花在计划外的事情上，从而没有时间去完成紧急、重要的事情。其实，量力而行、适当拒绝是有效管理时间的必要条件。当他人委托自己办某件事时，不要急于接受，而要根据自己实际情况分析自己是否可以接受，如果不能，则应适时说“不”。

（二）遇事不拖延

拖延并不能节省时间和精力，相反，会使一个人心力交瘁，疲于奔命，白白浪费宝贵的时间。因此，在管理时间的过程中，个体应养成雷厉风行、速战速决的做事习惯，这样不仅能克服拖延，而且能占“笨鸟先飞”的先机。

（三）善用零碎时间

个体应学会利用零碎时间来处理零碎的事情，这样可以有效地提高做事效率。例如，可将茶余饭后、课前课后的零碎时间用来学习、思考，或者列一个简短的行动计划等。若充分利用零碎时间，则所获得的知识就能够积少成多。时间管理者最终能获取惊人的成果。

三国时期的董遇有“三余”读书法：“冬者岁之余；夜者日之余；阴雨者晴之余。”即要充分利用寒冬、深夜和雨天，即别人休息之时发奋苦学。他认为“三余广学，百战雄才”。而鲁迅先生则把别人用来喝咖啡的时间都用在了写作上。总之，零碎的时间也可以成就大事业。

（四）为意外留时间

火车、飞机、公共汽车、轮船等即使依时间表运行，也依然会因意外情况而晚点，这种的情形也可能发生在人们身上。例如，自己正在按照计划做事情时，忽然又接到其他任务，在这种情况下，当天的任务就无法按计划完成了。对此，个体在分配时间时应留有余地，即为意外情况预留时间。

时间管理就是做决策

高级主管十分忙碌，每天都要面对很多会议、电话，以至于在吃饭时都要听取汇报。高级主管既要从宏观上思考公司的长远大计，又要管理公司营运的琐事。很多高级主管几乎都是常年在外，他们要与客户沟通，要接受采访，甚至还要跟总统开会。他们有什么秘诀来管理时间呢？

时间管理其实就是做决策，决定哪些事情重要，哪些事情不重要。惠普公司的一位高级主管把自己的时间划分得清清楚楚，他花 20%的时间和客户沟通，花 35%的时间处理会议，花 10%的时间接打电话，花 5%的时间看公司的文件，剩下的时间则用在和公司没有直接或间接关系，但却有利于公司的活动上，如预备业界共同开发的技术专案或者参加总统召集的有关贸易协商的咨询委员会。当然，每天要留下一些时间来处理那些突发事件，如接受新闻界的采访等。美国一家著名电脑公司的总裁，每年有 2/3 的时间都不在公司，他怎么会有时间和客户沟通呢？其管理时间的秘诀在于授权。这位总裁聘用了一些退休的主管，把与客户的在线沟通工作都授权给他们。这样，他虽然不与客户直接沟通，但仍然可以掌握客户的需求。此外，他还授权别人代替他到外界去演讲。授权使他拥有了更多的时间。

【案例分析】在信息化时代，高科技数字电子产品正在改变着人们的工作、学习和生活的方式。在快节奏的工作、学习和生活中，人们越来越快需要一套有效的时间管理策略。

（资料来源：新浪网，https://finance.sina.com.cn/leadership/sxylk/20060619/16362663140.shtml）

任务三　懂得习惯管理

【素质目标】

（1）保持好习惯，改正坏习惯，规范自身行为。

（2）正确认识个人习惯对社会发展的意义，培养个人责任感。

【知识目标】

（1）理解习惯和习惯管理的概念。

（2）熟悉常见的行为习惯。

（3）掌握习惯养成的原则、步骤和方法。

【技能目标】

（1）能够运用所学知识管理自己各方面的习惯。

（2）运用良好习惯养成的步骤和方法，从改变习惯着手，开始改变自己。

案例引入

赶牛车的故事：少成若天性，习惯成自然

一对父子住在山上，每天都要赶牛车下山卖柴。老父较有经验，负责驾车。山路崎岖，弯道特多，儿子眼神较好，总是在快要转弯时提醒父亲："爹，转弯啦！"

有一次，父亲因病没有下山，儿子一人驾车。车走到弯道时，牛怎么也不肯转弯，儿子下车又推又拉，并用青草诱惑牛，用尽了各种方法，牛就是一动不动。

到底是怎么回事？儿子百思不得其解。最后，只剩下一个办法了。他左右看了看，确认四周无人后，贴近牛的耳朵大声叫道："爹，转弯啦！"牛应声而动。

【案例分析】这则故事深刻地说明：牛按条件反射的方式活着，而人则以习惯的方式生活。好的习惯成就好的人生。一个成功的人知道如何以好习惯来代替坏习惯。

（资料来源：宣讲家网，http://www.71.cn/2016/0920/910560.shtml）

一、习惯与习惯管理

（一）习惯的概念

习惯就是人们长期养成的思考和行动的方式。当人们频繁地使用某种思考和行动的方式，并将其变成一种惯性行为时，习惯就产生了。人是习惯的动物，每个人都有好的习惯和坏的习惯。

用心理学的语言来说，习惯是刺激与反应之间的稳固连接。习惯一定是行为，而且是相当稳定的行为，是一种自动化的、下意识表现的行为，并不一定是个体所希望实施的行为。

行为科学的研究表明，如果个体每次都能按某种新方式行事，那么就会出现这样的情形：新的行事方式的重复次数越多，其在个体脑海里的记忆就越清晰，并慢慢地占据主导地位；与此同时，旧的行事方式就越模糊。

行为科学研究领域有一个结论：一个人一天的行为中，大约只有 5%的行为属于非习惯性的，剩下的 95%的行为都是习惯性的。

（二）习惯管理的概念

所谓习惯管理，是指寻找长期存在的、对个人发展有较大影响的习惯，并对其进行有效引导的过程。简单地说，习惯管理就是明确良好习惯，找出不良习惯，用新的良好习惯取代旧的不良习惯。有效的习惯管理能让个体更好地完善自己并终身受益，能事半功倍地提高组织的运作效率，使其更快地实现组织目标。

案例

石油大亨戒烟的故事

美国石油大亨保罗·格蒂曾经是个大烟鬼，抽烟抽得很凶。有一次，他出去度假，开车经过法国时天降大雨。于是，他到一个小城的旅馆过夜。吃过晚饭后，疲惫的他很快就进入了梦乡。

凌晨两点钟，格蒂醒来后想抽一根烟。他打开灯，习惯性地伸手去抓睡前放在桌上的烟盒，不料烟盒里头却是空的。于是，他下了床，搜寻衣服口袋，然而毫无所获；他又搜寻行李箱，希望能发现他无意中留下的一包烟，结果让他失望了。这时，旅馆的餐厅、酒吧早已关门，他得到香烟的唯一办法是穿上衣服并走到几条街外的火车站去买，因为他的汽车停在距旅馆有一段距离的车库里。

越是没有烟，想抽烟的欲望就越强烈，有烟瘾的人大概都有这种体验。格蒂脱下睡衣，穿上可以外出的衣服，准备出门。在伸手去拿雨衣的时候，他突然停住了。他问自己："我这是在干什么？"

格蒂站在那儿寻思：自己作为一个所谓的知识分子、一个相当成功的商人、一个自以为有足够的理智对别人下命令的人，竟要在三更半夜离开旅馆，冒着大雨走过几条街，而这样做仅仅是为了得到一支烟。这是一种什么样的习惯，这种习惯的力量有多么强大？

没过一会儿，格蒂就下定了决心，把那个空烟盒揉成一团扔进了纸篓，脱下衣服并换上睡衣，然后回到了床上。带着一种解脱甚至是胜利的感受，他几分钟后就进入了梦乡。

从此以后，保罗·格蒂再也没有拿过香烟，专心地发展事业并始终保持着良好的习惯。随着事业越做越大，他成了世界顶尖富豪之一。

【案例分析】保罗·格蒂的成功与有效的习惯管理是密不可分的。这个故事告诉人们，习惯的影响力是巨大的，一个人要想获得成功，就必须改掉不良习惯，并培养良好习惯。

（资料来源：360doc 个人图书馆，
http://www.360doc.com/content/17/0822/17/45036194_681292390.shtml）

二、常见的行为习惯

（一）常见的良好习惯

1．守时

守时是一个使个人终身受益的好习惯。守时的人往往遵守规则，有规划意识，能够把生活和工作安排得井井有条，同时，更容易获得他人的信赖。对管理者来说，自己严格按照计划的期限行事并准时完成任务，能够给团队成员树立守时的榜样，进而引导团队成员养成守时的好习惯。如果管理者及团队成员都拥有守时的好习惯，那么整个团队的运作效率将得以提升。

2. 守信

守信一直是衡量一个人道德水平的重要标准。一个人的守信意识往往体现在其日常生活和工作中的某些习惯上。守信的人在待人处事方面往往会习惯性地遵守自己的诺言，做到言出必行。而缺乏守信意识的人在言行方面往往会习惯性地不遵守承诺。守信的人能够得到他人的信赖和尊重。对管理者来说，养成守信的好习惯能够获得团队成员的信赖，也能提高自己的威信，还能够给团队成员做出好榜样。如果管理者及团队成员都拥有诚实守信的好习惯，那么整个团体的行事作风将得以匡正，整个团体的良好形象将得以树立。

3. 有计划性

《礼记·中庸》载曰："凡事预则立，不预则废。"中国有句老话说："吃不穷，喝不穷，没有计划就受穷。"这些话的意思是，事先有计划或做好准备，才能成功，不然就容易失败。做事有计划性，行动才有明确的方向，计划的执行才能井井有条。重视计划的人有明确的目标，做事有条理，且更有效率，因而更容易获得成功。对管理者来说，做事有计划性能够提高自己的办事效率，能够提高团体协作的效率，进而快速实现任务目标。

4. 有自制力

自制力是指个体通过控制自己的言行举止来达成某种特定目标的一种能力。有自制力的人既善于激励自己勇敢地去执行既定任务，又善于抑制不符合既定目的的愿望、动机、行为和情绪。自制力往往表现为一种行为习惯。个体应有意识地提高自己的自制力，并养成做事有自制力的良好习惯，对自己的言行加以约束。在现代社会，人们面临的诱惑越来越多，如果个体缺乏自制力，就容易被诱惑牵着鼻子走，进而偏离成功的轨道。

（二）常见的不良习惯

1. 拖延

拖延是指在实施一项活动时推迟行动。拖延往往使目标任务在最后期限内无法完成，或者使目标任务在截止期限内才刚刚启动。有拖延习惯的人，不能及时地完成计划内的任务，而且往往会错过解决问题的最好时机，使问题变得更加复杂。有拖延习惯的人常常陷于恶性循环之中。拖延的原因是多样的，有的人因做事缺乏条理性而拖延，有的人因内心抗拒某事而拖延，有的人因懒惰而拖延。针对不同的原因，个体应采取相应的措施来摆脱拖延的习惯。

2. 推诿

推诿就是个体因不愿承担责任而找借口的行为。在日常生活和工作中，有的人都将失败的原因归结于他人或者客观条件，而不寻找自身的问题。有推诿习惯的人缺乏责任心，没有良好的做事态度，在团队工作中容易引起内部矛盾，从而影响团队工作的整体效率。对管理者来说，若自身有推诿的习惯，则团队的工作作风会受到不良影响，工作效率难以提高。

三、良好习惯的养成

（一）习惯养成的原则

1. 用兴趣调动积极性

良好习惯的养成就是把一种新行为训练成习惯性行为，这是一个痛苦的过程。个体需要经受多次枯燥而单调的练习。尤其是矫正已经形成的不良习惯的过程，有“难于上青天”的感觉，不少人因此半途而废，功亏一篑。为了减轻习惯养成过程的痛苦感受，个体在矫正不良习惯时可以把“苦练”与“趣练”结合起来，用兴趣调动培养新习惯的积极性。例如，在习惯养成过程中，用游戏、活动、竞赛等形式交替训练某种习惯行为，往往能取得事半功倍的效果。

2. 必须严而又严

习惯的养成需要一个过程，不可能一蹴而就。个体应充分认识习惯养成训练的艰巨性。训练是一个痛苦的过程，一旦决定矫正不良习惯并培养良好习惯，就要严格要求自己。不同的行为习惯有不同的训练标准，确定标准之后，就要严格执行，不能有丝毫放松。否则，良好的习惯很难养成。

3. 必须持之以恒

习惯的养成是一个长期的过程。人的行为往往具有惯性，如果在训练了一段时间之后就不再坚持，那么行为习惯就会出现反复，从而导致良好的习惯难以养成。因此，在习惯养成过程中，个体必须持之以恒，切忌“三天打鱼，两天晒网”；即使在习惯养成的过程中出现了的反复现象，也不要气馁，因为这是正常现象，且这种现象通过努力是可以消除。

案例

根除杂草的方法

一位禅师带领一帮弟子来到一片草地上。他问弟子：“怎样做才可以根除地上的杂草？”弟子们说了很多种方法，如拔、铲、挖等。禅师说：“这些都不是最佳办法，因为‘野火烧不尽，春风吹又生’。”弟子们感到很困惑：“最好的办法是怎样的呢？”禅师说：“明年这个时候你们就知道了。”

到了第二年，弟子们再来到这片草地时，发现地上长出了成片的粮食，再也看不见原来的杂草了。弟子们这才明白，最好的办法原来是在草地上种粮食。

【案例分析】禅师的智慧——用粮食根除杂草。在管理习惯时，人们可以借鉴禅师根除杂草的智慧——改掉坏习惯的同时，培养好习惯！好习惯多了，坏习惯自然就少了。

（资料来源：搜狐网，https://www.sohu.com/a/118648373_542097）

（二）习惯养成的步骤和方法

（1）明确需要矫正的不良习惯。先列出“不良习惯一览表”和“好习惯一览表”；然后认真分析一下，明确需要矫正的不良习惯和需要养成的良好习惯，并初步确定行动方向。

（2）确定习惯养成的行为标准。确定不良习惯的矫正程度，明确良好习惯的合格标准，以便严格按照标准开展习惯养成训练。

（3）寻求一个有效的外在助力。向亲友、同学或同事监督说明自己的习惯养成计划，并请他们监督计划执行情况。

（4）记录每天产生的变动轨迹。按照习惯养成的行为标准制作记录表，将每天训练后产生的变化记录下来。每隔一段时间（如一周）就回顾一下所取得的进展，并给予自己适当的奖励，以激励自己坚持练习。

（5）确保训练过程持续一个月。采用合适的方法训练自己的行为习惯，如视觉法（将想要培养的习惯写在便签上并将便签贴在显眼的位置）、鼓励法（不断地对自己说“我做得到”“我要成为……”等）等。若训练过程能持续一个月，那么新的习惯就基本养成了。

团队成员的习惯养成基本上也按照上述步骤和方法进行。在团队成员习惯养成的过程中，管理者可以运用口头表扬、精神激励或物质激励、委以重任等方式对成员的好习惯进行正强化；运用批评、物质惩罚、取消从事重要工作的资格等方式对成员的坏习惯进行负强化。必要时，管理者可以将习惯养成的强化措施制度化，以便规范管理多个人的习惯养成过程。

案例

成功从好习惯开始

20 世纪 60 年代，苏联发射了第一艘载人宇宙飞船，宇航员叫加加林。当年挑选第一个上太空的人选时，几十个候选宇航员去参观他们可能要乘坐的飞船。在进舱门的时候，只有加加林一个人把鞋脱了下来。

有人问加加林为什么脱鞋，他回答道：“这么贵重的一个舱，怎么能穿着鞋进去呢？”加加林拖鞋这个动作让主设计师非常感动。他想：“只有把这飞船交给一个如此爱惜它的人，我才放心。”在主设计师的推荐下，加加林成了人类第一个飞上太空的宇航员。后来，有人开玩笑说：“成功从脱鞋开始。”

【案例分析】良好的习惯让人受益终生。成功都是从好习惯开始的。没有诸如脱鞋这样的好习惯，远大理想和目标的实现只能是空谈。美国心理学家威廉·詹姆士说：“播下一个行动，收获一种习惯；播下一种习惯，收获一种性格；播下一种性格，收获一种命运。”

任务四 领会情绪管理

【素质目标】

（1）树立情绪管理意识，加强自我调节能力，促进个人身心健康发展。

（2）塑造乐观积极的心态，克服负面情绪障碍，保持良好的情绪状态。

【知识目标】

（1）了解情绪和情绪管理的概念。

（2）熟悉情绪管理的原则。

（3）掌握情绪管理的方法。

【技能目标】

（1）利用情绪管理的相关知识，有效地管理自己在日常生活中的情绪。

（2）灵活运用情绪管理的方法帮助他人解决情绪问题，并有意识地培养自己的情商。

案例引入

能掌控的 90%：情绪控制

美国社会心理学家费斯汀格有一个很出名的论断，被人们称为“费斯汀格法则”：生活的 10%是由发生在自己身上的事情组成，而另外的 90%则是由自己对所发生事情的反应所决定。换言之，生活中有 10%的事情是人们无法掌控的，而另外的 90%却是人们能掌控的。

费斯汀格举了这样一个例子。

卡斯丁早上起床后洗漱时，随手将自己的手表放在洗漱台边，妻子担心手表被水淋湿了，就随手将其放到了餐桌上。儿子起床后到餐桌上拿面包时，不小心将手表碰到地上摔坏了。

卡斯丁疼爱手表，就将儿子揍了一顿。然后黑着脸骂了妻子一通。妻子不服气，说是担心水把手表弄湿了，才将手表放到餐桌上。卡斯丁说他的手表是防水的。

于是，两人激烈地斗起嘴来。一气之下，卡斯丁没吃早餐，就直接开车去了公司，快到公司时突然想起来自己忘了拿公文包，于是立刻回家拿公文包。

可是家中没人，妻子上班去了，儿子上学去了。卡斯丁的房门钥匙留在公文包里，他进不了门，只好打电话向妻子要钥匙。

妻子慌慌张张地往家赶时，撞翻了路边的水果摊，摊主拉住她，不让她走，要求她赔偿损失。妻子向摊主赔了一笔钱才得以脱身。

拿到公文包并返回公司时，卡斯丁已迟到了 15 分钟，因此，他挨了上司一顿严厉的批评。这时，卡斯丁的心情坏到了极点。下班前，卡斯丁又因一件小事跟同事吵了一架。

妻子因早退被扣除了当月的全勤奖。儿子这天参加棒球赛，原本夺冠有望，却因心情不好而发挥失常，在第一局比赛中就被淘汰了。

【案例分析】在这个事例中，手表被摔坏这件事占当天生活的10%，后面一系列事情就是另外的90%。由于当事人没有很好地掌控那90%的事情，所以这一天成为“闹心的一天”。试想，如果卡斯丁在手表被摔坏后换一种反应，如抚慰儿子：“不要紧，儿子，手表摔坏了没事，我拿去修修就好了。”这样，儿子高兴，妻子也高兴，他自己的心情也好，那么随后的一切糟心的事情可能就不会发生了。

每个人的身上都存在这样一种神奇的力量，它可以使人精神焕发，也可以使人萎靡不振；它可以使人冷静理智，也可以使人暴躁易怒。这种神奇的力量就是情绪。

一、情绪与情绪管理

（一）情绪的概念

情绪是指个体对客观事物是否符合自己的需要而产生的主观态度体验和相应的行为反应，如喜、怒、忧、思、悲、恐、惊等。换言之，情绪就是个体在一定情景下产生的主观体验，情绪的产生伴随着一定程度的生理反应和一定的可观察的外显行为。

情绪有正面情绪和负面情绪之分。正面情绪即积极的情绪，如喜悦、振奋、感激、激动等。正面情绪可以增强个体的自信心，激发个体的热情和潜力，促使其不断进取，有利于个体健全自身人格；负面情绪即消极否定的情绪，如紧张、焦虑、嫉妒、愤怒、抑郁、狂躁、沮丧、悲伤、惊骇、厌恶等。负面情绪容易使个体意志消沉、兴致低落，甚至使其精神崩溃，对个体的健康成长和人生发展有消极影响。

情绪可以通过个体的外在行为来判断。行为表现越强烈则说明情绪越强烈。只有了解了情绪，才能管理并控制情绪，进而发挥情绪的积极作用。

（二）情绪管理的概念

情绪管理是指认识、协调、引导和控制自身情绪和他人情绪，培养自己驾驭情绪的能力，让自己保持良好的情绪状态，并获得良好的管理效果的过程。

人是感情动物，人的思维、处事方式常受情绪的影响。情绪不可能被完全消除，但可以被有效疏导、有效调节和适度控制。个体应当学会疏导、调节与控制自己的情绪。这就是情绪管理，即所谓的“先处理心情，再处理事情”。个体不能正确地认识自己的情绪并有效地进行疏导、调节与控制时，往往会产生难以预料或不可挽回的恶劣后果。例如，范进苦读而高中举人，在亲眼看到喜报后竟因欢喜过度而发了疯；王朗被诸葛亮痛骂了一番之后，盛怒之下竟跌马倒地毙命。

在情绪管理过程中，个体应当采用合适的方法探索自己的情绪，然后根据具体时间和场合调整自己的情绪，以保持良好的情绪状态，必要时可以适当地表达或宣泄自己的情绪。

二、情绪管理的原则

（一）敏锐地体察情绪

个体应当时刻提醒自己“我现在产生了怎样的情绪”。个体因事件刺激而产生情绪时，首先应觉察并承认自己有负面情绪，而不要压抑情绪。否则，反而不利于有针对性地进行情绪管理。

（二）合理地表达情绪

个体觉察到自己的情绪之后，应当采用合理的方式表达自己的情绪，而不要让情绪引发冲动行为。例如，当自己的朋友约会迟到时，自己可以委婉地告诉对方：“你没在约定的时间到达，我好担心你在路上发生意外。”而不要愤怒地指责对方：“你约会迟到，为什么不考虑我的感受？”愤怒指责只会引发对方的负面情绪，这种行为不利于良好沟通的顺利进行。合理地表达情绪是一门艺术，个体应当用心地体会、总结情绪表达方法，并在自己产生情绪时灵活运用。

（三）适当地疏解情绪

疏解情绪的目的在于给自己一个理清问题、调整情绪的机会，让自己用正向能量去面对未来。个体在产生情绪时，除了合理地表达情绪外，还应适当地疏解情绪。疏解情绪的方法很多，如痛哭一场、向好友诉苦、听音乐或散步、做其他事情以分散注意力等。

情绪调整的功效

著名科学家法拉第在年轻时因工作过分紧张而精神失调，身体非常虚弱。他长期进行药物治疗，然而毫无起色。后来，一位名医对他进行了仔细的检查，但未开药方，临走时只说了一句话：“一个小丑进城胜过一打医生！”法拉第仔细琢磨这句话，终于明白了其中的奥秘。从此以后，他经常抽空去看马戏、滑稽戏和喜剧，经常开心得开怀大笑。愉快的心情使他慢慢地恢复了健康。

【案例分析】情绪的影响力很大，长期的情绪积压可能导致疾病。因此，适时的情绪管理是非常必要的。

（资料来源：搜狐网，https://www.sohu.com/a/225749868_612768）

三、情绪管理的方法

情绪管理的方法很多，常见的有以下几种。

（一）心理暗示法

心理暗示法是指个体通过语言、形象、想象等方式对自身的情绪施加影响的一种调节方法。心理暗示法可分为积极自我暗示和消极自我暗示。积极自我暗示能够强化个体的优点，调动个体的乐观情绪。消极自我暗示会强化个体的弱点，唤醒个体内心深处的自卑、怯懦、嫉妒等负面情绪。

美国心理学家保罗•埃克曼的最新实验表明，如果一个人总是想象自己进入某种情景并感受某种情绪，那么这种情绪十有八九会产生。我国的心理学研究者在经过调查研究后发现，一个故意装作愤怒的实验者，由于"角色"行为潜移默化的影响，会真的愤怒起来，他的心率会加快和体温会上升，在待人接物方面也会有异常的表现。这些研究结果都表明，心理暗示可以影响个体情绪。因此，个体在产生不良情绪时不妨采用心理暗示法来调节自己的情绪。

（二）注意力转移法

注意力转移法是指个体将注意力从引起不良情绪反应的情景转移到其他事物上去一种调节方法。情绪不佳时，个体可以把注意力转移到其他事物上去，如参加兴趣活动、学习新技能、参与假日郊游、找朋友聊天或下棋等，以防止不良情绪泛化、蔓延，增加积极的情绪体验，从而尽快平复情绪。

案例

爱巴的故事

有一个叫爱巴的人，每次和他人起争执而生气的时候，就以很快的速度跑回家，绕着自己的房子和土地跑三圈，然后坐在田边喘气。爱巴工作非常勤奋努力，他的房子越来越大，土地面积也越来越大。不管房子和土地多么大，只要和他人起争执的时候，他依然会绕着房子和土地跑三圈。"爱巴为什么每次生气都绕着房子和土地跑三圈呢？"所有熟悉他的人都想不明白，不管他们怎么问，爱巴都不愿意说明原因。直到有一天，爱巴很老了，他的房子和土地都非常大了，他生气后会拄着拐杖艰难地绕着房子和土地转圈。他走完三圈后，太阳都已经下了山。爱巴独自坐在田边喘气，他的孙子在旁边恳求道："阿公，您已经这么大年纪了，这四周也没有其他人的土地比您的更大，您不能再像从前一样，一生气就绕着土地跑三圈了。还有，您可不可以告诉我您一生气就绕着房子和土地跑三圈的原因？"爱巴终于说出了隐藏在心里多年的秘密，他说："年轻的时候，我一旦和人吵架、争论、生气，就绕着房屋跑三圈，边跑边想，自己的房子这么小，土地这么少，哪有时间去和别人吵架呢！想到这里，气就消了，然后我就把所有的时间都用来努力工作了。"孙子问道："阿公，您年老了，已经变成富有的人，为什么还要绕着房子和土地跑呢？"爱巴笑着说："我现在还是会生气，生气时绕着房子和土地跑三圈，边跑边想，自己的房子这么大，土地这么多，又何必和他人计较呢？一想到这里，气就消了！"

【案例分析】故事中的爱巴善于用注意力转移法来调节自己的情绪。在日常生活和工作中，人们难免因各种事务而产生不良情绪，这时候应善于用注意力转移法，将自己的精力和时间集中到有意义的事情上去。

（资料来源：360doc 个人图书馆，http://www.360doc.com/content/20/0604/11/2246546_916422642.shtml）

（三）适度宣泄法

适度宣泄法是指个体在产生不良情绪时，通过适当的方式把情绪宣泄出来的一种方法。过分压抑只会使情绪困扰程度加重，而适度宣泄则可以把不良情绪释放出来，从而使紧张情绪得以缓解。宣泄情绪的具体方式应当文明、恰当，如可以通过向亲友哭诉、到空旷的山野大喊、打沙袋等方式宣泄不良情绪，而不要采用抨击、谩骂或殴打他人等过激方式宣泄情绪。此外，宣泄情绪的时间和场合应当适宜，且宣泄应无破坏性。

案例

宣泄情绪

一天，军官斯塔顿来到总指挥那里，气呼呼地说一位少将用侮辱的话指责他偏袒一些人。总指挥建议斯塔顿写一封尖酸刻薄的信回敬那家伙。“可以狠狠地骂他一顿。”总指挥说。斯塔顿立刻写了一封言辞激烈的信，然后拿给总指挥看。“对了，对了，”总指挥高声叫好，“要的就是这个！好好训他一顿，真是绝了，斯塔顿。”但是当斯塔顿把信叠好装进信封时，总指挥却叫住他，问道：“你干什么？”“寄出去呀。”斯塔顿有些摸不着头脑了。“不要胡闹。”总指挥大声说，“这封信不能发，快把它扔到炉子里去。凡是生气时写的信，我都是这么处理的。这封信写得好，写的时候你已经解了气，现在感觉好多了吧？那么就请你把它烧掉，再写第二封信吧。”

【案例分析】总指挥教斯塔顿用写信的方式宣泄了不良情绪。这是一种非常经典的情绪宣泄法。

（四）自我安慰法

自我安慰法是指个体为自己找一种“合理”的解释，“自圆其说”，以缓解精神压力的一种方法。这种方法能够帮助个体勇敢地面对挫折，接受现实并保护自己，使其缓解紧张情绪，从而避免精神崩溃。因此，个体面对无法改变的现实时，应学会安慰自己，追求精神上的胜利。例如，因遭受挫败而产生不良情绪时，个体可以用“胜败乃兵家常事”“塞翁失马，焉知非福”“坏事变好事”等进行自我安慰，以缓解矛盾冲突、消除焦虑或失望情绪。

（五）理性情绪法

理性情绪法认为，情绪困扰并不一定由诱发事件直接引起，而是由经历者对事件的非理性观念引起的，因此，如果将非理性观念变为理性观念，就可消除情绪困扰。例如，一些人认为“人生路应该是一帆风顺的”，这种观念导致其在人生路中遭遇挫折时便消沉苦闷或怨天尤人，产生不良情绪，进而引发心理问题。如果改变这种错误观念，那么不良情绪就会消除，心理问题就能得到解决。又如，王安石曾有一首诗与“情绪智慧”有关：“风吹屋檐瓦，瓦坠破我头；我不恨此瓦，此瓦不自由。”这就是通过调整思维来消除不良情绪的典型例子。

案例

司马懿稳定的情绪

三国故事中的很多人物都因无法控制情绪而留下了千古遗憾：周瑜被诸葛亮惹怒后激愤难忍，最终“赔了夫人又折兵”；曹操在一怒之下杀害了蔡瑁、张允，导致自己在赤壁之战中惨败；张飞因关羽的死而情绪失控，把怒气发泄在下属身上，导致下属群反而杀之；刘备又因张飞的死而失去理智，贸然进攻东吴，最终被陆逊火烧连营，这加速了蜀国的灭亡。与此同时，司马懿却体现出了“忍者”的风范。

司马懿战况失利，被蜀军围困于上方谷后，便闭门不战。诸葛亮为了使他打开城门迎战，便天天派人在他的城墙下骂阵。司马懿从容地待在城中，丝毫不予理会。后来，诸葛亮为了激怒他，便派出使者给他送了一个盒子，里面装着一封书信，诸葛亮在信中骂司马懿是缩头乌龟。如果换了别的大将，听完这番辱骂后必然咽不下这口气。可是司马懿呢？他虽然心中大怒，表面上却依旧对来使笑脸相迎，收下盒子并重赏来使。

面对如此羞辱，司马懿还能沉稳如泰山，的确令人叹服。司马懿对诸葛亮的讥讽不以为然，并不是他没有羞耻感，而是在他眼里，受辱是小事，赢得战争胜利才是大事。因此，他强忍内心的愤怒，依旧闭门不战，静待时机的到来。诸葛亮能气死周瑜，却一直对司马懿无可奈何。

【案例分析】人际关系的好坏通常取决于一个人的情绪表达是否恰当。倘若一个人常在他人面前任由负面情绪决堤，丝毫不加以控制，久而久之，这个人便会被视为难以相处之人；相反，如果常面带微笑，多赞美他人，以恭谦的态度与别人和谐相处，那么人际关系就会逐渐得到改善。

拥有稳定的情绪是事业成功的必要条件，这就是现在人们特别注意培养“情商”的原因。心理学家经研究后得出结论：“人生的成就至多只有 20%归功于智商，另外 80%则受情商因素的影响。”由此，心理学家宣称：“婚姻、家庭、社会关系，尤其是职业生涯，凡此种种人生大事的成功与否，均取决于情商的高低。”

（资料来源：豆丁网，https://www.docin.com/p-1204600419.html）

勤学苦练

一、简答题

（1）简述自我管理能力的概念和内容。

（2）简述时间管理的法则和技巧。

（3）简述良好习惯养成的原则、步骤和方法。

（4）简述情绪管理的概念、原则和方法。

（5）给自己制订一个生活计划、学习计划或工作计划。计划制订要求如下：① 内容尽可能详细；② 具有执行的可能；③ 时间期限为 1 周。一周之后，回顾一下自己在这段时间内的执行情况，如有多少事情是按照计划去做的，有多少事情没有完成等，然后总结一下能够按计划完成任务的经验，或者分析一下没有完成计划的原因。

（6）在日常生活、学习和工作中，自己有哪些好习惯，有哪些坏习惯？把这些习惯罗列出来，并制订一个良好习惯养成计划。

二、案例分析题

【案例 1】

杯子里的跳蚤

一个动物学家做了一个实验：他将一群跳蚤放入实验用的大量杯里，上面盖上一片透明的玻璃，于是很多跳蚤都撞上了盖上的玻璃，玻璃不断地发“叮叮咚咚”的声音。过了一阵子，动物学家将玻璃片拿开，发现所有跳蚤依然在跳，只是都已经将跳的高度保持在接近玻璃处，快到玻璃处即止，以避免撞到头。结果，竟然没有一只跳蚤能跳出来——依它们的能力不是跳不出来，只是它们已经适应了环境。后来，这位动物学家在量杯下放了一个酒精灯并且点燃了火，不到两分钟，量杯烧热了，所有跳蚤自然发挥求生的本能，再也不管是否会撞痛头部（因为它们以为杯口还有玻璃罩），全部都跳出了量杯。

（资料来源：搜狐网，https://m.sohu.com/a/147464850_608461）

问题：

通过这个故事，你得到了什么启示？

【案例 2】

当代产业工人的模范——许振超

在青岛港，许振超这个名字可谓尽人皆知，2004 年 4 月 11 日中央电视台《焦点访谈》介绍了他的事迹。许振超只读过初中，自从 1974 年参加工作以后，就一直坚持自学各种专业知识，并注重将所学的知识运用到生产实践中去。在参加工作的第二年，他便被选中去操作当时最先进的起重机械。

数年后，青岛港引进世界一流的大型装卸设备——桥吊。于是，他成为操作桥吊的第一人选，并被任命为桥吊队队长。上任后，他经过刻苦钻研编写了一本桥吊司机操作手册，并组织队员学习，从而使整个桥吊队的业务水平有了大幅度的提升。之后，许振超又给自己提出了新的要求，不但要懂桥吊，还要能维修桥吊。他用了 4 年时间，将 10 多块关键电路板的详细电路图研究透彻，这为检测故障提供了极大的便利，同时也大大降低了桥吊的维修成本。

世界航运市场的竞争日趋激烈，许振超提出青岛港装卸要创出世界一流业绩的目标。他对桥吊操作技术精益求精，通过反复摸索和勤学苦练，练就了一手精湛的吊装技艺，将吊装速度提高到了世界极限水平，同时确保操作安全无事故，并且毫不保留地将技术传授给同事。终于在 2003 年 4 月 27 日，他和工友们创造出每小时完成吊装 381 个自然箱码头装卸效率，被交通部（现交通运输部）认定为世界最新纪录。这一业绩被青岛港领导命名为“振超效率”。在振超效率的带动下，青岛港 2003 年完成了港口吞吐量 1.4 亿吨，比上年有了大幅度提高。

许振超几十年如一日，刻苦学习，勤奋钻研，精益求精，拼搏创新，敬业奉献，他的事迹集中体现了坚韧不拔的学习精神，执着的创新精神和奋斗拼搏精神，上级领导评价他是一名学习型、技术型、创新型、实干型和奉献型的先进典型。他爱岗敬业，追求卓越，在带领团队的过程中展现了团结协作的精神，在平凡的工作岗位上创造了非凡的业绩。

（资料来源：道客巴巴，http://www.doc88.com/p-5139895890152.html）

问题：

从许振超身上我们看到了一种什么样的精神？

笃志好学，博学审问

学习能力的重要性

怎样才能拥有持续赚钱的能力呢？办法只有一个，那就是拥有强大的学习能力。在座的各位有没有想过，我们在学校里学的东西有没有用？我们今天在学校的学习真的没用吗？我们应该怎么学习？作为一个学生，如果我们在大学的四年里还没搞清楚怎么学习，那就真的浪费了四年的宝贵时光。各位都知道，英文里“学习”对应的有两个单词：“study”和“learn”。你们知道“study”和“learn”的区别吗？“study”获得的是知识，但知识是容易忘却的，就像我们每天听课时写在笔记本上的东西，全都属于知识，是容易忘却的。不管我们愿意也罢，不愿意也罢，等离开学校一年以后会发现，我们在学校里学的东西有 50%已经忘记了；再过一年，另外 25%我们也还给院长了；又过一年，100%全都忘掉了。“learn”获得的是学问，获得的是学习的方法，它是关于思维的，不太容易忘却。

所以，首先我们要审视自己，自己是在“study”还是在“learn”？我很欣赏一句话：“授人以鱼，莫若授人以渔。”大家知道这两个“鱼（渔）”有什么区别吗？第一个“鱼”是别人钓好的现成的鱼；第二个“渔”是“打鱼的方法”。如果能学会打鱼的方法，我们永远都会有鱼吃。同理，在大学里的学习绝对不是重复知道书本上的知识，而是通过对书本知识的学习，获得能持续学习的能力，获得能持续学习的方法。

…………

我认为，任何一门知识都可以总结为不超过七个的要点。再复杂的知识我们都可以通过总结在七个要点之内把它理清楚，并从中找出这几个要点之间的逻辑关系。这种思维模式就是我在大学里学到的。你们听起来似乎非常简单，可是要实现起来却非常困难。学会这个思维模式后，再学任何东西，我都觉得没有什么难度了。所以，尽管我忘掉了数学的"知识"，可是当我想学任何一门别的知识时，很快就能学到。

举个例子：在中欧国际工商管理学院读书时，我是我们班的学习委员。中欧国际工商管理学院是中国最好的工商管理学院，在全世界的排名也十分靠前。中欧国际工商管理学院最显著的特征是课程非常之难，教学特别之严厉。每次学习的第四天下午一定会考试，若考试不及格就要重考，重考再不及格就不给发证，真的非常严厉。同学们上课都听不懂，我呢，也听不懂。但第三天晚上我有一个任务，为此我是不能睡觉休息的。我要用一夜的时间，用我刚才说过的思维模式的相应方法，把前三天老师给我们讲过的东西整理出要点，找到它们之间的逻辑关系，画出一张关系图来。第四天中午的时候，我会给我的同学讲，讲完之后，同学们拿着我给的那张纸去考试，就比较容易通过了。有一次，一个教授感到很奇怪，为什么他讲完下课了这些学生都不走？噢，原来是因为我即将在这里给同学们上一次课！他在外面偷偷听了我一次课，之后，他给我这门课程打了一百分，而那门课我们是有一二十个同学不及格的。

再举个例子：我是学数学的，几乎毫无古汉语功底，但是在2004年以后，我开始自学传统国学，用的方法也是上面说的方法。在非常非常忙的职业生涯里，我还抽空写了一本书出来。这本书是关于我对管理方面的思考和对国学方面的思考的。直到今天，我每天都会花五个小时以上的时间来学习中国传统文化。

所有这些都是我因为学到了学习的方法、获得了学习的能力而做成的。你们可能会进一步问我一个问题："就算你会学习了又有什么用？对工作有什么用？"我今天就结合"学习"讲讲我职业生涯里的几个转变，这些在常人的眼里可能都是不可思议的转变。2000年我加入搜狐做人力资源部的总监，2001年年底的时候，我开始转行做搜狐的总编辑。而在此之前，我几乎没有关于电脑的知识，几乎没有关于互联网的知识，几乎没有关于互联网新闻的知识。而且那个时候搜狐跟新浪的差距是，搜狐占有率是新浪占有率的25%——这真的是很大的差距。但是，就是我这样一个外行，在转行做了新闻之后，凭着我的努力，凭着我学习的方法，只用了45天时间，就从一个外行变成了内行。刚开始我天天去跟编辑们学习什么叫"新闻"，有怎样的编辑流程，然后去向别人请教疑难问题，后来我反过来告诉编辑们怎样去做。45天的时间，我就奠定了我在新闻上的指导思想，并在我的思想的指导下对原来新闻进行了改版。等到2005年我离开搜狐之前，搜狐的市场份额已经占到新浪的91%了。大家来看，如果我们有了一个好的学习方法，这么大的一个职业跨越我们也一样能够过来，而且还能做好。

…………

今天我来到长春大学，给各位讲的第一个要点就是"学习"。可能有人觉得，哎呀，这一点讲得太长了！我想说的是，学生在学校上学，本职工作就是“学习”，但是我们要知道如何“学习”，如何聪明地“学习”，如何学到该学的东西。所以我给各位第一个具体的建议就是：读一本好书，精读这本书。你自己去挑一本喜欢的书，或者是历史，或者是哲学，或者是文学，或者是美学，什么方面的都可以，然后自学它，把它学到你的骨髓里面，画出你的框架来，再讲给别人听，你就成为这个方面的专家了。我告诉大家，如果有能力自学这样一本书，把这本书学透，那么我们这一辈子再去学什么都可以。古人言：“书中自有颜如玉，书中自有黄金屋。”如果你想过上幸福的生活、体面的生活，就从精读一本书开始吧！——这是我给大家的第一个建议。谢谢大家！

模块四

团队管理知识

● 任务一 了解团队管理基础知识

【素质目标】

（1）增强大局意识，强化集体荣誉感。

（2）培养团队协作精神和服务精神。

【知识目标】

（1）理解团队的概念和团队的角色与分工。

（2）明确团队的优势。

（3）熟悉团队建设的形式、人员和要点。

（4）掌握团队管理意识内容和培养方法。

【技能目标】

（1）能运用团队管理的知识分析所在团体的管理情况。

（2）运用团队建设的知识为日常活动中的团队建设提供合理建议。

案例引入

拉不动的小车：团队合作

梭子鱼、虾和天鹅是好朋友。一天，它们同时发现了一辆车，车上有许多好吃的东西。它们想把车子从路上拖下来，三个家伙一起负起沉重的担子，它们铆足了干劲儿，使出了浑身的力气，可是，无论它们怎样拖，怎样拽，怎样推，小车还在老地方，一步都不动。原来，天鹅使劲往天上提，虾一步步向后倒拖，梭子鱼朝着池塘方向拉。究竟谁对谁错？反正，它们都使劲了。

【案例分析】一个团队由具有不同才能的人组成，如果不能将他们的才能用到一处，使团队的力量形成合力，那么即使每个成员都很努力，也无法实现团队目标。

（资料来源：搜狐网，https://www.sohu.com/a/196175601_100001729）

一、团队概述

（一）团队的概念

团队是指为了实现统一目标，由经验或技能相补的成员组成的互助互利的一种群体。团队不仅强调个人的业务成果，更强调整体的业绩。团队的精髓是共同承诺。共同承诺就是共同承担团队的责任。只有做出这一承诺，团队才能齐心协力，成为一个强有力的集体；若没有这一承诺，则团队就如同一盘散沙。

（二）团队的角色与分工

一个团队通常有多名成员，各个成员在团队中可以承担不同的角色。英国的贝尔宾提出了著名的贝尔宾团队角色理论，即一个结构合理的团队应该由 8 种角色组成（后来修订为 9 种角色）。贝尔宾团队角色理论认为：高效的团队工作有赖于默契协作；团队成员必须清楚其他人所扮演的角色，并相互弥补不足，以发挥团队优势；成功的团队协作可以提高生产力，鼓舞士气，激励创新。其基本思想如下：没有完美的个人，只有完美的团队；人无完人，但只要团队成员拥有适当的角色，团队就可以是完美的团队。

贝尔宾在其著作《管理团队：成败启示录》中阐述了贝尔宾团队角色理论的各种角色，如表 4-1 所示。

表 4-1　团队角色分类表

角色名称	特点与优势	可容许缺陷
外交者 RI（resource investigator）	外向主动，善于沟通，为团队带来热情	过分乐观；对于某件事，热情过后常兴趣全无；往往不会有原创性的主张和意见
监督者 ME（monitor evaluator）	沉稳冷静，远见卓识，具有战略眼光，为团队带来客观的评判	缺乏鼓舞团队其他成员的动力和能力；倾向于吹毛求疵，易让团队其他成员感到厌烦；在团队中往往居于高位
执行者 IMP（implementer）	保守稳健，执行力强，为团队带来操守和信誉	较缺乏弹性，趋于保守；对于可能发生的新情况反应迟钝
协调者 CO（co-ordinator）	充满自信，值得信赖，为团队阐明目标，分配工作	喜欢操控他人；就团队整体而言，其本人可能并无过人之处，在智力方面并不突出
凝聚者 TW（team worker）	温和有度，富有内涵及交际技能，为团队带来合作	在困难情况下（如危机来临时）常犹豫不决；不愿采取可能伤害他人的措施

（续表）

角色名称	特点与优势	可容许缺陷
完成者 FI（finisher）	勤勤恳恳，满怀热忱，为团队带来严谨	总是过度焦虑；不愿给他人授权
创新者 PL（plant）	敢想敢干，不拘成规，为团队带来创意	细枝末节往往不在其视野之内。常执拗于一己之见，而不能有效地与他人沟通。常因不拘细节而陷入与他人的争论之中
推进者 SH（shaper）	勇于挑战，直面压力，为团队带来动力	行事方式有冒犯他人之嫌。一个团队中若存在 2～3 个这样的人，则团队极容易产生内部冲突
专业者 SP（specialist）	往往具有高度内向、满怀热情、自我激励、专注尽职等特征，能为团队提供宝贵的知识和技能	在狭隘的专业领域内为团队出力；心无旁骛，对团队中的他人他事缺乏兴趣

案例

鹦　鹉

一个人去买鹦鹉时，看到一只鹦鹉面前标示着这样一句话：“此鹦鹉会两门语言，售价 200 元。”另一只鹦鹉面前则标示着这样一句话：“此鹦鹉会 4 门语言，售价 400 元。”该买哪只呢？两只鹦鹉都毛色光鲜，机灵可爱。这个人来回看了又看，依旧拿不定主意。此时，他突然发现一只老掉了牙的鹦鹉，它毛色暗淡散乱，标价 800 元。于是，他赶紧将店主叫来，并问道：“这只鹦鹉是不是会说 8 门语言？”店主说：“不。”想购买鹦鹉的人感到很奇怪，问道：“为什么又老又丑、又没有能力的鹦鹉，会值这个价呢？”店主回答道：“因为另外两只鹦鹉叫这只鹦鹉‘领导’。”

【案例分析】一个团队需要一个核心，即团队领导者。这只老鹦鹉就是团队的核心，所以它的价格更高。

（资料来源：搜狐网，https://www.sohu.com/a/412243569_120109040）

为了充分发挥团队的效能，每位成员首先应了解小组目标和任务，以及个人角色和责任；其次应该了解小组任务的实施策略和方法；最后要能积极投入团队任务，促进小组目标的实现。与此同时，团队成员之间应加强有效沟通。

现代的科学管理强调分工，但是所有的团队成员都应意识到，如果成员之间不能合作，那么分工是完全没有价值的。从这个角度来看，团队管理的核心在于相互配合，团队成员配合得越好，团队的工作绩效就越高；反之，若配合得不好，则意味着资源浪费。

（三）团队的优势

在市场经济不断发展、竞争日趋激烈的社会，团队模式的巨大优势日益凸显。一个充分合作的团队能够创造良好的业绩，这是团队合作模式在组织中被广泛应用的原因。团队的主要合作优势如下：

（1）团队能把互补的技能和经验整合到一起，这些技能和经验超过团队中任何个体的技能和经验，使得团队能够在更大范围内应付多方面的挑战。

（2）和个体相比，团队能够获得更多、更有效的信息。团队的运作方式能建立起解决问题和提出倡议的交流网络，所以，与个体相比，团队能用更为快速、准确和有效的方法扩大组织的联系网，获得更多、更有效的信息，进而根据新的信息调整团队的判断和决策。

（3）团队为工作业绩的提高提供了动力。在团队成员努力克服困难之前，团队是得不到发展的。在团队活动中，团队成员能够通过合作建立起对彼此的信任和信心，进而共同克服困难，共同追求高于个人目标的团队目标，最终提升团队的工作业绩。

（4）团队能为团队成员提供更好的发展空间。一方面，由于每个团队成员共同承担对团队的责任，所以当外界因素对团队产生的威胁时，团队成员可以抱团取暖，共同应对。另一方面，团队具有较多的整合资源，能够为团队成员提供更多的发展机会和更广阔的成长空间。

案例

大雁的队形

每年冬天，大雁南飞时排成 V 字队形，非常壮观。有研究结果表明，当头雁展翅拍打时，如果其他大雁立刻跟进，就会形成一种上升的气流，使整个雁群被抬升。在等长的时间内，整个雁群凭借这种上升气流飞行的距离会比每只大雁单飞的距离至少增加 70%。

【案例分析】排成 V 字队形飞翔的雁群就是一个团队。借助团队作战的模式，大雁们能够顺利地飞到南方过冬，这是每只大雁单独飞翔时几乎不可能完成的任务。

（资料来源：搜狐网，https://www.sohu.com/a/196873808_696756）

二、团队管理

团队管理就是在一个集体中，团队成员按照不同的工作性质、工作技能组建不同的小组，然后分组参与集体的各项决定和解决集体的各项问题等，以提高集体的生产力，并实现集体目标。

（一）注重团队建设

团队建设是指将肩负特殊使命的团队成员按照特定的模式组织起来，协调一致，以实现预期目标的持续不断的过程。团队建设是团队领导和成员的共同职责。在建设过程中，团队领导应营造一种开放、和谐的氛围，使全体团队成员有归属感和使命感。团队成员营主动地创造条件加强沟通和融合。

1．团队建设形式

团队管理的基础在于团队，其成员通常有 2～25 人，理想状态下以少于 10 人为佳。团队的建立状况直接影响团队管理的成效。

斯通和弗里曼在《管理学》一书中提出，团队建立有两种形式：

（1）家庭式小组，即管理人员和部属所组成的永久性团队。

（2）特定式小组，即为解决某一特定问题所组成的临时团队，一旦问题解决，团队就解散了。

一般而言，团队建立必须具有下列要件：① 小组成立有其自然的原因；② 各成员在经验和能力方面相互依赖；③ 小组成员的地位和身份最好相当，不能有太大差距；④ 小组之间的沟通必须具有开放性，以便及时解决问题。

随着组织工作的复杂性日益增强，很多工作难以由个人独立完成，必须由合作团队才能完成，所以团队管理有时代需求性。组织若能有效地进行团队管理，激发成员潜能，增强成员的组织认同感，则能够提升组织效能。

2．团队建设人员

（1）团队领导。团队领导对于整个团队的成功具有重要作用。一个具有优秀管理能力的团队领导能够帮助团队成员树立实现组织目标的信心，营造开放、和谐的工作氛围，有效地凝聚团队成员的力量。

一个优秀的团队领导必须具备以下五个方面的素质：

① 善于决策。团队领导应能在明确目标的前提下，做出有利于团队高效运转、有利于问题解决、对团队成员起一定指导作用的决策，以使团队始终朝着正确的方向前进。

② 充分授权。团队领导要懂得充分授权，使团队成员充分发挥自己的主观能动性，这样有利于深入挖掘和发挥团队成员的潜力，提升团队的工作效率。

③ 适当引导。一方面，团队领导应以团队目标为依据适当引导团队成员，使其在思想上和行动上不偏离航向。另一方面，当团队的组织结构趋于扁平化，给予团队成员的权利足够充分时，团队领导应及时解决由此引发的成员之间的冲突。

④ 不断创新。团队领导是团队成员的“教练员”，应起到表率的作用。团队领导不断学习和创新的言行能够促使团队成员不断学习和创新，从而促使团队快速成长为高效能团队。

⑤ 有效沟通。优秀的团队领导常常将 70%的时间用于沟通，另外 30%的时间用于分析问题和处理相关事务。通过有效沟通，团队领导可以及时建立关系纽带，也可以及时了解团队成员的想法和处境，还可以让团队成员充分参与团队事务管理。

（2）团队成员。团队成员是团队的基础。具备以下两项特质的人员才能成为团队成员：① 工作能力；② 与他人和谐共事的能力。

3. 团队建设要点

（1）及时沟通。管理者不能陷入团队管理的陷阱：认为所有的团队都是完美的，多个成员在一起就是一个团队，成员之间会彼此相互喜欢等。这些都不是务实的看法。管理者应当认识到，只有在一个开放、沟通顺畅的环境下，团队管理才能发挥应有的功能。因此，管理者应定期或不定期地安排“有话要说”会议，要善于创造团队成员表达自己意见的机会，以疏通沟通管道，让团队成员因彼此了解而解除戒心，这有助于培养成员忠诚度，增强团队凝聚力。与此同时，当团队因遇到困难而不能顺利实现目标时，管理者应及时向上级领导做出建设性或创意性的反馈。总之，团队管理者有责任确保成员之间沟通自由且畅通，应让每位成员都清楚政策上的变动情况和指示精神。

（2）鼓励发言。团队管理者应善于集思广益，鼓励团队成员公开发表意见，确保每项意见都被认真聆听，并根据实际情况给予恰当的反馈。对某项意见持认可态度时，应明确地表示赞同，并给予赞赏或奖励；对某项意见持保留态度时，应委婉地驳回，并给予充分的理由；发现某项意见出现方向性错误时，应想办法进行正面引导。

（3）激励成员。激励是一种力量。激励可以诱之以利，也可以惧之以害。团队管理者应当灵活运用各种管理措施，鼓励团队成员进行亲密无间的合作，授予他们执行和优化其工作任务的权力，促使他们对整个团队做出最大的贡献。对于团队成员中表现特别突出者，应给予其物质和精神方面的奖励，这种做法对其他人也是一种极大的鼓励。

管理寓言：能力与待遇

主人将一批货物平均分成两份，然后分给一头驴子和一头骡子背。驴子看到自己背的货物和骡子的一样多，很生气地说：“人们给骡子吃的食物比我的多一倍，却让我和它背一样重的货物。”

走了一段路后，主人见驴子快支撑不下去了，就把它身上货物的一部分转移到骡子背上。又走了一段路后，驴子更没精神了，主人又把货物移走一部分。最后，驴子只背很少的一部分货物才能勉强跟得上骡子的步伐。这时，骡子对驴子说：“你现在还会认为我多吃一倍的食物不应该吗？”

【案例分析】在团队中，每一个团队成员都是团队的组成部分，缺一不可。由于不同的团队成员所发挥的作用有所不同，所以团队管理者必须建立和完善绩效考核制度，做好激励工作，做一名明智的“主人”，讲求“公平”，而不要“反激励”。

（资料来源：搜狐网，https://www.sohu.com/a/299075774_295784）

（4）树立标杆。一个团队中，不同成员具有不同的专长优势。不同成员的素质、能力参差不齐是正常现象，团队管理者不但要根据实际情况帮助能力较弱、业绩较差的成员，以提升整个团队的业绩，而且要培养工作业绩、学习意识等各项综合素质突出的成员，并把他们树立为标杆，推广他们的成功经验，以鼓舞整个团队的士气。

（5）分担责任。团队管理者应在明确目标要求的前提下，授权团队成员去完成某项任务，并注意监控任务实施情况。当团队成员因专业知识和业务能力不足而无法承担某项任务时，或者因遇到困难而无法按时完成某项任务时，团队管理者应及时采取措施帮助团队成员解决问题，分担重任，通过言传身教增强团队成员的团队意识和责任感。

（6）保持弹性。管理者在调配工作任务时，应确保各项任务安排具有一定的弹性，以便根据团队建设情况的变化及时调整管理策略和措施。

（7）尊重成员。团队管理者应学会尊重团队成员，主动了解团队成员的想法和需求，热情地帮助团队成员，帮其消除顾虑和压力，让团队成员感受到归属感。

（二）培养管理意识

所谓管理意识，是指管理者在长期的管理过程中形成的自觉运用科学管理方法和原理去认识、分析和解决管理问题的一种特殊智慧、欲望和冲动。它产生于人类社会的管理实践，同时又高于管理实践，对管理实践有指导作用。现代市场经济条件下的企业管理者应具备责任意识、诚信意识、全局意识、团队意识、人本意识、制度意识、市场意识、竞争意识、创新意识和伦理意识。

1．责任意识

责任是一种能力，又远胜于能力。能够承担责任、善于承担责任、勇于承担责任的人是可以信赖的人。所谓的责任意识，就是清楚地知道什么是责任，并自觉、认真地履行社会职责，把责任转化到行动中去的心理特征。

责任意识是一种自觉意识，是一种传统美德。我国自古以来就重视责任意识的培养。“天下兴亡，匹夫有责”，强调的是热爱祖国的责任；“孟母三迁，择邻而居”强调的是教育子女的责任；“卧冰求鲤”传颂的是晋代王祥恪尽孝道为人子的责任意识……。一个人，只有尽到对父母的责任，才能成为好子女；只有尽到对国家的责任，才能成为好公民；只有尽到对下属的责任，才能成为好领导；只有尽到对企业的责任，才能成为好员工。

管理者应当主动培养责任意识，自觉地承担起自己应该承担的责任。只有每个人都增强责任意识，主动承担责任，社会才能和谐运转、持续发展。

2．诚信意识

孔子说：“人而无信，不知其可也。”意思是如果一个人不讲信用，真不知道他是否可以（做成事）。诚信一直是社会衡量一个人道德水平的重要标准。在现代社会，一个企业、一个职业人的信誉是可以用价值来度量的。著名品牌可以作为无形资产、产权进行交易，就是因为它代表着较高的信誉度。一个遵守诺言的人能给人以值得信赖的感觉，且能获得他人的尊重。

管理者应当增强自己的诚信意识，坚持用诚信原则规范自己的言行。在管理活动中，管理者应积极倡导诚信经营理念，用诚信的力量影响团队成员，努力增强团体成员的诚信意识。

案例

城门立柱

公元前356年，秦孝公任命商鞅实施变法，商鞅拟定变法法令后，在秦国都城的南门放了一根3丈（1丈≈3.33米）长的木头，并宣布：谁能把木头从南门搬到北门，就可以得"十金"的奖赏。搬一根木头不是什么难事，却能得到如此重的奖励。对此，老百姓觉得奇怪，不知其中有什么名堂，都不敢去动木头。于是，商鞅提高奖励规格，宣布凡能按要求搬动木头者，给予"五十金"的奖赏。重赏之下必有勇夫，有人把木头从南门搬到了北门。商鞅立即兑现奖励，以示诚信。自此，商鞅开始颁布变法的法令。

【案例分析】"城门立柱"讲述的就是诚实守信的故事。诚信一直以来都受到人们的颂扬。

（资料来源：法治中国化，http://fzzgh.hznu.edu.cn/c/2011-12-02/266384.shtml）

3. 全局意识

全局意识是指个体从客观整体的利益出发，站在全局的视角看问题、想办法、做决策的思维或习惯。管理者应当把管理的要素（如人、财、物和信息等）看成一个有机整体，着眼全局，着力于改善企业的整体绩效，不能犯部门主义或本位主义的错误。因为管理要素之间是相互联系、相互作用和相互制约的，若管理者看问题不全面，不统观全局，那么管理就会出现问题。

4. 团队意识

团队意识是指团队成员整体配合的意识。它是团队所有成员都认可的一种集体意识。团队精神是高绩效团队的灵魂。简单地说，团队意识就是大局意识、服务意识和协调意识的综合体。团队意识是团队所有成员价值观与理想信念的基石，是凝聚团队力量，促进团队进步的内在力量。管理者应当充分认识团队意识的重要性，主动增强自己的团队意识，并在团队活动中宣传团队意识，帮助团队成员增强团队意识。

案例

树虎的故事

传说，在100年前，一些工人在亚马孙河两岸砍伐树木时发现一种十分奇怪的现象：在电锯的轰鸣声中，所有的动物都逃离了，唯有一种动物——树虎，没有走。据记载，树虎是非常怕人的。工人们深感奇怪，不明白这些树虎为什么不走。

于是，工人们找来动物学家桑普。桑普的话让工人们吃惊，他说一定有一只树虎被树胶粘在树上了，所以其他的树虎才不走。大家仔细搜寻后，发现树干上果然有一只树虎。原来，在 1 000 只树虎中，总会有一只树虎被树胶粘住，从此再不能动弹。让人感动的是，一动不动的树虎仍然能在世上活很多年。因为周围的树虎都会轮番喂它。伐木工人听了这种说法后被深深地感动了，他们将整棵树移到了森林的深处。于是，所有的树虎也都跟着迁移了。

【案例分析】被树胶粘住的树虎之所以能够活很多年，是因为其他树虎团结起来轮番喂养它。这个故事说明了团队意识带来的强大力量。

（资料来源：搜狐网，https://www.sohu.com/a/221674829_777806）

5. 人本意识

人本，即以人为本。“以人为本”的“人”既包括组织内部成员（如企业员工），也包括组织外部成员（如客户）。所谓以人为本，就是要尊重人，肯定人的主体意识和价值，把人作为管理的出发点、支撑点、重点和归宿。每个人都有自己的特点，管理者首先应了解被管理人员的特质、专长和需求，在尊重被管理人员的基础上采取相应的管理方式和激励措施，以获得理想的管理效果。

6. 制度意识

制度一般是指在特定社会范围内调节人与人之间社会关系的一系列统一的习惯、道德、法律（包括宪法和各种具体法规）、戒律、规章（包括政府制定的条例）等规范的总和。它由社会认可的非正式约束、国家规定的正式约束和实施机制三个部分构成。规范是制度的表现形式。

组织与个体的主要区别就在于，个体追求自由，而组织需要规范。规范的作用就是降低组织的运行成本。组织内部所有重复发生的事情都需要制度化、流程化，这是一个组织健康发展的保障。在管理工作中，管理者必须有制度意识，发自内心地承认制度神圣不可侵犯，把制度作为一种超个人的价值信仰，确保组织的运行与发展有制度可依、有规范可循。

七个人分粥的故事

有 7 个人曾经住在一起，每天分食一大桶粥。让他们犯难的是，每天的粥都不够分。刚开始时，他们通过抓阄决定谁来分粥，每天确定一个分粥的人。于是乎每周下来，他们每个人只有一天——就是自己分粥的那一天——是饱的。后来，他们选择推选一个道德高尚的人出来分粥。当分粥者被推选出来之后，其他人就开始挖空心思地讨好他，贿赂他，搞得整个小团体乌烟瘴气。于是，这 7 个人组建了由 3 个人组成的分粥委员会和由 4 个人组成的评选委员会，这两个委员会在分粥的过程中常常互相攻击，相互扯皮，这导致每个人吃到的粥全是凉的。最后，这 7 个人想出来一个方法：7 个人轮流分粥，但分粥的人要等其他人都挑完后拿最后一碗。为了不让自己吃到最少的，每个人在分粥时都尽量分得平均。从此，这7个人在一起生活得和和气气，日子越过越好。

【案例分析】在不同的分配制度下，同样的7个人能够营造出不同的风气。这说明，如果一个组织的内部有不好的工作习气，那么其主要原因一定是制度问题。如何制定公平、公正、公开的制度，是每个管理者需要考虑的问题。

（资料来源：中国管理会计网，https://www.chinacma.org/cma-baike/9600.html）

7. 市场意识

市场是社会分工的产物，它反映了社会各经济主体之间相互依存的关系。市场意识是指经济主体积极地为交易对象的利益着想，以优质的产品或服务赢得客户的满意和认可的意识。市场实行竞争机制，是优胜劣汰的筛子。在知识经济时代，市场竞争极为激烈，管理者应充分理解市场竞争机制，增强市场意识，根据市场经济的发展规律和市场需求的变化来调整管理工作的方向和目标，以获得理想的管理效果，为提升组织的竞争力创造有利条件。

8. 竞争意识

竞争是一种实力的较量，实力强者得以生存和发展，实力弱者则会被淘汰；竞争也是智慧的较量，有才能者获取胜利，平庸者遭遇失败。管理者首先应勇于面对竞争，用核心能力来维护自己在竞争中的地位；其次应善于通过竞争规则促使团队成员不断进步，同时应注意营造良好的内部竞争环境，以确保团队成员能够公平地参与竞争。

案例

羚羊与狮子

每天早上，一只非洲羚羊一醒来就开始奔跑，它知道，自己必须比跑得最快的非洲狮子跑得更快，否则自己就会被吃掉；每天早上，一只非洲狮子醒来后也开始奔跑，它知道，自己必须比跑得最慢的羚羊跑得更快，否则自己就会被饿死。不管是狮子还是羚羊，太阳升起的时候就必须开始奔跑了。

【案例分析】在充满竞争的现代社会中，企业如果停滞不前，那么最终就会被吞并或被迫倒闭；个人如果不思进取，那么最终就会被企业淘汰，被社会淘汰。竞争是一个国家、一个民族赖以生存和发展的永恒动力。如果没有竞争，一个国家、一个民族、一个人就没有前进和发展的动力。竞争带来挑战，也带来机遇。在激烈的竞争中，个体必须善于发现机遇并抓住机遇，并力求获得成功。

（资料来源：搜狐网，https://www.sohu.com/a/297759047_142005?sec=wd）

9. 创新意识

创新是指以提出有别于常规或常人思路的见解为导向，利用现有的知识和物质，在特定的环境中本着理想化需要而改进或创造新事物（包括产品、方法、元素、路径、环境），并能获得一定有益效果的行为。创新意识是指人们根据社会和个体生活发展的需要，所产生的创造前所未有事物或观念的动机，以及在创造活动中表现出来的意向、愿望和设想。

"创新是民族进步的灵魂。"创新对个体核心竞争能力的培育非常重要。管理者应培育创造性思维，通过模仿、联想、转换、移入等方式从思路、模式等方面去创新，从大处着手，从小处着眼，不断发现新问题并解决新问题，以使管理效果最大化。

案例

功夫外的功夫

一位声名远播的老裁缝收了一个徒弟。这个徒弟聪明好学，一点就通。半年后，徒弟以为自己已深得老裁缝的技艺，便试探着问："师傅，我是否可以满师了？"老裁缝盯着徒弟，意味深长地说："还缺点功夫外的功夫。"徒弟不懂。

一天，一位客人拿来上好的白色丝绸请老裁缝做衣衫。老裁缝让徒弟来做，徒弟做好后将白衫挂在通风向阳的屋内。几天后，客人来取衫时发现白衫出现了黄色的斑痕，便大发雷霆，说徒弟弄脏了他的衣料。徒弟说这是因为衣料低劣。双方争执不休，于是找老裁缝评理。"谁都没有错！"老裁缝微笑着说。"这是什么话？"客人不满了。"这是风痕。丝绸因阳光照射而失色。徒弟，你用 5 倍清水稀释过氧化氢（俗称"双氧水"），用它把衣服浸一下，再过水两三次便可。"老裁缝说。

徒弟一试，衣衫果然焕然一新。徒弟大悟：这就是功夫外的功夫啊。

【案例分析】学无止境。衡量企业成功的尺度是创新，而创新能力来源于学习。

（资料来源：360doc 个人图书馆，http://www.360doc.com/content/16/0805/22/32626470_581106384.shtml）

10. 伦理意识

伦理是指人们在处理社会关系时应遵循的符合某种道德标准的行为准则。它调整的范围包括人的情感、意志、人生观和价值观等各个方面。管理与伦理有很强的内在联系和相关性，因为管理活动是人类社会活动的一种形式，离不开伦理的规范作用。管理者在工作中应当有伦理意识，做事时要有底线，要确保行为方式与结果符合国家的法律法规和社会价值观。

任务二　认知目标管理

【素质目标】

（1）正确认识价值引领的重要性，明确时代责任和历史使命。

（2）实事求是，合理设置目标；脚踏实地，努力实现目标。

【知识目标】

（1）理解目标管理的概念和特点。

（2）了解目标管理的条件。

（3）熟悉目标管理的步骤。

（4）掌握目标管理的要点。

【技能目标】

（1）学会运用目标管理的知识为自己设定本学期的学习目标。

（2）在班级活动中灵活运用目标管理的相关知识。

案例引入

下滑的业绩：目标管理

为了最大限度节约成本，增加利润，金帝酒业公司决定在整个公司实施目标管理，并根据目标实施和完成情况，进行一年一次的绩效评估。事实上，该公司在此之前为销售部门制定奖金制度时用过这种方法。该公司根据实际销售额与目标销售额之间的差额，向销售人员支付相应的奖金。这样，销售人员的实际薪资就包括基本工资和一定比例的个人销售奖金两个部分。

销售额大幅度提上去了，生产部门却因此苦不堪言，因为他们很难及时完成交货计划。为此，销售部门总是抱怨生产部门不能按时交货。于是，金帝酒业公司高层管理者决定为所有部门和员工建立一个目标设定流程。生产部门的目标包括按时交货和控制库存成本两个部分。为了实施这个新的方法，金帝酒业公司需要用到绩效评估系统。于是，金帝酒业公司邀请一家咨询公司指导管理人员设计新的绩效评估系统，并就现有薪资结构的调整提出建议。同时，金帝酒业公司请该公司的咨询顾问参与制定奖金制度。该咨询公司根据金帝酒业公司的需求，设计了新的绩效评估系统，提出了薪资结构调整建议，参与制定了奖金制度，并指导金帝酒业公司的经理们设定合理的目标。金帝酒业公司总经理期待着公司业绩很快能够得到提升。

然而不幸的是，金帝酒业公司的业绩不但没有上升，反而下滑了；部门之间的矛盾加剧，尤其是销售部门和生产部门之间的矛盾。生产部门埋怨销售部门销售预测的准确性太差，而销售部门埋怨生产部门无法按时交货；每个部门都指责其他部门存在问题；客户满意度下降，利润率也在急剧下滑。

金帝酒业公司的问题可能出在哪里？为什么设定目标（并与工资挂钩）反而导致矛盾加剧和利润率下降？

【案例分析】目标管理是员工参与管理的一种形式，强调“自我控制”，注重成果第一。金帝酒业公司现存问题的主要原因如下：一是目标的设定没有员工的共同参与，因此多数员工被动执行高层管理者的改革措施，但并不理解公司为什么这么做；二是部门之间的横向协调工作不到位，不同部门各自为政，只考虑自己部门的利益而没有不考虑公司的整体利益，致使各部门目标缺乏整体性和一致性；三是目标的设定不全面，过于关注绩效评估，而忽视了其他目标的设定。这一系列因素直接导致金帝酒业公司各部门之间的矛盾加深，进而影响到公司的整体利益。

美国管理大师彼得·德鲁克认为，古典管理学派偏重于以工作为中心，忽视了人，行为科学又偏重于以人为中心，忽视了工作。1954 年，彼得·德鲁克在其著作《管理实践》中最先提出了“目标管理”的概念。随后，他又提出“目标管理和自我控制”的主张。德鲁克认为，先确定目标才能确定工作，所以“企业的使命和任务，必须转化为目标”。目标管理是综合了以工作为中心和以人中心的管理思想的管理技能和管理制度，能使员工发现工作的兴趣和价值，并满足员工通过工作实现自我价值的需要，同时，使组织目标得以实现。这样，目标管理就把工作和人的需要统一起来了。

如果一个领域没有目标，那么这个领域的工作必然被忽视。因此，管理者应该通过目标对各领域的工作进行管理，当组织的最高层管理者确定了组织目标后，管理者必须对组织目标进行有效分解，将其转变成各个部门乃至各个成员的分目标，进而根据分目标的完成情况对各个成员进行考核、评价和奖惩。

彼得·德鲁克对目标提出了 5 个要求：① 目标不是抽象的，它是行动的承诺，是用以衡量工作绩效的标准；② 目标必须具有可操作性，即必须能够转化为具体的小目标和具体的工作安排；③ 目标必须能够将各种资源集中起来；④ 目标必须有多种，而不能只有唯一一种；⑤ 影响组织生存的各个关键领域都需要目标。

一、目标管理的概念和特点

（一）目标管理的概念

目标管理又称“成果管理”，是指在企业全体员工的积极参与下，管理者用系统的方法为复杂事项自上而下地确定工作目标，并在工作中实行“自我控制”，确保工作目标自下而上地实现，从而使组织和个人取得最佳业绩的现代管理方法。

目标管理是一种综合以工作为中心和以人为中心的管理思想的系统管理方式，其核心内容是将所有工作内容目标化，包括清晰、准确地界定和陈述员工的工作目标，制订实现目标的行动计划，让员工实施行动计划，把握目标的实现程度，以及在必要时采取纠正措施并确立新目标。

（二）目标管理的特点

与传统管理方式相比，目标管理具有下列鲜明特点：

（1）重视人的因素。目标管理是一种参与的、民主的、自我控制的管理制度，也是一种把个人需求与组织目标结合起来的管理制度。在这一制度下，上级与下级的关系是平等的，两者相互尊重，相互依赖，相互支持，下级在承诺目标和被授权之后是自觉、自主和自治的。

（2）有完善的目标体系。目标管理通过专门流程将组织的整体目标逐级分解，转换为各部门、各员工的分目标，即从组织目标到经营单位目标，再到部门目标，最后到个人目标。在目标分解过程中，权、责、利三者已经明确，而且三者相互对应。这些目标环环相扣，方向一致，相互配合，形成协调统一的目标体系。只有每个人都完成了自己的分目标，整个组织的总目标才有完成的希望。

（3）重视成果。目标管理以目标制定为起点，以目标完成情况的考核为终点。工作成果是评定目标完成情况的标准，也是人事考核和奖评的依据。至于完成目标的具体过程、途径和方法，管理者并不过多地干预。所以，在目标管理制度下，监督的成分很少，而关于目标实现的控制力度会很强。

案例

聪明的男孩

一天，一位母亲带着一个聪明的男孩到杂货店去买东西。店长看到这个可爱的小孩后就打开一罐糖果，让小男孩自己拿一把糖果。这个男孩没有拒绝店长的好意，但是没有任何动作。邀请了几次之后，店长亲自抓了一大把糖果放进小男孩的口袋。回到家后，母亲很好奇地问小男孩："为什么自己不去抓糖果而要店长抓呢？"小男孩回答道："因为我的手比较小呀！而店长的手比较大，所以他拿的一定比我拿的多很多！"

【案例分析】小男孩的目标很明确，就是得到更多的糖果。同一件事情，由不同的人来做，结果是不一样的。显然，大人抓到的糖果更多。因此，无论是团队还是个人，在确定了目标之后就应想办法实现目标。

（资料来源：搜狐网，https://www.sohu.com/a/249333628_100233525）

二、目标管理的条件

一个组织要实行目标管理，就应具备以下条件。

（一）奠定管理基础

一个组织在实行目标管理之前应有一定的思想基础和科学管理基础。一方面，在思想基础方面，组织应帮助全体员工树立全局观念和长远利益观念，使其正确理解国家、组织和个人之间的关系。如果没有一定的思想基础，那么管理者在设定目标时就可能不顾整体利益和长远利益。另一方面，组织应具有一定的科学管理基础。所谓科学管理基础，是指各项规章制度比较完善，信息传递比较畅通，管理者能够比较准确地度量和评估工作成果。这两项基础工作是需要通过长期的培训和教育才可以完成的。

（二）提高领导素质

组织在实行目标管理之前，应确保领导者具有较高的素质。具体而言，领导者应熟悉经营管理方法，具有较高的管理水平，对各项指标做到心中有数，能够发扬民主精神，也能够合理授权相应人员，善于与员工沟通。领导者只有具备这些素质，才能够确保目标设定合理且具有可操作性，并充分发挥各部门和各员工的能动性，最终促使组织的总目标得以顺利实现。

（三）注重信息管理

在目标管理体系中，信息管理扮演着举足轻重的角色。因为确定目标需要以大量信息为依据，细化目标需要对信息进行加工处理，实施目标的过程就是信息传递与转换的过程。也就是说，信息管理到位是目标管理正常运转的基础。因此，在实行目标管理之前，组织的信息管理制度应当相对完善，信息管理水平应当相对成熟。

三、目标管理的步骤

目标管理的具体做法可以分四个阶段：目标的设定、目标的分解、目标的实施和目标的评估。

（一）目标的设定

目标是组织及其成员的行为导向准则。目标的设定应当科学、合理，所设定的目标应当切实可行。在设定目标时遵循 SMART 原则，就是确保目标科学、合理、可行的重要方法之一。SMART 是由 specific（具体的）、measurable（可测量的）、attainable（可达到的）、relevant（相关的）、timebase（有时限的）这五个单词的首字母组成的，其具体含义如下：

1. 目标明确具体

目标应明确具体，尽可能量化为具体数据。例如，年销售额达到 5 000 万元、费用率为 25%、存货周转为 5 次/年等。若目标不能量化，则应尽可能细化。例如，在设定文员工作态度目标时，可以将目标细化为工作纪律、服从安排、服务态度、电话礼仪、员工投诉等多个方面。

案例

父子打猎

一位父亲带着三个孩子到沙漠去猎杀骆驼。他们到了目的地后，父亲问老大：“你看到了什么？”老大回答道：“我看到了猎枪、骆驼和一望无际的沙漠。”父亲摇摇头说：“不对。”父亲以同样的问题问老二。老二回答道：“我看见了爸爸、大哥、弟弟、猎枪，还有沙漠。”父亲又摇摇头说：“不对。”父亲又以同样的问题问老三。老三回答道：“我只看到了骆驼。”父亲高兴地说：“你答对了。”

【案例分析】一个人要想走上成功之路，首先必须有明确的目标。目标一经确立，就要心无旁骛，集中全部精力，勇往直前。

（资料来源：搜狐网，https://www.sohu.com/a/128110066_636165）

2. 目标可以测量

目标必须是可测量的。确定目标是为了用行动去执行，如果目标只停留在口号或空话上，那么目标将难以执行。组织的管理者应尽可能用数字量化来描述目标，或者用数字化指标来补充描述目标的表现形态。具体要求如下：

（1）数字具体化。如果某一个目标能用数字来描述，则一定要用精确的数字描述。例如，主要原料的采购成本下降 10%，即在原料采购价格波动幅度不大的情况下，同比采购单价下降 10%。

（2）形态指标化。如果目标不能直接用数字来描述，则必须进一步分解目标，并用数字化指标来补充描述目标的表现形态。例如，确定目标是买一辆汽车后，详细描述汽车的品牌、型号、价格等。又如，“完善人力资源制度”这一目标可以描述成“1 月 30 日前完成初稿并组织讨论，2 月 15 日前讨论通过并颁布施行，无故推迟实施一星期者扣 5 分”等。

3. 目标可以实现

目标应该是可以实现的。管理者应根据组织资源、人员技能、管理流程等因素设定目标，保证目标是切合实际的或可以实现的。所谓“切合实际”，是指具有完成的可能性。但是，“目标切合实际”并不意味目标应是低下的或是容易完成的。事实上，对目标的追求者来说，不能轻易完成的目标才具有真正的挑战性。这就是说，目标本身必须具有相当的难度和被完成的可能性。

4. 目标有相关性

目标必须与现实情况、其他目标相关联。管理者在设定目标时，应考虑目标与组织中相关人员生活、工作之间的相关性，并确保不同目标之间具有相关性，不同目标之间能够相互支持。

5. 目标具有期限

目标必须具有明确的完成期限，以便管理者对目标实施情况进行监控和评价。设定目标之后，如果不规定时间限制，那么员工很容易采取拖延的态度，从而使目标的实现变得遥遥无期。

（二）目标的分解

有了正确的目标以后，管理者需要根据组织的实际情况将总体目标进行分解，使其化整为零，变成一个个容易实现的小目标，然后各个击破，最终实现总体目标。

目标可以从时间和空间两个维度来进行分解，如年、季、月、周、日、时、分，总部、公司、部门、科室、岗位、个员等。常见的分解标准如下。

1. 按目标作用分解

按照作用的不同，目标可分解为经营目标和管理目标。例如，经营目标包含销售额、费用额、利润率等指标，管理目标包含客户保有率、新产品开发计划完成率、产品合格率、物料报废控制率、安全事故控制次数等。又如，公司销售额目标可分解为销售大区、省、市、县的销售额目标；公司成本下降目标可分解为采购成本下降指标、生产成本下降指标、货运成本下降指标、行政办公费用下降指标等，其中，采购成本下降目标又可以分解为原料成本下降指标、包装材料成本下降指标、物料损耗成本下降指标等。

2．按管理层级分解

按照管理层级的不同，目标可以分解为公司目标、部门目标和个人目标。公司整体目标可分解为部门目标，部门目标可分解为个人目标，个人目标可量化为经济指标和管理指标。

3．按评价方法分解

按评价方法客观性的不同，目标可以分解为定量目标和定性目标。例如，定量目标包含销售额、产量等，定性目标包含制度建设、团队建设和工作态度等。这些目标往往相互交叉。例如，公司年销售额是经营目标、公司目标、定量目标，也是客观目标、关注结果的目标；人力资源制度完善是管理目标、部门目标、定性目标，也是主观指标、关注过程的指标。管理者应根据组织发展程度的不同，选择合适、可行、有效的目标。

案例

有关行走的实验

曾有人做过一个实验：组织三组人分别朝 10 千米以外的三个村子步行。

第一组人不知道村庄的名字，也不知道路程有多远，实验组织者只告诉他们跟着向导走就是了。刚走了两三千米，就有人开始叫苦；走了一半路程时，有人几乎愤怒了，他们抱怨为什么要走这么远，并询问何时才能走到；又走了一段路程后，有人坐在路边不愿走了，且越往后走他们的情绪越低落。

第二组人知道村庄的名字和行走路段，但路边没有里程碑，他们只能凭经验估计行程时间和距离。走了一半路程的时候，大多数人想知道他们已经走了多远，比较有经验的人说："大概走了一半的路程了。"于是大家又簇拥着向前走；当走到全程的四分之三时，大家情绪低落，觉得疲惫不堪，而路程似乎还很长；当有人说"快到了！"的时候，大家又振作起来并加快了步伐。

第三组人知道村子的名字、路程，而且其行走的公路上每隔 1 千米就有一块里程碑，大家边走边看里程碑，每走完 1 千米，大家便获得一份短暂的快乐。行程中，他们用歌声和笑声来消除疲劳，情绪一直高涨，所以很快就到达了目的地。

【案例分析】面对同样的目的地、同样的行走条件和同样的行走里程，为什么三组人在行为与心态上表现出明显的差异？因为当人们的行动有明确的目标，并且能够将自己的行动与目标加以对照时，人们的行动动机可以得到维持和加强，进而促使人们克服一切困难去实现目标。

（资料来源：搜狐网，https://www.sohu.com/a/29527494_111196）

（三）目标的实施

目标实施是指目标执行人在自我监督的情况下对目标的执行过程进行管理的过程。在目标得以分解后，目标执行人发挥主动性、积极性和创造性进行"自我管理"与"自我控制"，努力执行各项任务，以促使目标的顺利实现。目标实施是目标管理的决定性阶段，在目标实施的过程中，管理者应不断地分析目标任务的落实情况，以便及时地发现和解决问题。

（四）目标的考核

在目标实施的过程中，可能会出现一些不可预测的问题，因此在考核目标之前，首先应根据实际情况对目标进行调整和反馈。

当目标的实施到达预定期限后，基层员工首先进行自我考核，并提交书面报告；然后由管理者按照预定的指标或标准对各项目标进行考核并决定奖惩，同时讨论下一阶段的目标，开始实施新的循环。如果目标没有完成，就应分析原因并总结教训，切忌相互指责。

四、目标管理的要点

目标管理是现代企业管理模式中比较流行、比较实用的管理方式之一。搞好目标管理并非一般人想象的那么简单，必须注意以下四个方面。

（一）目标设定必须科学合理

目标管理能不能产生理想的效果、取得预期的成效，首先取决于目标的设定质量。科学、合理的目标是目标管理的前提和基础，如果目标管理脱离了实际工作，那么目标管理也会失去实际意义，工作进展和成效也会受到重大影响。

案例

马拉松比赛

一名运动员在几次马拉松比赛中都获得了冠军。当人们问他成功的原因时，他说：“每次比赛前，我都要把比赛的线路仔细地看一遍，并把沿途特征鲜明处的标志画下来，比如第一个标志是银行，第二个标志是一棵大树，第三个标志是一座红房子，就这样一直画到赛程的终点。比赛开始后，我以百米速度奋力向第一个标志冲去，到达第一个标志后，又以同样的速度冲向第二个标志。40 多千米的路程被我分解成多个小路段后，我就这样轻松地跑完了全程。”

【案例分析】由于马拉松比赛的赛道里程为 40 多千米，所以很多运动员会对这么远的距离产生心理障碍，在比赛过程中不由自主地感到疲惫不堪。案例中的运动员却将一个大目标分解成了多个小目标，而这些小目标在他看来是很容易实现的，于是他很顺利地跑完了全程并获得了冠军。

（二）督促检查必须贯穿始终

目标管理的关键在于管理。在目标管理的过程中，丝毫的懈怠和放任自流都贻害无穷。管理者必须随时跟踪每一个目标的进展情况，及时发现问题，及时协商，并及时采取补救措施，以确保目标的执行方向正确。

（三）成本控制必须严肃认真

目标管理以目标的达成为最终目的，目标的考核评估也是重结果、轻过程的。这很容易让目标责任人重视目标的实现，而轻视成本的核算，特别是当所遇到的困难可能影响目标的实现时，目标责任人往往会采取一些应急的手段或方法，从而导致实现目标的成本不断上升。管理者在督促检查的目标实施过程时，必须对运行成本进行严格控制，既要保证目标的顺利实现，又要把成本控制在合理的范围内。因为，任何目标的实现都不是不计成本的。

（四）考核评估必须执行到位

任何一个目标的达成和项目的完成，都必须有一个严格的考核评估过程。考核、评估、验收工作必须由执行力很强的人员负责。责任人必须严格按照目标管理方案或项目管理目标逐项考核并做出结论，对目标完成度高、成效显著、成绩突出的团队或个人按章奖励，对失误多、成本高、影响整体工作的团队或个人按章处罚，真正做到表彰先进，鞭策落后。

任务三 熟悉绩效与激励

【素质目标】

（1）合理调动积极性，激发个人潜能，立志成为新时代高素质人才。

（2）加强实践练习，培养专业技能和职业素养。

【知识目标】

（1）了解绩效的概念和绩效的影响因素。

（2）理解绩效管理的概念和步骤。

（3）理解激励的概念和要求。

（4）熟悉激励要素和激励理论。

（5）掌握激励机制和激励方式。

【技能目标】

（1）运用绩效管理的相关知识分析班级管理活动所产生的效果。

（2）能将激励机制和激励方式灵活运用于各种管理活动。

案例引入

哥伦布航行的动力：利益的刺激

1492年，人类历史上发生了一件重大事件，那就是哥伦布发现美洲大陆。哥伦布的环球之行可谓来之不易。此前，他只不过是一个出身卑微、默默无闻的水手，唯一值得骄傲的就是胸怀当航海家的豪情壮志，以及为世人所嘲笑的“白日梦”——改变当时世人所公认的从葡萄牙绕过非洲去印度的路线。

为了实现自己的梦想，从1484年开始，哥伦布就向西班牙国王提出了这个听起来很疯狂的想法。之后的8年，哥伦布一直在做“公关”。直至1492年，在西班牙王后的大力支持下，西班牙国王才同意让哥伦布实施这一计划。1492年8月的一天，41岁的哥伦布期待已久的一刻终于到来了，他带领120人分别乘3只小船离开了西班牙，开始向西环球航行。

1492年10月12日，经过一个多月的航行，哥伦布的船队终于登上了北美洲的巴哈马群岛。后来，哥伦布又曾先后三次航行到美洲沿岸，并进行了实地考察。他成为西方历史上第一个发现美洲新大陆的人。哥伦布的航海行动迎来了一个新时代，他为此付出了巨大的代价。人们不禁会问，哥伦布如此大的动力是从哪里来的呢？

事实上，哥伦布并不是完全无私地完成这项“壮举”的。经过8年的努力，在成功的那一刻，哥伦布提出了自己的“条件”，他和西班牙国王与王后签订了一份契约：“国王对哥伦布发现的新大陆拥有宗主权，条件是哥伦布被封为贵族暨大西洋海军元帅，并被承诺担任未来所发现的岛屿和陆地的总督，这些头衔也都将世袭。新发现土地上的任何产品的10%都归哥伦布所有，他也可以参与新土地上所有的商业活动，投资和利润占商业总额的1/8。而他对前往新大陆经商的船只可以征收10%的税，对自己运往西班牙的货物免税。”

【案例分析】这种利益的刺激便是经济学中的“激励”。在受到激励的情况下，哥伦布整整付出了8年的时间。明白了这其中的缘由，我们回过头再来分析，哥伦布的所作所为是绝对值得的，其所带来的利益是人们无法想象的。同样，在1519年，麦哲伦航海探险计划开始进行时，西班牙国王也承诺从新发现的领土中拨出5%赏赐给麦哲伦，并允许其参与未来的土地开发和商品买卖。在管理活动中，激励同样具有重要的作用。

（资料来源：360doc个人图书馆，http://www.360doc.com/content/11/1009/22/7010028_154744350.shtml）

一、绩效

（一）绩效的概念

“绩效”一词来源于管理学，不同的人对绩效有不同的理解。有的人认为，绩效是指完成工作的效率与效能；有的人认为，绩效是经过评估的工作行为、方式及其结果；有的人认为，绩效是组织为实现其目标而开展的活动在不同层面上的有效输出；更多的人认为，绩效是指员工的工作结果，是对组织目标的达成具有贡献的那部分付出。

综上可知，绩效是指组织中个人或群体在特定时间内完成的可描述的工作行为和可衡量的工作结果，以及组织根据个人或群体在过去工作中的素质和能力，预计该个人或群体在未来特定时间内所能取得的工作成效的总和。绩效是成绩与成效的综合，是一定时期内的工作行为、方式、结果及其产生的客观影响。在企业中，员工的绩效具体表现为完成工作的数量、质量、成本费用及为企业做出的其他贡献等。

绩效包括组织绩效和个人绩效两个方面。组织绩效的实现建立在个人绩效实现的基础上，但是个人绩效的实现并不能保证组织一定有绩效。组织的绩效按一定的逻辑关系被层层分解到每个工作岗位和每个人的时候，只要每个人都完成组织分配的任务并达到要求，组织的绩效就实现了。

（二）绩效的管理

1. 绩效管理的概念

绩效是一个组织或个人在一定时期内的投入产出情况。投入就是人力、物力、时间等物质资源，或个人的情感、情绪等精神资源。产出就是工作任务在数量、质量及效率方面的情况。由此衍生出了绩效管理的概念。

所谓绩效管理，是指各级管理者和员工为了实现组织目标而共同参与的绩效计划制订、绩效辅导沟通、绩效考核评价、绩效结果应用、绩效目标提升的持续循环过程。绩效管理的目的是持续提升个人、部门和组织的绩效。

2. 绩效管理的步骤

绩效管理的步骤如下：

（1）达成目标。绩效考核本质上是一种过程管理，而不是仅针对结果的考核。它是将中长期的目标分解成年度目标、季度目标和月度目标，并不断督促员工实现、完成这些目标的过程。有效的绩效考核能帮助企业顺利实现总目标。

（2）挖掘问题。绩效考核是一个制订计划、执行计划、检查结果和处置问题的 PDCA 循环过程，整个绩效管理环节包括绩效目标设定、绩效要求达成、绩效实施修正、绩效面谈、绩效改进和目标再设定。PDCA 是由英语单词 plan（策划）、do（实施）、check（检查）和 act（处置）的第一个字母组合而成的。PDCA 循环就是按照策划、实施、检查和处置的顺序进行管理，并且循环地进行下去的科学程序。PDCA 循环的具体过程如下：

① 策划。即根据顾客的要求和组织的方针，建立必要的目标，规划主要流程，以顺利完成目标任务。

② 实施。即目标实施过程。

③ 检查。即根据方针、目标和产品要求，对过程和产品进行监视和测量，并报告结果。

④ 处置。即采取措施，以持续改进过程绩效。对于没有解决的问题，则提交给下一个 PDCA 循环去解决。

以上四个环节并不是运行一次就结束，而是周而复始地进行。一个循环能解决一些问题，未解决的问题则进入下一个循环。PDCA 循环过程如图 4-1 所示。

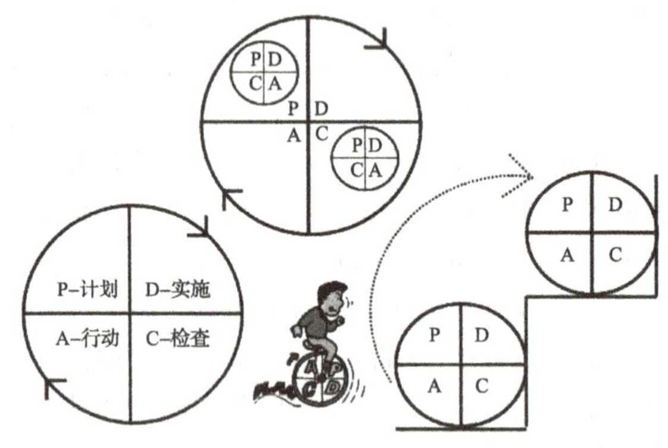

图 4-1　PDCA 循环示意图

（3）分配利益。与利益不挂钩的考核是没有意义的。员工的工资一般分为两个部分：固定工资和绩效工资。绩效工资的分配与员工的绩效考核结果息息相关，所以一说起考核，员工首先想到的往往是绩效工资的发放。

（4）促进成长。绩效考核的最终目的并不是单纯地进行利益分配，而是促进组织与员工的共同成长。通过考核发现问题，改进问题，找到差距并进行提升，最后实现双赢。

（三）绩效的影响因素

影响绩效的主要因素有员工技能、外部环境、内部条件和激励效应。

（1）员工技能是指员工具备的核心能力。它属于内在的因素，经过培训和开发是可以提高的。

（2）外部环境是指组织和个人面临的不为组织和个人所左右的因素。它属于客观因素，是完全不能控制的。

（3）内部条件是指组织和个人开展工作所需的各种资源。它也属于客观因素，在一定程度上能被组织和个人控制。

（4）激励效应是指组织和个人实施目标任务时的主动性和积极性。它属于主观因素。

在影响绩效的四个因素中，激励效应是最具有主动性、能动性的因素。主动性和积极性提高了，个体就会尽力争取内部资源的支持，并逐步提高技能水平。因此，绩效管理就是通过适当的激励机制来激发个体的主动性和积极性，促使其争取内部条件的改善并提升技能水平，进而提升个体和组织的绩效水平。

二、激励

哈佛大学教授威廉·詹姆斯的研究表明：在没有激励措施的情况下，下属一般仅能发挥工作能力的20%～30%，而当下属受到激励后，其工作能力可以提升到80%～90%，所发挥的作用相当于激励前的3～4倍。日本丰田公司曾经采用激励措施鼓励员工提建议，结果在实施该措施的当年，员工提了183万条建议，平均每人31条，这些建议为企业带来了900亿日元的利润，相当于当年利润的18%。

（一）激励的概念和要求

1. 激励的概念

在管理学领域，激励是指激发员工的工作动机的过程，即用各种有效的方法去调动员工的积极性和创造性，使员工努力去完成目标任务，进而实现组织目标的过程。

2. 激励的要求

从组织的角度来说，管理者激励员工，就是要鼓励员工朝着组织所期望的目标努力。在工作上调动员工的积极性，激发全体员工的创造力，是开发人力资源的最高层次目标。组织需要创造能够激发员工创造力的环境，并建立相应的机制。具体来说，组织应做到以下四个方面：

（1）创造能够发扬创新精神和冒险精神的宽松环境，并营造思想交流和自由探索的氛围。

（2）建立正确的评价和激励机制，奖励或重用有突出业绩的开拓创新者。

（3）强化组织内部的竞争机制，激励员工去关注新动向、研究新问题，并明确规定适应时代要求的技术创新目标和管理创新目标。

（4）组织员工不断学习新知识，并引导他们研究技术的新动向。同时，让员工知道其工作行为的实际效果，使其获得满足感，并鼓励他们高效地开展工作。

（二）激励要素

（1）动机。动机是指一个人想要干某件事情而产生的念头。它是一个人做出某种决定之前所产生的从事某种行为的心理动力。激励的核心要素就是动机，关键环节就是动机的激发。

（2）需要。需要是激励的起点与基础。人的需要是其积极性的源泉，而动机则是需要的表现形式。

（3）外部刺激。外部刺激是指在激励的过程中，外部环境中影响个体需要的各种条件和因素。

（4）行为。行为是指被管理者所采取的有利于组织目标实现的行为。它是激励的目的。

有效的激励能点燃员工的激情，促使他们强化工作动机，让他们产生超越自我或他人的欲望，并将巨大的潜在释放出来，进而为组织的远景目标奉献自己的力量。致力于人的心理和行为学研究的科学家发现，某种特定行为的实施是由人的动机决定的。一个人愿不愿意工作，工作积极性是高是低，干劲是大还是小，都完全取决于其是否具有进行这项工作的动机及这种动机的强弱。动机是驱使人产生内在行为的力量。根据心理学的研究，动机是由人的内在需要引起的。人之所以愿意做事，是因为做这件事本身能够满足其某种需要。

（三）激励理论

激励理论的基本思路是针对人的需要来采取相应的管理措施，以激发动机，鼓励行为，形成动力。因为人的工作绩效不仅取决于能力，还取决于受激励的程度。关于激励的方式，在学术界有很多种理论，包括著名的马斯洛需求层次理论、期望理论、激励—保健双因素理论和公平理论等。

1. 马斯洛的需求层次理论

美国著名心理学家马斯洛把人的需求由低到高分为五个层次，即生理需求、安全需求、社交需求、尊重需求和自我实现需求。马斯洛认为，人的需求有轻重之分，在特定时刻，人的一切需求如果都未得到满足，那么满足最主要的需求就比满足其他需求更迫切，只有排在前面的那些相对低级的需求得到满足后，人才会产生更高一级的需求。

（1）第一层次：生理需求。包括衣、食、住、行及其他方面的需求，这是人类最基本的需求，也是最原始的需求。如果这些需求中的任何一项得不到满足，那么人类个人的生理机能就无法正常发挥作用。换而言之，人类的生命就会因此而受到威胁。在这个意义上说，生理需求是推动人们行动最首要的动力。马斯洛认为，只有这些最基本的需求被满足后，其他的需求才能成为新的激励因素。

（2）第二层次：安全需求。即人们保护自己的身体和情感免受伤害的需求，它包括以下两个方面：一是现在的安全需求，就是要求自己现在生活的各方面均能有所保障，如就业安全、劳动安全和人身安全等；二是对未来的安全需求，就是期望未来的生活有所保障，如工作保障（不会失业）、养老保险、医疗保险等，甚至还包括申诉制度等方面更广泛的需求。

（3）第三层次：社交需求。即情感和归属的需求，包括友谊、爱情、归属、接纳等方面的需求。马斯洛认为，人具有社会性的特征，人们的生活和工作都不是孤立进行的，而是与其他社会成员发生一定关系的。人们希望得到他人的注意、关心、友爱、同情等，感情上的需求比生理上的需求更细致。社交需求和一个人的生理特性、经历、教育和宗教信仰都有关系。

（4）第四层次：尊重需求。人人都希望自己有稳定的社会地位，希望个人的能力和成就得到社会的认可。尊重需求又可分为内部尊重需求和外部尊重需求。内部尊重需求是指一个人希望在各种不同情景中有实力，能胜任，充满信心，能独立自主。总之，内部尊重需求就是人的自尊需求。外部尊重需求是指一个人希望有地位，有威信，受到别人的尊重、信赖，得到高度评价。马斯洛认为，尊重需求得到满足能使人对自己充满信心，对社会满腔热情，体验到自己活着的价值。

（5）第五层次：自我实现需求。自我实现需求是最高层次的需求，是指一个人希望自己实现个人理想和抱负，最大程度地发挥自己的能力，达到自我实现境界，接受自己也接受他人，解决问题能力增强，自觉性提高，善于独立处事，能够不受打扰地独处，开展与自己的能力相称的一切活动的需求。也就是说，人必须干称职的工作，这样他们才会感受到最大的快乐。马斯洛提出，个体为满足自我实现需求所采用的方式是因人而异的。自我实现需求就是努力实现自己的潜力，使自己越来越接近自己所期望的目标。

当一种需求得到满足后，另一种更高层次的需求就会占据主导地位。从激励的角度看，没有一种需求会得到完全满足，但只要其得到部分满足，个体就会转而追求其他方面的需求。按照马斯洛的观点，如果希望激励某人，就必须了解此人所处的需求层次，然后着重满足这一层次或在此层次之上的需求。例如，一个饥肠辘辘的人更渴望别人给他几个馒头或面包，而不需要别人赞赏他长得英俊潇洒或做事出类拔萃。

根据马斯洛需求层次理论，需求层次、激励因素和管理对策的对应关系如表 4-2 所示。

表 4-2　需求层次、激励因素和管理对策

需求层次	激励因素	管理对策
生理需求	工资和奖励、各种福利、工作环境	建立工资和奖金制度、贷款制度、医疗制度，确保工作时间，创造健康的工作环境，提供住房与福利设施等
安全需求	职业保障、意外事故的预防	提供雇佣保证，建立退休养老金制度、意外保险制度、安全生产制度和危险工种的营养福利制度
社交需求	友谊（良好的人际关系）、团队的接纳、组织的认同	建立和谐的工作团队，建立协商和对话制度、互助金制度和教育培训制度，实施团体活动计划
尊重需求	名誉和地位、权利与责任	建立人事考核制度、职务职称晋升制度、表彰制度和责任制度，给予授权
自我实现需求	能发挥个人特长的环境、具有挑战性的工作	建立决策参与制度、提案制度、破格晋升制度和目标制度，组建攻关小组，提倡创造性工作

2. 期望理论

美国心理学家弗罗姆于 1964 年提出了期望理论。该理论认为，激励的力量来自期望值与效价的乘积，其计算公式如下：

$$激励的效用 = 期望值 \times 效价$$

（1）激励的效用也称“激励力”，是指一个人受激励的程度。

（2）期望值是指某一具体行动可带来某种预期成果的概率，即行为者采取某种行动，获得某种成果，从而获得某种心理上或生理上满足的可能性；期望值是对组织目标得以实现的可能性大小和组织目标实现后个人要求得以兑现的可能性大小的主观估计。

（3）所谓效价，是指行为者对某种预期成果的偏爱程度，或某种预期成果可能给行为者带来的满足程度。例如，对于某种客体（如金钱、地位、汽车等），如果个体不喜欢或不愿意获取，那么客体效价就低，对个体行为的拉动力量就小。

也就是说，推动人们去实现目标的力量，是两个变量的乘积，如果其中有一个变量为零，那么激励的效用就等于零。这两种变量在实践过程中会不断修正，发生所谓的“感情调整”。例如，一个人认为自己有能力完成某项任务，他估计完成任务后经理肯定会兑现

涨工资的承诺，而涨工资正是这个人的最大期望，所以，这个人工作的积极性肯定很高；反之，任何一个变量的变化，就会影响到这个人工作的积极性。管理者的任务就是使这种调整激发更大的力量。因此，期望理论是过程型激励理论。

弗罗姆认为，期望不等于现实，期望与现实之间一般有三种可能性，即期望小于现实、期望大于现实、期望等于现实。这三种情况对个体积极性的影响是不同的。

（1）期望小于现实，即实际结果大于期望值。一般来说，在正强化的情况下，如奖励、升职、涨薪、分房子等，现实结果大于期望值有助于增强个体的积极性，能够增强其信心，增加其激发力量。而在负强化的情况下，如惩罚、灾害、祸患等，期望值大于现实结果就会使个体感到失望，进而产生消极情绪。

（2）期望大于现实，即实际结果小于期望值。一般来说，在正强化的情况下，期望值大于现实结果会对个体的激发力量产生削弱作用，使个体产生挫折感。在负强化的情况下，期望值大于现实结果则有利于调动个体的积极性，因为这时个体做了最坏的打算和准备，而结果却比预想的好得多，这自然能够在很大程度上激发个体的积极性。

（3）期望等于现实，即人们的期望变为现实。一般来说，期望等于现实也有助于增强个体的积极性。如果不能持续低给予个体激励，则其积极性只能维持在期望值的水平上。

3．双因素理论

双因素理论即“激励-保健双因素理论”，该理论是美国的行为科学家弗雷德里克·赫茨伯格提出来的。20 世纪 50 年代末期，赫茨伯格和他的助手们在美国匹兹堡地区对 200 名工程师、会计师进行了调查访问。调查结果显示，使职员感到满意的，都属于工作本身或工作内容方面的因素；使职员感到不满的，都属于工作环境或工作关系方面的因素。他把前者叫作激励因素，后者叫作保健因素。

（1）激励因素。那些能产生激励作用的因素就是“激励因素”，它是能满足个体自我实现需求的因素，包括成就、赏识、挑战性的工作及成长和发展的机会等。这些因素能对个体产生较大的激励作用。从这个意义出发，赫茨伯格认为，传统的激励因素，如工资刺激、人际关系的改善、工作条件的改善等，能消除个体的不满，对个体产生一定的激励作用。

（2）保健因素。保健因素包括公司政策、管理措施、监督措施、人际关系、物质工作条件、工资福利等。当这些条件不到位时，个体就会对工作产生不满。但是，当个体认为这些因素很好时，这些因素只能够消除不满意，并不会对个体产生激励作用，即只能让个体处于某种既不是特别满意、又不是不满意的中间状态。

根据赫茨伯格的研究，管理者应该认识到保健因素是必需的，不过它一旦使满意和不满意的作用中和以后，就不能产生更积极的效应，因而只有激励因素才能促使个体获得更好的成绩。

双因素理论告诉人们，各种需求得到满足后所引起的激励效果是不一样的。物质需求的满足是必要的，否则个体会产生不满，但是即使物质需求被满足，它的激励作用也是很有限的、不能持久的。因此，要调动个体的积极性，不仅要为个体提供物质利益和工作条件等，而且要注意对个体进行精神鼓励，给予个体表扬和认可，为其提供成长、发展的空间和晋升的机会。随着人们物质“小康”问题的解决，人们对精神“小康”的需求也越来越迫切。

4．公平理论

公平理论又称“社会比较理论”，由美国心理学家约翰·斯泰西·亚当斯于 1965 年提出。该理论是研究人的动机和知觉之间关系的一种激励理论。该理论认为，员工的激励程度来源于比较自己和参照对象的报酬与投入的比例的主观感觉。

公平理论指出，人们的工作积极性不仅与其实际报酬有关，而且与人们对报酬分配的公平感密切相关。人们总会自觉或不自觉地将自己付出的劳动代价及其所得到的报酬与他人进行比较，并对公平与否做出判断。公平感直接影响人们的工作动机和行为。因此，从某种意义来讲，动机的激发过程实际上是人与人进行比较后，做出公平与否的判断，并据判断结果来指导行为的过程。

公平理论的比较公式如下：

结果 ÷ 投入（自己）= 结果 ÷ 投入（他人）

当上述公式为不等式时，可能出现以下两种情况：

（1）结果÷投入（自己）<结果÷投入（他人）。在这种情况下，个体可能要求增加自己的收入或降低自己今后的努力程度，以使等式左边的数额增大，进而使等式两边趋于相等；个体也可能要求组织减少比较对象的收入或者让比较对象今后提高努力程度，以使等式右边的数额减小，进而使等式两边趋于相等。此外，个体还可能将其他人作为比较对象，以获得心理上的平衡。

（2）结果÷投入（自己）>结果÷投入（他人）。在这种情况下，个体可能要求减少自己的报酬或在开始时自觉地多做一些工作，但久而久之，个体会重新估计自己的技术和工作情况，直到其认为自己确实应当得到这么好的待遇，进而将自己的工作量调到过去的水平。

（四）激励机制

激励机制是指通过一套理性化的制度来反映激励主体与激励客体相互作用的方式、关系和规律的总和。激励机制的主要内容就是在激励中起关键性作用的一些因素，如时机、频率、程度、方向等。

1．激励时机

激励时机是激励机制的一个重要因素。在不同时间进行激励，所获得的效果有很大的差别。激励时机就好比炒菜时放调味料的时机，厨师炒菜时，在不同的时间放调味料，菜的味道和质量是不一样的。超前激励可能会使员工感到无足轻重；而迟到的激励可能会让员工觉得画蛇添足，这种激励就失去了其应有的意义。

激励何时该用，何时不该用，都要根据具体情况来定。根据时间早晚的差异，激励时机可分为及时激励和延时激励；根据时间间隔是否规律，激励时机可分为规则激励和不规则激励；根据工作的周期的不同，激励时机可分为期前激励、期中激励和期末激励。激励时机的形式有很多，管理者在选择激励时机时不能机械地强调其中一种形式而忽视其他形式，而应该根据多种客观条件，进行灵活的选择，更多的时候需要综合运用多种形式。

奖励一根香蕉

美国一家名为福克斯波罗的公司专门生产精密仪器设备等高技术产品。创业初期，该公司在技术改造上碰到了难题。正当公司总裁为此苦思冥想时，一位科学家闯进办公室并阐述了他的解决方案。总裁听后，觉得其构思确实非同一般，便想立即奖励这位科学家。

总裁在抽屉中翻找了好一阵，最后拿出一件东西，躬身递给科学家，并说道："这个给你!"这东西非金非银，只是一根香蕉而已。这是总裁当时所能找到的唯一奖品了。科学家很感动，因为这表示他所取得的成果已经得到了管理者的认可。从此以后，对于攻克重大技术难题的技术人员，该公司都会授予其一只香蕉形金制别针。

【案例分析】行为肯定性激励需要具有"赏不逾时"的及时性。这样做至少有两个好处：一是当事人的行为得到肯定，有利于当事人继续实施组织所希望出现的行为；二是让其他人认识到，只要按照制度要求去做，就可以立刻得到奖励，制度和管理者是可信赖的。

（资料来源：搜狐网，https://www.sohu.com/a/312136496_669506）

2. 激励频率

激励频率是指在一定时间里进行激励的次数。它一般是以一个工作周期为时间单位的。激励频率的高低是由一个工作周期内激励次数的多少所决定的，激励频率与激励效果之间并不完全成正比例关系。

激励频率的选择受多种客观因素的制约，这些客观因素包括工作的内容和性质、任务目标的明确程度、激励对象的素质状况、劳动条件和人事环境等。一般来说，激励频率的使用规则主要包括以下四种：

（1）对于较复杂、较难完成的任务，激励频率应当较高；对于比较简单、容易完成的任务，激励频率就应较低。

（2）对于任务目标不明确、较长时期才可见成果的任务，激励频率应该较低；对于任务目标明确、短期可见成果的任务，激励频率应该较高。

（3）对于各方面素质较差的工作人员，激励频率应该较高；对于各方面素质较好的工作人员，激励频率应该较低。

（4）对于工作条件和环境较差的部门，激励频率应该较高；对于工作条件和环境较好的部门，激励频率应该较低。

当然，上述几种情况并不是绝对的。通常情况下，管理者应该因人、因事、因地制宜地确定恰当的激励频率。

3. 激励程度

激励程度是指激励量的大小，即奖赏或惩罚标准的高低。它是激励机制的重要因素之一，与激励效果有着极为密切的联系。激励程度直接影响激励作用的发挥。超量激励和欠量激励不但起不到激励的真正作用，有时甚至还会起反作用。过分优厚的奖赏，会使员工觉得奖励得来全不费工夫，从而丧失发挥潜力的积极性；过分苛刻的惩罚，可能打击员工改善工作的信心；过于吝啬的奖赏，会使员工感觉得不偿失，产生“多干不如少干”的想法；过于轻微的惩罚，可能使员工产生无所谓的心理，其不但不会改掉毛病，反而会变本加厉。

因此，管理者应从量上把握激励，激励程度不能过高也不能过低，应做到恰如其分。

4. 激励方向

激励方向是指激励的针对性，即针对什么样的内容来进行激励。它对激励效果有着重要影响。马斯洛的需求层次理论有力地证明了，激励方向的选择与激励作用的发挥有着非常密切的关系。当某一层次的优势需求基本上得到满足时，管理者就应该调整激励方向，这样才能更有效地发挥激励的作用。例如，对一个具有强烈自我表现欲望的员工来说，对其所取得的成绩给予奖励时，与其给他奖金和实物，不如为他创造一次能充分表现自己才能的机会，使他得到更大的鼓励。需要注意的是，激励方向的选择是以发现优先需求为前提条件的，所以及时发现员工的优先需求是管理者实施正确激励的关键。

塞勒斯·麦考密克的激励

塞勒斯·麦考密克是美国国际农机公司的创始人，世界第一部收割机的发明者。他常为工人设身处地地着想，在实际工作中注意维护制度的严肃性。

有一次，一个老工人违反了工作制度，酗酒闹事，迟到早退。按照公司的有关条款，他应受到开除的处理。麦考密克根据管理人员做出的决定签署了赞同意见。这一决定一发布，那个老工人立刻火冒三丈，他委屈地说：“当年公司债务累累时，我与公司患难与共，3 个月不拿工资也毫无怨言。而今犯了这点错就开除我，真是一点情分都不讲!”麦考密克平静地对这个老工人说：“你知不知道这是公司，是有规矩的地方？这不是你我两个人的私事，我只能按规定办事，一次也不能例外。”

【案例分析】麦考密克采用的方式是负激励。管理者在实施激励措施时应该像麦考密克一样，只注重激励对象的现实表现，将现实表现同过去的情况分开来看。当奖则奖，该罚就罚。

（资料来源：金融百科，http://www.jinrongbaike.com/doc-view-2342.htm）

（五）激励方式

激励方式分为物质利益激励、社会心理激励和工作激励三种类型。

1. 物质利益激励

物质利益激励是指管理者以物质利益为诱因，通过刺激被管理者的物质利益需求，激发或强化其努力实现组织目标的动机的方式和手段。常见的方式有涨工资、发奖金等。

2．社会心理激励

社会心理激励是指管理者运用各种社会心理学方法，刺激被管理者的社会心理需求，以激发其动机的方式与手段。这类激励方式是以人的社会心理因素作为激励诱因的。

案例

店主的红烧肉

一个店主接到一桩业务——将一批货搬到码头上去，且必须在半天内完成。任务相当繁重，而手下就那么十几个伙计。为了激励伙计们干活，店主使用了一个巧妙的计策。

一天大早，店主亲自下厨做饭。开饭时，店主给伙计一一盛好饭，还亲手将饭送到他们每个人的手里。

伙计小王接过饭碗，拿起筷子正要往嘴里扒饭时，一股诱人的红烧肉香味扑鼻而来。他用筷子扒开饭一看，发现三块油光发亮的红烧肉捂在米饭当中。他立即扭过身，一声不响地蹲在屋角，狼吞虎咽地吃了起来。

这顿饭，伙计小王吃得特别香。他边吃边想：店主看得起我，我今天要多出点力。于是，搬货时，他把货装得满满的，一趟又一趟，来回飞奔，汗流如雨……

整个下午，其他伙计也都像他一样卖力，个个汗流浃背。于是，一天的活儿，一个上午就干完了。

中午，伙计小王不解地问伙计小张：“你今天咋这么卖力？”小张反问小王：“你不也干得起劲吗？”小王说：“不瞒你，早上老板在我碗里塞了三块红烧肉啊！我总要对得住他对我的关照嘛！”“哦！”伙计小张惊讶得瞪大了眼睛，说：“我的碗底也有红烧肉呢！”两人又问了别的伙计，原来老板在大家碗里都放了肉。众伙计恍然大悟，难怪吃早饭时，大家都不声不响地吃得那么香。

【案例分析】如果这碗红烧肉放在桌子上，让众多伙计分着吃，那么众多伙计可能就不会这么感激店主了。同样是这几块红烧肉，同样是几张嘴吃饭，产生的效果却截然不同。不能不说店主的做法体现了一种智慧。这种做法其实是一种很有效的激励手法——让每个人都受到激励！对于管理人员来说，“怎样让大家吃红烧肉吃得有劲头”是个永恒且常新的话题。针对不同的人，采用不同的激励方法；针对同一个人，在不同时期也采用不同的激励方法。所以说，管理者千万不能墨守成规！而要学会“因人、因时、因事激励”。

（资料来源：世界经理人，
http://www.ceconlinebbs.com/FORUM_POST_900001_900004_930120_0.HTM）

3．工作激励

按照赫茨伯格的双因素理论，对个体最有效的激励因素来自工作本身。因此，管理者必须善于利用各种工作因素，搞好工作设计，千方百计地使员工对自己的工作感到满意，以实现最有效的激励。常见的工作激励方式为让员工晋升职务。

宝元通公司的考核和分配

1949年10月1日之前，上海有一家百货公司名叫“宝元通公司”（以下简称“宝元通”）。该公司完全根据考核结果来决定员工的晋升与奖励。考核的内容包括“意志、才能、工作、行动”四个方面，考核每半年进行一次。考核主要依据组长和专职人员专设的“人事”栏中的信息，该栏记录着售货员每天在意志、才能、工作、行动四个方面的表现。经过这样的考核，职工就有可能一步步地往上晋升，直到宝元通“九等三十六级”的顶峰为止。主任级以上员工就是通过这样的考核逐步提拔起来的。这种做法给人一种印象：凡是能力较强而又积极工作的人，在宝元通必有出头之日；凡是考核成绩不好的人，绝无侥幸提升的可能；表现极差者，甚至有被辞退或者被开除的风险。

【案例分析】管理者充分利用激励制度，就可能极大地调动员工的积极性，保证各项工作的顺利进行。要保证激励制度得到顺利执行，管理者就应当像宝元通一样，不唯上，不唯亲，不唯己，只唯实，公平相待。

（资料来源：HR论坛，http://bbs.hrfree.cn/hr-34408-1-1.html）

一、简答题

（1）简述团队的优势和团队管理的概念。

（2）简述团队建设和管理意识。

（3）简述目标管理的概念、条件、步骤和要点。

（4）简述绩效和绩效管理的概念。

（5）简述激励机制和激励方式。

（6）从网上查找有关PDCA循环的资料，并对其主要内容做一个详细的说明。

二、案例分析题

【案例1】

如此激励

助理工程师黄大佑是某名牌大学的高材生，毕业后已经工作了8年，于4年前被调到一家大型工厂工程部负责技术工作。他工作勤奋负责，技术能力强，很快就成为厂里有口皆碑的“四大金刚”之一，仅排在工厂技术部主管陈工之后。然而，他的工资却同仓管人员不相上下，他们夫妻俩和小孩仍住在来时住的那间平房里。对此，他常感到有些不平。

张厂长，一个有名、识才的老厂长。孙中山先生的名言“人能尽其才，物能尽其用，货能畅其流”，不知被他在各种公开场合引述了多少遍，实际上他也是这样做的。4 年前，黄大佑调来报到时，门口用红纸写的“热烈欢迎黄大佑工程师到我厂工作”几个不凡的颜体大字，是张厂长亲自吩咐人事部主任落实的，并且交代要把“助理工程师”的“助理”两字去掉。这确实使黄大佑在工作时更卖力。

两年前，厂里有申报工程师的指标，黄大佑属于有条件申报之列，但名额却让给了一个没有文凭、工作业绩平平的赵同志。他想就此事问一下张厂长，谁知，他还未去找张厂长，张厂长却先来找他了：“黄工，你年轻，机会有的是。”后来，黄大佑想反映一下工资问题，这个问题确实重要，来这里工作的其中一个目的不就是想得到高一点的工资，提高一下生活水平吗？但是几次想开口，黄大佑都没有勇气讲出来。因为张厂长不仅在生产会上大夸奖黄大佑，而且，当外地人来取经时，张厂长当着客人的面赞扬他：“黄工是我们厂的技术骨干，是一个有创新意识的工程师。”无论张厂长有多忙，他在路上遇到黄大佑时，总会拍拍黄大佑的肩膀说两句，诸如“黄工，干得不错”“黄工，你很有前途”等。这的确让黄大佑兴奋，他认为“张厂长确实是一个伯乐”。前段时间，张厂长还把一项开发新产品的重任交给黄大佑，大胆起用年轻人。

然而，最近厂里新建好了一批职工宿舍，听说数量比较多。黄大佑决定反映一下住房问题，谁知这次张厂长又先来找他。还是像以前一样，张厂长笑着拍拍他的肩膀，说：“黄工，厂里有意培养你入党，我当你的介绍人。”于是，黄大佑又不好开口了，结果家没有搬成。

深夜，黄大佑对着一张报纸上的招聘栏出神。第二天一早，张厂长办公台面上放着一张小纸条：“张厂长，您是一个懂得使用人才的好领导，我十分敬佩您，但我决定走了。”

黄大佑在深夜离开了这家工厂。

（资料来源：道客巴巴，http://www.doc88.com/p-930718514992.html）

问题：

（1）根据马斯洛的需求层次理论，住房、评职称、提高工资和入党对于黄大佑来说分别属于什么层次的需求？

（2）根据公平理论，黄大佑的工资和仓管人员的工资不相上下，是否合理？

（3）根据期望理论和马斯洛的需求层次理论，张厂长的激励措施是否恰当？

【案例 2】

是否真的优秀

赵岚是甲公司行政部的经理，年初刚刚上任。刘红是赵岚上任前半年调到行政部的，目前负责 A 项目的行政支持和服务。行政部的前任经理告诉赵岚，刘红是公司最早的员工之一，人缘极好，大家都喜欢她，刘红上年度的业绩判定是良好。

在接手行政部工作的这几个月中，赵岚发现刘红的为人不错。她很热心，积极组织各种员工活动，如郊游、慰问希望小学等。她几乎认识公司的每一个人，有时别人办不了的事情她都能帮忙办。同时，赵岚也发现刘红的专业技能很差，其外语水平和计算机操作能力都远不能达到工作要求，对于有些工作报告，她都需要别人帮忙做；她对业务的了解也非常肤浅，基本不能向赵岚汇报项目的状况。最重要的是，刘红好像并未意识到这些问题，仍花费大量时间在其他事情上。赵岚决定就刘红的业务表现与刘红谈谈。刘红将于 5 分钟后到达赵岚的办公室。

（资料来源：三茅人力资源网，https://zl.hrloo.com/file/569322，有改动）

问题：

（1）假设你是赵岚，你认为与刘红谈话的关键点是什么？

（2）你希望通过谈话达到什么目的？

职场的自我修养

一位职场新人阿珍讲述了她的困惑。她说："我就纳闷了，我每天兢兢业业地做事，可领导好像完全看不见，反而是部门里我看不惯的那位李姐，似乎更受领导的青睐。这究竟是怎么回事呢？"

阿珍是个单纯善良的孩子，刚入职场没多久，和很多新人一样，用非黑即白的视角看待身边的人和事，心中自然会有很多解不开的疙瘩。阿珍最大的疑问就在于，她看不惯的李姐，凭什么就备受领导器重呢？

阿珍就此讲述了这样两件事。

第一件事情就是这位李姐似乎脾气不太好，容易发火。

阿珍说，有一次，销售部的老张来财务部找李姐报销，他填的发票内容有些不规范，李姐看完后很恼怒，对老张说："看看你，怎么每次报销时总提交不规范的单据呢？都是干了多年的老同事了，怎么总犯这种低级的错误呢？你是不是心存侥幸啊，觉得我们住在一个小区，就想让我给你网开一面？告诉你，报销制度是一视同仁的！"老张听完这话瞬间蒙了，阿珍也蒙了。大家都觉得，不就是报销吗，至于这么较真嘛。但这次之后，老张的报销单据果然规范了很多。

还有第二件事情。公司年底开派对那会儿，到最后，场面几乎失控，员工们纷纷跑去墙角抢夺礼物，这个时候李姐一个箭步冲上去，用肥硕的身躯压在礼物上，并对抢夺礼物的员工说："谁也不许动这里的东西，这是公司的财产，有本事从我李某的身上踩过去！"员工们见势不妙，纷纷散去了。这一幕，被公司大大小小的股东看在了眼里。从此，李姐在公司的声名显赫，"刚正不阿，不徇私情"的口碑很快流传开来。

李姐的职场之路从此更是扶摇直上，从一名普通的出纳，到主办会计，再到部门主管，短短 3 年内，就实现了职务三级跳。

按阿珍的话说，当上主管之后的李姐变脸更快了。有个员工之前在公司表现不错，李姐和她的关系非常好，可这个员工后来去了竞争单位。她再来公司的时候，李姐始终都没对她露过笑脸。

“为什么职场中类似李姐这样的人，反而能吃得开呢？”阿珍感到不解。这恐怕是很多初入职场的新人甚至部分职场老人的共同困惑。事实上，随着阅历的逐渐丰富，职场人就会发现真正厉害的职场高人早已练就了一项本领，那就是十分明确自己在什么职位上该做什么，以及如何做。

例如，管理者发现新员工做事做得不好的时候，他完全可以将这个机会分给其他人，但如果这样做了，这个新员工就会丧失成长机会，所以，为了促使新员工把这件事做好，管理者往往会表现出家长的特质，那就是严厉批评这名新员工。为何一个职场新人被管理者训斥一顿之后会觉得委屈呢？因为职场新人对于角色的认知过于单一，在职场中完全本色演出，误把领导对他的职场角色要求当作对他个人的评判，所以被管理者批评或训斥时就感觉受不了了。职场新人这时表现就是传说中的“玻璃心”。所谓“玻璃心”，就是一个人缺乏职业化的情绪表现。什么是职业化？就是不论自己在生活中是怎样的人，一旦从事了一份职业，就需要扮演得体的职业角色。

不难发现，在阿珍的故事中，李姐的言行表现充分说明了一点，那就是她深知一份职业需要她去做什么——在合适的地方和合适的时候，扮演合适的角色。

而拥有一颗“玻璃心”的职场人，往往混淆了职业角色与生活角色，并且简单粗暴地将李姐这般擅长职业角色扮演的人定义为“两面三刀”“道德败坏”，这实在有些幼稚了。越早克服“玻璃心”，越早学会职业化，就越有利于职场人的成长与进步。

（资料来源：搜狐网，https://www.sohu.com/a/139422097_660807，有改动）

模块五
人际沟通知识

● 任务一 人际沟通概述

【素质目标】

（1）培养正确的交往观，构建良好的人际关系。

（2）树立与他人和谐相处、礼貌沟通的意识，养成良好的人际沟通习惯。

【知识目标】

（1）理解人际沟通的概念。

（2）了解人际沟通的特征和影响因素。

（3）熟悉人际沟通的要素。

（4）掌握人际沟通的基本内容和原则。

【技能目标】

（1）能够找出日常沟通障碍产生的原因。

（2）能够采取正确的对策克服沟通障碍。

案例引入

巴顿将军的糗事：学会善于倾听

巴顿将军为了显示他对部下生活的关心，搞了一次参观士兵食堂的突然袭击。在食堂里，他看见两个士兵站在一个大汤锅前。

“让我尝尝这汤！”巴顿将军向士兵命令道。

“可是，将军……”士兵正准备解释。

“没什么‘可是’，给我勺子！”巴顿将军拿过勺子喝了一大口，怒斥道：“太不像话了，怎么能给战士喝这个？这简直就是刷锅水！”

"我正想告诉您这是刷锅水，没想到您已经尝出来了。"士兵说道。

【案例分析】这个故事告诉我们，不要轻易打断对方的讲话，要让对方把话说完整。生活中，人们常会像巴顿将军一样，没有耐心听完对方说什么，就急于表达自己的想法，武断地认为自己明白了，其实只是一知半解而已，最终导致闹出笑话、让说者不悦，甚至双方产生分歧。

（资料来源：搜狐网，https://www.sohu.com/a/253232390_99898072）

人际沟通是指人与人之间通过语言或非语言符号系统，进行思想、知识、情感等交流的过程。

一、人际沟通的作用

通俗地说，人际沟通的作用就是在适当的时间，将适当的信息，用适当的方法，传递给适当的组织或个人，以形成一个迅速有效的信息传递系统，从而有助于实现组织目标。具体而言，沟通有以下几方面的作用。

（一）沟通为科学决策奠定基础

组织内外存在着大量模糊、不确定的信息，沟通可以澄清事实、交流思想、倾诉情感，从而降低信息的模糊性，为科学决策奠定基础。例如，企业管理中问题的提出，各种解决方案的比较，都需要组织内外大量的信息。

（二）沟通为组织创造和谐的氛围

一个组织是否吸引人，职工是否乐得其所，甘愿为之奋斗，并不仅仅在于有一个宏伟诱人的愿景，还在于这个组织内部是否具有一种和谐的人际氛围。所谓和谐的人际氛围是指人际关系和谐，即组织成员间友好相处，彼此和气敬重，彼此相知，即便产生一些矛盾，也一定是各方妥善地当面处理，而不是剑拔弩张，或者背后搞小动作。

人际关系的和谐尽管首先与组织成员的素质修养有很大关系，但没有良好的信息沟通渠道和沟通方式，组织内和谐的氛围也难以维持。通过信息沟通可使员工互相了解，进而调整自己的行为，做到友好相处、共同工作。

（三）沟通能协调员工的行为

当组织的领导机构做出某一决策或制定出某一政策时，由于组织内部成员或部门之间所处的位置不同、利益不同、掌握的信息不同，因而对决策或政策的态度一般是不一样的，产生的行为也存在一定的差异。这种差异性有的与组织的目标一致，使工作产生高效率；有的则会给组织员工的工作造成障碍，阻碍其完成组织交代的任务。为使组织成员及部门明确目标和任务，时刻保持组织成员的行为协调一致，就必须进行充分而有效的沟通，以交换意见、统一思想、明确任务的一致性，以最有效的方式完成组织任务。

（四）沟通架起组织与外部环境之间的联系桥梁

企业必然要求和消费者、政府、公众、供应商、竞争者发生各种各样的关系，这使得组织不得不和外部环境进行有效的信息沟通。而且，由于外部环境永远处于变化之中，组织为了生存就必须适应这种变化，这就要求组织不断地与外界保持持久的信息沟通，以便把握成功的机会，避免失败的可能。

二、人际沟通的要素

人际沟通过程就是发送者将信息通过选定的渠道传递给接收者的过程，如图 5-1 所示。在这个过程中，主要涉及的要素有发送者和接收者、信息、媒介、噪声、反馈等。

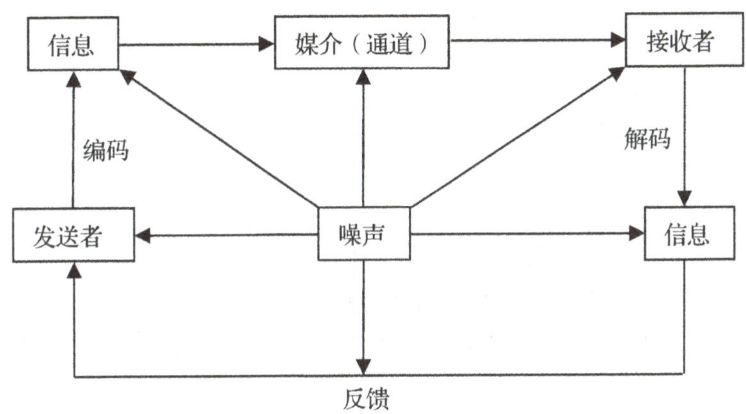

图 5-1　人际沟通过程模型图

（一）发送者和接收者

沟通的主体是人，任何形式的信息交流都需要两个或两个以上的人参与。因为人与人之间的信息交流是一种双向的互动过程，所以，把其中一个人定义为发送者，而把另一个人定义为接收者只是相对而言的，这两种身份在沟通过程中会随时发生转换。

（二）信息

沟通过程由发送者开始，发送者首先要将传递的思想、情感等进行编码，形成信息。信息的表现形式有语言、文字、视频、音频、图片、符号、动作、表情、数据等。接收者在接收信息时，必须先将其翻译成可以理解的形式，即解码。发送者进行编码和接收者进行解码，都会受到个人知识、经验、文化背景等的影响。

案例

上错车

有一个人打算乘长途汽车去旅行，他要乘坐的汽车将在上午 10:55 离开 9 号港湾站。10:45 左右，一辆汽车停在了 9 号港湾站。这个人问旁边一位乘客："请问这是 9 号港湾站吗？"乘客回答："是的。"于是，这个人跳上了即将开出的汽车。但其实这是一辆晚点的从 9 号港湾站开往另一个方向的汽车。

【案例分析】问路人没有发送完整的信息，只是给旁边的乘客提供了部分信息，致使这位乘客也只回复了部分信息，导致没有达到真正的沟通目的。

（资料来源：道客巴巴，http://www.doc88.com/p-5314708755613.html）

（三）媒介

媒介是信息传递的载体，包括书信、报刊、书籍、电话、电视、网络等，人们一般通过听觉、视觉或触觉等来实现沟通。

（四）噪声

这里的噪声是指能对信息的形成、传递、接收、理解和反馈产生干扰作用的一切因素。噪声存在于沟通过程的各个环节，如难以辨认的字迹、模棱两可的语言、不正确的标点符号、电话中的声波干扰、生产场所中设备的轰鸣声，以及接收者固有的成见、身体的不适、对发送者的反感等，都可能成为沟通过程中的噪声。

（五）反馈

反馈是指接收者对信息是否被接受或理解进行核实，并将核实结果返给发送者，以纠正可能发生的某些偏差。

三、人际沟通的基本内容

人际沟通的内容包括 5W1H，具体内容如下所述：

（1）何因（why）。为什么沟通？即沟通的目的。

（2）何人（who）。跟谁沟通？即沟通的对象。

（3）何事（what）。沟通的主题是什么？即因为什么事情而沟通。

（4）何地（where）。在哪里沟通？即沟通活动发生的空间范围，包括地理区域、特定场所和室内布置等。

（5）何时（when）。在什么时间沟通？一般来说，沟通双方在作息规律和时间观念上会存在一定的差异，因此沟通时应注意沟通时段。

（6）如何（how）。怎样沟通才能成功？即实现成功沟通的手段和技巧。

案例

含蓄的谈话

在一个8人组成的科研小组里，组员小王每次开会研讨和外出调研时都会迟到。大家对他意见很大，提出让组长小张尽快做一下小王的工作。在大家的一再催促下，小张终于在一个星期后找小王谈话了。小张和小王谈了一堆大道理，如团队的重要性、集体观念的重要性等，却始终没有谈任何实质性的内容。谈话结束后，小王一头雾水，不知道组长为什么找他谈话，也没有意识到自己哪里存在问题。

【案例分析】从沟通的角度分析，这是一次失败的沟通。关于“when”（谈话的时间），小张过了一个星期才找小王谈话，不够及时；关于“how”（怎么谈），小张没有把话说到点子上，没有让谈话起到应有的作用。

（资料来源：学小易，https://www.51xuexiaoyi.com/timu/39974f7164104e42.html）

四、人际沟通的原则

美国著名的公共关系专家格伦·布鲁姆、艾伦·森特和斯科特·卡特里普在他们合著的被誉为“公关圣经”的著作《有效的公共关系》中提出了人际沟通的“7C原则”：

（1）可信赖性（credibility）。即建立对传播者的信赖。

（2）一致性（context）。即传播须与环境（物质的、社会的、心理的、时间的环境等）相协调。

（3）可接受性（content）。即传播内容须与沟通对象有关，必须能引起他们的兴趣，满足他们的需要。

通常，我们接受一个论述，是因为它说服了我们；我们支持一个提议，是因为它的利大于弊。在人际沟通中，若想让对方接受你的观点、听从你的建议，就必须充分阐述理由和利弊，然后由对方针对与其认知不符的地方与你进行讨论，从而形成有效的沟通。如果不给出任何理由，只说诸如“A 就（不）是 B”“我就（不）要×××”这类的话，显然无法构成有效的沟通。

（4）明确性（clarity）。即信息的组织形式应该简洁明了，易被沟通对象理解。

（5）渠道的多样性（channels）。即应该有针对性地运用传播媒介向沟通对象传播信息。

（6）持续性与连贯性（continuity and consistency）。即沟通是一个没有终点的过程，要达到渗透的目的，就必须对信息进行重复传播，同时应在重复中不断补充新的内容，且这一过程应持续地坚持下去。

（7）受众能力的差异性（capability of audience）。即沟通时必须考虑沟通对象能力的差异（包括注意能力、理解能力、接受能力、行为能力等），针对不同沟通对象采取不同的方法进行传播，这样才能保证信息被理解和接受。

五、人际沟通的影响因素

人与人之间的沟通常会受到多种因素的影响和干扰，常见的影响因素主要有以下几种。

（一）个人因素

影响人际沟通的个人因素主要包括生理因素、心理因素、风俗习惯、沟通能力等。

1．生理因素

沟通者的生理因素包括永久性生理缺陷和暂时性生理不适，两者均可影响沟通的有效性。

（1）永久性生理缺陷。永久性生理缺陷包括感官功能不健全，如听力、视力障碍；智力不健全，如智障、痴呆。

（2）暂时性生理不适。暂时性生理不适包括疼痛、饥饿、疲劳等。

2．心理因素

沟通的效果往往受到沟通者的情绪、个性、态度等的影响。

（1）情绪。情绪是一种具有感染力的心理因素，可直接影响沟通的有效性。一般而言，轻松、愉快的情绪可增强沟通者沟通的兴趣和能力；焦虑、烦躁的情绪将干扰沟通者传递、接收信息。此外，沟通者在特定的情绪状态下，常会对信息产生一定的误解：当沟通者处于愤怒、激动的状态时，对某些信息会出现过度的反应；当沟通者处于悲痛、伤感的状态时，对某些信息会出现淡漠、迟钝的反应，从而影响沟通的效果。

（2）个性。个性是个人对现实的态度和其行为方式所表现出来的心理特征，是影响沟通的重要因素之一。一般情况下，热情、直爽、健谈、开朗、大方、善解人意的人容易与他人沟通，而冷漠、拘谨、内向、固执、孤僻、以自我为中心的人很难与他人沟通。

（3）态度。态度是指人对所接触的客观事物所持有的相对稳定的心理倾向，并以各种不同的行为方式表现出来。一般来说，真心、诚恳的态度有助于沟通的顺利进行，而缺乏实事求是的态度则会导致沟通障碍。

3．风俗习惯

人们总是受到所处群体形成的文化习俗的影响和制约。例如，东西方文化的差异，使人们在沟通方式的选择上大相径庭：东方人喜欢婉转的表达方式，并以此表示对对方的尊重；西方人最看重的是真诚、直接，而不喜欢婉转。如果不了解不同民族、地域的习俗，很容易使沟通双方产生误解，造成沟通障碍。

4．沟通能力

沟通能力是个人素质的重要体现，与一个人的知识储备和品德等密切相关。良好的沟通能力可以有效地推动沟通的过程，使人与人之间的沟通朝着良好的预期进行。反之，沟通能力欠缺则可能导致沟通结果变坏。沟通是一门艺术，沟通能力可以通过后天的学习获得和提高，因此我们在学习和工作中要有意识地增强沟通能力。

案例

空姐的尴尬

在宽敞明亮的机舱内，笑容甜美的空姐小李推着餐车缓缓走来。走到刘先生座位旁，小李问道："先生，您要饭，还是要面？"刘先生愣了一下，面带愠色大声回道："要饭？"话音刚落，周围的乘客便哑然失笑道："我们也要饭！"见此情景，小李的脸一下子红了。

【案例分析】这个事例告诉我们，沟通过程中，信息发送者表达不当，或接收者对语义理解有所偏差等，都可能会导致沟通障碍，从而影响沟通效果。

（资料来源：道客巴巴，http://www.doc88.com/p-4377069604172.html）

（二）环境因素

影响人际沟通的环境因素主要包括自然因素和社会环境。

1. 自然因素

这里的自然因素主要指物理环境，即沟通场所。沟通场所的选择对沟通效果的影响很大，室内光线如何、通风情况如何、温度如何、装修风格如何等，都会对沟通双方产生影响。

环境中的噪声也是影响沟通的重要因素，如电话铃声、汽车的喇叭声都可能会影响沟通效果，造成信息传输的失真。

2. 社会环境

种族、文化、职业、社会地位等的不同，常常会造成人们认识上的不一致，共同语言较少，从而导致沟通障碍。

任务二　语言沟通

【素质目标】

（1）培养良好的心理素质，以坦然、开朗的态度与人交谈。

（2）形成积极参与沟通的意识，善于与人沟通。

【知识目标】

（1）了解语言沟通的概念和分类。

（2）熟悉口头沟通的概念和特点。

（3）熟悉书面沟通的概念和优缺点。

（4）熟悉电子沟通的概念和优缺点。

【技能目标】

能够明确各种语言沟通类型的优缺点，合理选择语言沟通类型。

案例引入

巴别通天塔的故事：共同的语言

相传，人类的祖先最初使用的是同一种语言。他们在底格里斯河和幼发拉底河之间，发现了一块异常肥沃的土地，于是就在那里定居下来，修起城池，建起繁华的巴比伦城。

后来，人们的日子越过越好。他们为自己的业绩感到骄傲，于是决定修一座通天的高塔，来传颂自己的赫赫威名，并作为集合全天下人类的标记，就是巴别塔。因为大家语言相通、同心协力，通天塔修建得非常顺利，很快就高耸入云。上帝得知此事，立即从天国下凡视察。上帝看到通天塔后，又惊又怒，认为这是人类虚荣心的象征。上帝心想，人们讲同样的语言，就能建起这样的巨塔，日后还有什么办不成的事情呢？

于是，上帝决定让人世间的语言发生混乱，使人们互相言语不通——这就是人间误解的开始。自此以后，人类开始互相猜疑、各执己见、争吵斗殴，通天塔也最终半途而废。

【案例分析】当人类拥有共同的语言时，能够实现有效沟通，可以发挥出超乎想象的力量。当人类各自讲起不同的语言时，因无法较好地交流感情，导致思想很难统一，统一强大的力量也就不再存在。

（资料来源：豆丁网，https://www.docin.com/p-440743537.html）

语言是一定的社会约定俗成的符号系统。人们运用语言符号进行信息交流，传递思想、情感、观念和态度，达到沟通目的的过程，叫作语言沟通。语言沟通是人际沟通中最重要的一种形式，大多数的信息编码都是通过语言进行的。随着人类进入信息时代，借助电子信息技术进行语言的传递，如手机短信、网络传输等，在人们的生活和工作中开始占据越来越重要的位置，这也是语言沟通的一种形式。

语言沟通的类型主要包括口头沟通、书面沟通、电子沟通等。

一、口头沟通

口头沟通是人们在日常生活中最常采用的沟通方式，如口头汇报、讨论、会谈、演讲等。其具有以下几个特点。

（一）有声性

口头沟通是由有声的字、词、句等构成的语言沟通系统，主要依靠每个字的字音、整句话的节奏快慢及各种语调来表情达意。

（二）即时性

口头沟通的即时性表现在以下三个方面：① 突发性强，沟通者对话语的组织往往缺少仔细考虑，因而句子短、结构简单，甚至不太完整；② 传递速度快，话语一旦说出就难以收回；③ 反馈及时，如果接收者对信息有疑问，可以迅速反馈，使说话者及时检查表达中不够明确的地方，并加以解释或更正。

（三）情景性

口头沟通多为面对面的交流，有特定的情景性。在口头沟通过程中，许多意思不仅可以言传，而且可以借助情景意会，有时说话者只需说出个别词语就能替代全句，甚至用一种面部表情或沉默不语都能使接收者理解所要表达的思想和感情。

（四）多变性

口头沟通常会受到环境、气氛、场合、心理等众多因素的影响，因此在对话、磋商及演讲中常会有意想不到的情况出现，这就要求沟通者必须善于随机应变。

（五）复合性

口头沟通通常是一种同时使用语言符号和非语言符号的复合行为。说话者在口头传递信息的过程中，通常要借助手势、表情等非语言符号的帮助，甚至还要察言观色，观察对方的动作和表情。对于接收者来说，倾听别人的口头表达也是一种眼耳并用的复合行为。

（六）失真可能性

口头沟通在传递信息的过程中存在着较大的失真可能性。人们一般都以自己的偏好接收和理解信息，并以自己的方式解释信息，因此当信息传递到终点时，其内容往往与初始时相比有了很大的变化。一般来说，口头传递经过的层次越多，信息失真的可能性也就越大。

剥洋葱的故事

一天，大明看到老婆正在厨房忙着做晚餐，他想帮忙做点儿事，于是就说：“亲爱的，我能帮什么忙吗？”大明老婆说：“看你笨手笨脚的，让你做点儿简单的，就剥洋葱好了。”

大明想，这个再简单不过了。可是刚剥了一会儿，大明就被呛得一把鼻涕一把泪。他不好意思去向老婆请教，只好打电话向老妈讨教。大明妈妈说：“这很容易嘛，你在水中剥不就得了！”

大明按照老妈的方法完成了老婆交给的任务，开心得很。他打电话对妈妈说：“老妈，你的方法真不赖！不过美中不足的就是在水中要时常换气，太累人了！”

【案例分析】通过这个案例可以看出，在人际沟通过程中，沟通信息虽然是由信息发送者控制的，但沟通效果却在很大程度上是由信息接收者决定的。不管自己传达的信息多正确，只有对方准确接收和理解了信息，沟通才有意义。

（资料来源：豆丁网，http://www.docin.com/p-1727029279.html）

二、书面沟通

书面沟通是指借助文字、数字、拼音、图表、符号等进行的信息传递与交流。书面沟通的形式很多，如可通过书信、通知、工作手册、刊物、墙报、报表、计划、备忘录、书面总结、书面汇报等传递信息。

（一）书面沟通的优点

书面沟通在人们的生活和企业管理过程中扮演着重要角色，具有其他沟通形式所不可替代的作用。概括起来，书面沟通的优点主要表现在以下几个方面。

1. 内容可长期保存

在书面沟通过程中，信息发送者与接收者是通过书面文字来传递思想和情感的。这些书面文字可以长期保存，如果对信息内容有疑问，事后对信息进行再查询也是完全可行的。此外，由于书面沟通内容可以保存且有据可查，因此在某种意义上还可作为法律上的凭证和依据。

2. 可使沟通者放下思想包袱

采用书面沟通形式，沟通者可放下思想包袱，从容地表达自己的想法，可避免口头沟通时说话不连贯、吞吞吐吐、欲说还休的尴尬情况，也可避免因言辞激烈与对方发生正面冲突。

3. 可大规模传播

书面沟通的载体形式多种多样，包括报刊、书籍、信件、报告、传真、通知等，广泛的载体形式使得书面沟通可以不受时空限制，可以将内容同时发送给多个人。

4. 更具有说理性

口头沟通大多都是即时性的，不会给表达者很多的时间思考和准备，因此沟通者一般不会对文字仔细推敲，也不讲究语法和修辞。书面沟通则不同，人们在进行书面沟通时一般时间较为充裕，会对自己的思想和观点反复推敲、修改、论证、补充，以使意思表达得更为清晰，这样不仅可以避免口头表达时因情绪冲动而产生的不利影响，而且能够表达很多口头语言无法表达的内容，如个人的情感和内心感受等，因此书面沟通的逻辑性和严密性更强，更具有说理性。

（二）书面沟通的缺点

书面沟通具有一定的优点，同样也存在着一些不足，常见的缺点如下所述。

1. 耗时较多

口头沟通不需要花费过多的时间进行构思和修改，因此，在相同的时间内，口头沟通传递的信息一般要比书面沟通传递的信息多得多。

2. 反馈效果较差

口头沟通能够使接收者及时提出自己的看法，如果有不明白的地方可以及时提出疑问，反馈速度较快。而书面沟通则缺乏这种内在的反馈机制，既无法保证发出的信息能被接收者收到，也无法保证接收者能真正理解发送者的本意。

3. 无法运用情景和非语言要素

口头表达往往是在一定的情景下进行的，双方可通过互相观察，凭借某些非语言信息获得讲话者故意遮掩或逃避的信息。书面沟通则没有这种情景性，对于不易理解的话语，要想在书面沟通中想达到同样的效果，就需要花费大量的笔墨去做背景交代，而对于有些“只可意会不可言传”的内容，即使发送者绞尽脑汁，恐怕也很难解释清楚。

三、电子沟通

电子沟通是以计算机技术与电子通信技术为基础而产生的信息交流，包括传真、电子邮件、视频会议、即时通信软件的运用等。电子沟通除了具备书面沟通的某些优点外，还具有传递快捷、信息容量大、成本低、效率高等优点，但电子沟通模式以技术为中介，其沟通过程依赖于技术，一旦技术结构的某一环节出错或沟通者未能熟练掌握相关技术，就会影响沟通效率和效果。

综上所述，各种语言沟通方式的优缺点如表 5-1 所示。

表 5-1　各种语言沟通方式的优缺点

沟通方式	举例	优点	缺点
口头沟通	口头汇报、讨论、会谈、演讲等	传递快速、反馈快速、信息量大	传递过程中经过层次越多，信息失真越严重，核实越困难
书面沟通	书信、通知、工作手册、刊物、墙报、报表、计划、备忘录、书面总结、书面汇报等	持久、可核实、不受时空限制、更具说理性	效率低、缺乏反馈
电子沟通	传真、电子邮件、视频会议、即时通信软件的运用等	传递快捷、信息容量大、廉价、效率高，兼具书面沟通的优点	过于依赖相关技术

●任务三　非语言沟通

【素质目标】

（1）感受非语言沟通的力量，培养沟通交流的良好品质。

（2）注重自己的仪容仪表，加强自身的内在修养。

【知识目标】

（1）理解非语言沟通的含义。

（2）熟知各种非语言沟通的表现方式。

【技能目标】

领会非语言沟通的情景要求，掌握非语言沟通的各种方法和使用范围。

案例引入

闲聊：学会洞察事理

某天下午3:30左右，销售部经理助理李明正在起草公司上半年的营销业绩报告。这时，副经理王德全拿着公司的销售统计资料走了进来。

“经理不在？”王德全问。

“经理开会去了。”李明起身让座，“请坐。”

“这是经理要的材料，公司上半年的销售统计资料全在这里了。”王德全边说边把手里的资料递给李明。

“谢谢，我正等着这份资料呢。”李明拿到资料后仔细地翻阅着。

“老李，最近忙吗？”王德全点燃一支烟，问道。

“忙，忙得团团转！这不今天正忙着起草这份报告呢，今晚估计又要开夜车了。”李明指着桌上的文稿回答道。

“老李，我说你呀，应该学学太极拳。”王德全从口中吐出一个烟圈说道，“人过40，就应该多注意身体了。”李明闻到烟味，鼻翼微微动了一下，心里想：“老王估计要等这支烟抽完了才走，哎，可我还得赶紧写报告。”

“最近，我从报上看到一篇短文，说无绳跳动能治颈椎病。像我们这些长期坐办公室的人，多数都患有颈椎病。你知道什么是无绳跳动吗？”王德全自问自答地往下说，“其实很简单……”

李明心里有些烦，可是碍于情面不便逐客。他瞥了一眼墙上的挂钟，已经4:00了，李明把座椅往后挪了一下，站起来伸了个懒腰说：“累死我了。”说完开始动手整理桌上的文稿。

“无绳跳动与有绳跳动十分相似……”王德全抽着烟，继续着自己的话题。

【案例分析】 这一案例表明，非语言沟通在人际沟通过程中十分常见，可以直接影响语言沟通的过程和结果。王德全在经理办公室抽烟时，李明的鼻翼微微翕动，这表明李明对烟味比较敏感，甚至讨厌烟味。如果王德全注意到这种非语言信息，就应该知趣地把烟灭掉。另外，李明抬头看墙上的挂钟，起身整理办公桌，这些举动都传递出一种暗示：他很忙，希望王德离开这里。如果王德全能感受到这种暗示，那么他就该起身告辞了。因此，在人际沟通过程中，如果不能很好地把握非语言沟通，会使沟通效果大打折扣。

（资料来源：康青．管理沟通［M］．北京：中国人民大学出版社，2006）

非语言沟通主要指说和写（语言）之外的信息传递，包括副语言、身体语言、人际空间等。

非语言沟通不同于语言沟通之处在于信息交流渠道的不同。非语言符号在非语言沟通中起着重要的作用，要想与他人建立良好的沟通，就需要对非语言符号及其使用意图有所了解。常用的非语言符号有以下几种类型。

一、副语言

心理学家研究发现，人与人之间的交流55%是通过视觉来实现的，38%是通过听觉来实现的，只有7%是通过我们实际的语言来实现的。其中，38%的听觉交流是通过“如何来表达语言”实现的，包括音质、音调、语速、音量，以及停顿、沉默、叹息或嘟囔等，这些被称为副语言，也称“辅助语言”。

（一）音质

音质即音色，指一个人声音的特色。不同的音质对人的吸引力度不同，从而会影响沟通效果。例如，研究发现，音质成熟的人更容易被认为是有影响力和有能力的，其传递的信息更易被接受；音质不成熟的人则可能被认为是权力低、能力差，但也更诚实和热情，其传递的信息的认可程度可能没有那么高，但反馈效果一般较好。

（二）音调

音调指声音的高低。有研究者发现，如果说话者使用较高且有变化的音调，则被视为更有能力；如果说话者音调较低，则被认为是气量不足，可能是害羞或者对所说的话没有把握。但也有研究证明，当人们撒谎时，音调比平时要高。

（三）语速

说话者的速度会影响倾听者对信息的接收和理解。人们说话的速度通常在每分钟120～261个音节。虽然说话者使用较快的语速被视为是更有能力的表现，但如果说话速度过快，语言的清晰度可能会受到影响，导致倾听者跟不上。

（四）音量

音量指声音的响度。在人际沟通过程中，要注意音量适中。声音太大，会让人觉得不舒服；声音太小，又会使对方听不清。当然，如果合乎说话者的目的，且在一定的音量范围内，声音越响亮，信息传递的效果越好。

（五）声音补白

声音补白是说话者在搜寻要用的词语时，用于填充句子或做掩饰的声音，如“啊”“呀”“这个”“你知道”等。声音补白其实也是一种信号，能有效地表明“不要打断，我仍在讲话”，以此来保护自己讲话的权力。但如果不停地使用声音补白，就容易分散倾听者的注意力，导致沟通障碍。

（六）暂停和沉默

暂停和沉默同样是重要的副语言。在某些情况下，人们可以用沉默作为一种策略来结束沟通活动或寻求某种赞同；沟通过程中的暂停可以给他人以时间来仔细考虑自己的想法和感受，以便及时反馈。

二、身体语言

身体语言既可以是动态的，也可以是静态的；既可以是有意识的，也可以是无意识的。身体语言可分为面部表情语言、肢体语言和形象语言。

（一）面部表情语言

人的面部表情是最丰富的身体语言，可以跨越不同语言和文化的障碍传递相似的情感。

1. 目光

目光接触是人际交往中最能传神的非语言沟通方式。“眉目传情”“暗送秋波”等成语形象地说明了目光在人们情感交流中的重要作用。

（1）注视。如果不注视对方或回避对方的视线，一般会传递出负面信息，如不诚实、不自信、没把握、不感兴趣，甚至厌恶等；如果长时间注视对方，一般有两种意思，一是对对方本人比对谈话内容更感兴趣，一是向对方挑衅或施加某种压力；如果注视时间太短，则又会传递出对对方或谈话内容都不感兴趣，甚至厌恶的信息。

在现实生活中，我们运用目光时应注意以下几点：如果想显示权威和居高临下，视线应向下，注视位置应为以对方双眼为底线，前额中心为上顶角的三角形区域（商务注视）；如果要营造平等气氛，则可采用平行的视线，注视范围为以对方双眼为上线，嘴为下顶角的三角形区域（社交注视）。此外，应避免不停地转移视线、眼神飘忽不定，或将目光锁定一个地方、面无表情等。

（2）扫视与侧视。扫视常表示好奇，侧视则多表示蔑视。在人际沟通过程中，过多地使用扫视，会让对方觉得你心不在焉，对讨论的问题没兴趣；而过多地使用侧视，则会让对方感到有敌意。

（3）闭眼。长时间的闭眼会给对方以孤傲自居的感觉。如果闭眼的同时，还伴有双臂交叉、仰头等动作，则会给对方以故意拉长脸、目中无人的感觉。

2. 眉毛

俗话说“眉目传情”，眉毛和眼睛总是连在一起来传递信息的。例如，双眼眯起，眉毛稍稍向下，表示可能陷入沉思；眼神凝重，眉头紧锁，则表示焦虑。

3．鼻子

鼻子在人际沟通中较少使用，且与鼻子有关的大都用来表现厌恶、戏谑之情，如“嗤之以鼻”表示蔑视，“鼻孔朝天”表示傲慢，但鼻子也会表现出一个人的真实情感。例如，愤怒时，鼻孔张大，鼻翼翕动；紧张时，鼻子流汗，鼻尖发红。

4．嘴

嘴的表情多是通过口型变化来体现的，如鄙视时嘴巴一撇，惊愕时张口结舌，忍耐时紧咬下唇，微笑时嘴角上翘，气急时嘴唇发抖，等。

5．微笑

微笑是最美好的语言，虽然无声，却表达了高兴、喜欢、同意、尊敬等很多意思，让人感到亲切、温暖，有助于彼此建立信赖感。当然，只有真诚的微笑才能让对方产生轻松、愉快、可信的感觉，仅停留在表面的微笑，只会给别人以做作的印象，甚至会弄巧成拙。

无声的交流

一个5岁的小男孩正在餐桌前吃饭。这时，爸爸从厨房端出来一盘他最喜欢吃的鸡蛋羹，他抬起头，一直盯着爸爸手里的那盘鸡蛋羹，直到爸爸把它放在桌子上。这时，他拿起了勺子，用征求的眼光望着爸爸。爸爸明白他的意思，微笑着向他点了点头。他高兴地舀了一勺鸡蛋羹，津津有味地吃了起来。

【案例分析】在这个案例中，父亲和儿子之间没有说一句话，但是，他们之间的沟通却非常顺畅。父亲的微笑和点头不仅给了儿子一种认可和鼓励，还让儿子感受到了父亲对自己的浓浓爱意。

（资料来源：快资讯，https://www.360kuai.com/pc/9c124ec8cfe6d61fa?cota=3&sign=360_57c3bbd1&refer_scene=so_1，有改动）

（二）肢体语言

肢体语言是指身体的姿势和动作，常见的有头部动作、手部动作、身体姿态等。

1．头部动作

头部动作是人们常用来表达信息的肢体语言，其内容非常丰富。点头和摇头是最基本的头部动作。一般来说，点头表示同意、肯定或赞许，摇头表示反对、否定或批评，但这也不是绝对的，若对方的点头动作与谈话情节不符，则表示对方可能没有在认真听。此外，头部后仰常给人一种高傲的感觉，而低头则多表明正在思考问题或者不自信；异性之间谈话时，女性歪头倾听的姿势，往往会引起男性说话者的讲话欲望。

病人面前别摇头

某医学院主任带学生到附属医院上临床实习课。来到某个病房前，主任交代："大家进去看看这个病人的症状，仔细想想他患了什么病。知道的就点点头，不知道的就摇摇头。别说话，免得吓到病人，明白吗？"学生们连忙点头，很怕给主任留下不良印象而影响实习成绩。

病人并不是很清楚自己的病情，其实他只是轻微的脑积水，可当看到一群穿白大褂的"医生"走进来后，心中难免有了几分紧张。

第一个实习生看了病人一会儿，想了想，无奈地摇了摇头。

第二个实习生看来看去，也想不出病人得了什么病。想到自己的实习成绩会受到影响，他眼角含着泪摇了摇头。

第三个实习生看了看病人，也不知道病人得了什么病，他叹了一口气，垂头丧气地摇了摇头。

第四个实习生刚要看病人，只见病人满眼泪水地说："医生啊，求你救救我吧，我还不想死呀！"

【案例分析】案例中的实习生一个接一个地摇头，本意是不知道病人的病情，却让病人误以为自己得了重病。可见，我们在日常人际沟通中运用身体语言时，一定要注意合理性，以免造成误会。

（资料来源：道客巴巴，http://www.doc88.com/p-89899014719689.html）

2. 手部动作

手可以不同的动作（即手势）配合讲话者的语言，传递讲话者的心声。例如，掌心向上，会给人以诚实、谦逊或屈从的感觉；掌心向下，则会传达出抵制、支配、压制的信号。再如，高兴时鼓掌、手舞足蹈，愤怒时握拳或拍桌子，后悔时拍大腿，忘记事情时拍脑门，害怕时双手捂脸等。

此外，我们在运用手势时，应注意使用的频率和幅度不能过多、过大，否则会给人以夸张和做作之感；手势位置一般在脖子到上半身范围内。

3. 身体姿态

身体姿态是一种无声的语言，可以反映一个人的精神面貌。

不同的身体姿态可传达不同的信息。例如，身体略微倾向于对方，表示热情或对谈话内容感兴趣；身体后仰，表示若无其事或傲慢；身体侧转，表示嫌恶和轻蔑；背朝别人，表示不屑于理睬等。又如，坐着或站立时腰板挺直会给人以威严之感；耷拉着双肩或跷着二郎腿，可能会使某些正式场合的庄严气氛荡然无存，但也可能使某些非正式场合更加轻松、和谐。再如，肩部向上、向前表明焦虑、惊慌，平举、下垂表明沉着、果断，向上突起表明愤怒或受到惊吓，耸肩表示不知道、无所谓或无可奈何。

（三）形象语言

在现代生活中，人们的着装打扮已远远超越了最基本的遮羞避寒的功能，其更重要的功能是向别人传递个人的风格信息。服装、饰物、妆容等非语言符号都可作为沟通的手段发挥重要的作用。研究表明，看上去有魅力的人往往更容易被人接受，其说出的话也更容易被人信服。另有学者发现，职业形象较好的人，其工作的起始薪金往往比不太注意形象的人要高出 8%～20%。

案例

外在形象的重要性

美国有位营销专家曾做过这样一个试验：当他身穿西服以绅士模样出现时，向他问路或问时间的人，大多彬彬有礼；而当他打扮成无业游民出现在同一地点时，接近他的多半是流浪汉，或是来找火借烟的。

【案例分析】同样一个人，穿着打扮不同，给人留下的印象也会完全不同，对交往对象也会产生不同的影响。虽然我们总是强调不能以貌取人，不能以衣着判断品行，但在人际交往过程中，穿着打扮无疑是影响别人对你第一印象的一个重要因素。

（资料来源：道客巴巴，http://www.doc88.com/p-00716967953772.html）

三、人际空间

人际空间是指人与人谈话时的空间距离。一般来说，关系越密切的双方，空间距离越小。常见的人际空间有以下几种。

（一）亲密距离

亲密距离一般为 0～0.5 米，适用于具有亲情关系的人之间，如亲人、夫妻、恋人之间等。一般只有较亲密的人，才允许进入该距离范围内；如果有陌生人进入，人们通常会有被威胁、被侵犯的感觉，并设法拉开距离。

（二）私人距离

私人距离一般为 0.5～1.2 米，适用于关系友好、较熟悉的同事、朋友之间。

（三）社交距离

社交距离一般为 1.2～3.6 米，适用于一般性的商务社交，如接待宾客、上下级谈话、与人初次交往等。

（四）公共距离

公共距离一般为 3.6 米以上，是不相识的人在较大的公共场合所保持的距离，如公园散步、路上行进、演讲、集会时。

沟通过程中的空间距离不同，会直转导致不同的沟通效果，我们应根据实际情况合理调整人际空间。例如，企业面试时，当双方见面握手时，可以采用私人距离；正式面试过程中，若人际距离过近，可能会给对方带来压力，使对方产生戒备心理，若距离过远，又不利于双方的正常沟通，因此应聘者和面试官宜采用社交距离。

案例

刺猬法则

在一个寒冷的冬季，两只困倦的刺猬因感到太冷而拥抱在了一起，但由于它们身上长满了刺，紧挨在一起就会刺痛对方，只好分开了，可是分开一会儿又觉得实在冷得难以忍受，就又抱在了一起。折腾了几次之后，它们终于找到了一个比较合适的距离，既能够相互取暖又不会被扎。

【案例分析】上述故事反映的道理类似于人际交往过程中的“心理距离效应”。人与人沟通时需要有一个恰当的心理距离，距离太近会有侵犯个人空间的感觉，距离太远又有过于疏远的感觉。因此，与不同关系的人进行沟通时需要有不同的空间距离。

（资料来源：百度文库，https://wenku.baidu.com/view/a9990a14f18583d0496459b1.html）

任务四 有效沟通

【素质目标】

（1）培养自己的同理心，学会耐心倾听。

（2）形成完善自我表达能力和专业表达能力的自觉意识，不断提升个人专业素养。

【知识目标】

（1）理解有效沟通的含义。

（2）掌握倾听的技巧。

（3）掌握交谈的技巧。

【技能目标】

（1）能够将倾听技巧运用在日常人际沟通中。

（2）能够将交谈技巧运用在日常人际沟通中。

流浪汉的劝说：有效沟通的艺术

在一座 25 层大厦的顶楼，有一个西装革履的年轻人准备跳楼。

一位心理学家被请来了，他胸有成竹地往楼顶走去。两个小时后，他从楼顶下来了，显得十分疲倦。他对大家说：“心理调解失败了。”停了一下，他又说道：“心理调解也并不是百分之百有效，失败也是正常的。”

这时，人们发现有一位 60 多岁的干瘦老头儿往楼顶走去。他的目光有些呆滞，穿着一身破旧的衣服，头发乱七八糟，估计有很长时间没洗过澡了。大家一下子就看出了这个人的身份——流浪汉。

警察拦住他问道：“你要干什么？”流浪汉小声地说：“我上去劝劝他。”人群中爆发出一阵哄笑。流浪汉显得有些尴尬，嘴唇抖动着，仿佛要说什么。他略一停顿，突然转身便往楼顶走去。

过了片刻，年轻人下来了，一句话也没说就低着头离开了。人们围住流浪汉，问道：“你是怎么说服那个年轻人的？”流浪汉拍拍身上的灰尘，不好意思地说：“我叫他把那身好衣服脱下来给我，我好换点钱填饱肚子。这小子瞪了我一眼，什么也没说就走了。”

【案例分析】事实上，并不只是讲大道理才能说服他人，有时展现一些事实（如境遇差得多的人都在珍惜生命）更具效果。

（资料来源：百度文库，https://wenku.baidu.com/view/006650c8c1c708a1284a441a.html）

沟通的本质是信息的双向流通，发送者的阐述很重要，但更重要的是接收者是否理解，只有接收听懂并能给予有效的反馈，才算是一次有效的沟通。

达成有效沟通须具备两个条件：首先，信息发送者必须清晰地表达信息的内涵，以便信息接收者能够准确理解；其次，信息发送者要重视信息接收者的反应，并根据其反应及时修正信息，以免除不必要的误解。因此，要保证沟通有效，沟通双方应掌握一定的倾听技巧和交谈技巧。

一、倾听技巧

要想真正实现有效的沟通，首先应学会做一个有耐心的听众，能认真聆听别人的见解。倾听是一个能动性的过程，是一个对感知到的信息经过加工处理后能动地反映自己思想的过程。

聽

图 5-2　“听”的繁体

（一）倾听的含义

“听”字的繁体是“聽”（见图 5-2）。左边有一个“耳”字，说明倾听是用耳朵去听的；下面有一个“心”字，说明倾听时要用心去感受对方的情感和需求等；“心”字上方有一个“目”字，说明倾听时要用眼睛观察对方的非语言信息，包括表情、眼神、手势、体态、穿着等；“耳”的下方还有一个“王”字，说明倾听时要把说话者当成帝王来对待。

许多人常把听与倾听混为一谈。事实上，听与倾听是有根本区别的，如图 5-3 所示。

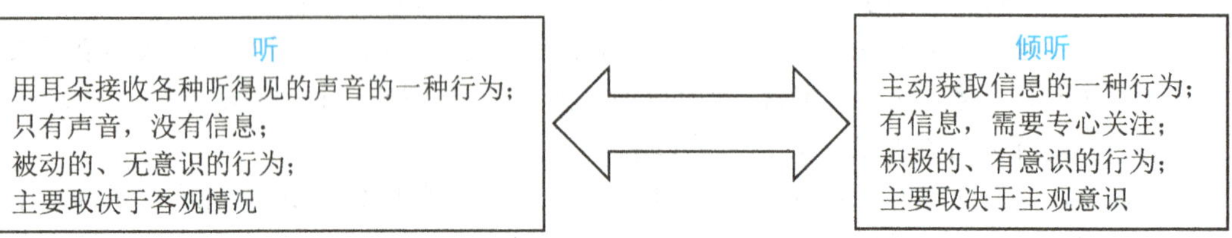

图 5-3　听与倾听的区别

三个金人

曾经有个小国派遣使者来到大国，进贡了三个一模一样的金人。这三个金人栩栩如生，把大国皇帝高兴坏了。可是这个派遣使者同时出了一道题目：这三个金人哪个最有价值？

大国皇帝请来珠宝匠检查，可是无论称重量还是看做工，三个金人都是一模一样的。怎么办？使者还等着回去汇报呢。泱泱大国，不会连这个问题都回答不了吧？

最后，有一位老大臣说他有办法。

大国皇帝命人请小国使者到了大殿，老大臣胸有成竹地拿出三根稻草。他将三根稻草分别插入三个金人的耳朵里。结果，插入第一个金人的稻草从另一边耳朵出来了，插入第二个金人的稻草从嘴巴里掉出来了，而插入第三个金人的稻草掉进了肚子里。这时，老大臣说：“第三个金人最有价值！”小国使者沉默了，默认答案正确。

【案例分析】第一个金人是左耳朵进右耳朵出，这种人最没有价值；第二个金人只要听到就会说出去，做事没有原则；第三个金人，不仅能听得进意见，而且会记在心里，做事有分寸。最具价值的人，不一定是最能说的人。善于倾听，才是一个人最基本的素质。

（资料来源：百度文库，https://wenku.baidu.com/view/05970a870640be1e650e52ea551810a6f424c84a.html）

（二）倾听的注意事项

1. 尊重他人

良好沟通的基础是相互尊重，缺少了尊重，沟通无法顺利进行，也就无法建立和谐的人际关系。要做到尊重他人，倾听时应注意以下几点：① 必须注视对方；② 不要有心不在焉的举动或表现；③ 适时地点头或微笑以表示赞同对方的观点。

此外，倾听时要保持高度的警觉性，随时注意对方谈话的重点。每个人都有自己的立场和价值观，倾听者必须站在讲话者的立场去理解对方所说内容的含义，不要随意用自己的价值观去指责或评判对方的想法。

第一份保单

一名新入职的保险推销员到深圳去拜访自己的第一位客户。可是，这位客户不会说普通话，只会说粤语，这位推销员听了半天也不太明白对方在说什么，唯一听明白的是他的子女好像对他不太好。对方从推销员的表情上好像也看出了他听不懂自己的方言，但仍自顾自地说个不停，只想满足自己倾诉的欲望。由于刚进入保险行业，没有什么经验，面对这位客户，这位推销员一时不知道该怎么办才好，为了尊重对方，只好耐心倾听。没想到，谈话结束以后，这位客户立即与他签了一份保单。

【案例分析】人际沟通时，要懂得如何去说，但更重要的是要懂得如何去倾听，倾听是沟通的基础。上述案例中的保险推销员成功的原因就在于认真倾听了客户的倾诉。

2. 完整地接收和发送信息

与人沟通时，听和说都要注意避免“三个一半”：不要听一半，不要让别人讲一半，自己不要讲一半。意思是，别人讲话时不要打断别人，听完整再发表意见，免得存在个人偏见，想当然地误会别人；自己讲话时要讲清楚，不能只讲一半，以免别人理解有误。

你怎么那么小气

有一对夫妻是大学同学。有一次，妻子要去南方出差，他们有一位共同的老同学两年前调到南方工作，妻子打算顺便去看看她。妻子出差前，他们准备去超市给同学买点东西，开始他们选了一种东北特产木耳，选完后，妻子觉得同学家也是东北的，这种特产也不是什么新鲜东西，还不如送她一条丝巾，就对丈夫说：“不给她带木耳了……”没等妻子说下一句，丈夫就指责妻子说：“你怎么那么小气！这点木耳能值几个钱！”妻子觉得委屈极了，两人因此闹得很不愉快。

【案例分析】如果案例中的丈夫不那么自以为是，而是耐心听妻子把话说完，就不会因此事闹矛盾了。所以，我们在人际沟通过程中一定要注意听完别人的话后再发表意见。

3. 适时、适度提问

提问能使倾听更具含金量。适时、适度的提问，不仅能够促进、鼓励说话者继续讲话，以获得更多的信息，而且能够促进双方和谐关系的建立，因为这样的提问往往有尊重对方的意味。

4. 及时给予反馈

在倾听过程中，有效反馈可以起到激励和调节作用，有利于营造良好的沟通氛围，建立相互信任的关系。因此，对精辟的见解、有意义的陈述或有价值的信息，倾听者要诚挚赞美说话者。例如，“您的意见很有见地”或“这个想法真好！”这些称赞可以激发出更多有意义的谈话。此外，偶尔说“是”“我了解”或“是这样吗？”，能够告诉说话者你在认真听，且对当前的谈话有兴趣。

5. 防止注意力分散

注意力分散是有效倾听的最大障碍之一。在倾听过程中，能分散意力的因素有很多，如一定的生理疲劳会使人感到厌倦，其他的干扰刺激能将人的注意力转移到其他人或事上，说话者的口音和方言也可能会让倾听者分心。为防止注意力分散，可时刻保持良好的坐姿，使自己保持在觉醒和兴奋状态。此外，适当记笔记也是保持注意力集中的好方法。

6. 学会复述

复述是指用自己的话来重新表达说话者所说的内容。如果需要确认自己所理解的是否就是对方所讲的，倾听者可在对方讲完一个观点后，挑重点复述对方所讲过的内容，如“您刚才所讲的意思是不是……”“我不知道我听得对不对，您的意思是……”。复述对方说过的话既可表示对说话者的尊重，又能够借用对方的观点来说出自己的想法。这样，倾听者不仅能够赢得说话者的信任，而且还能够找到沟通语言，从而拉近彼此之间的距离。

需要注意的是，复述如果运用不当往往会被看作对说话者的不信任，因此，复述时可以适当运用表情、体态等来说明你并非怀疑，而只是想证实一下自己倾听到的与说话者所要表达的是否相符。

7. 抑制争论的念头

沟通中难免会出现不同的认识和看法，当自己的意见和看法与说话者不一致时，倾听者一定要学会控制自己的情绪，尽量抑制内心争论的冲动，等说话者把话说完再表达自己的看法和见解。一个好的倾听者绝不会随意打断对方的讲话，更不会轻易动怒或争论。倾听的关键是“多给别人耳朵，少给声音”，倾听的目的是了解而不是反对或争论。

二、交谈技巧

交谈是人与人沟通的纽带。一个人的风度、气质、修养，以及知识水平、认知能力，都能够在交谈中充分表现出来。因此，掌握一定的交谈技巧是非常有必要的。

（一）话题的展开

常见的展开话题的方式有以下几种。

1．闲聊式

随便聊些有关当时的环境或日常的话题，或借助对方的姓名、籍贯、年龄、服饰等，即兴引出话题，常常会取得较好的效果。例如，“你今天看上去状态不错呀！”“最近天气凉了许多，要多穿件衣服。”“你是东北人呀？我也是。”双方可能会就此展开更多的共同话题。这种方法灵活自然，就地取材，使用的关键是要思维敏捷，能做到由此及彼地联想。

2．问题式

一个人的心理状态、精神追求、生活爱好等，都或多或少地会在他们的表情、服饰、谈吐、举止等方面有所表现，只要善于观察，就能由此提出可展开话题的问题。需要注意的是，应问一些开放性的问题，即没有局限性、可以扩展的问题。例如，“你看上去有点疲惫，是不是最近很忙啊？”“你看上去这么年轻！怎么保养的？”

3．赞美式

人们都喜欢听赞美的话，用心去发现对方值得赞美的地方并加以赞美，会让对方很快对你产生好感，从而使沟通顺畅很多。例如，“你家孩子长得真可爱！”对方可能会针对孩子的话题展开谈话。

4．试探式

与陌生人交谈时，可先提一些“投石”式的问题，在略有了解后再有目的地交谈。例如，聚会时可先试探询问陌生的邻座：“你和主人是老乡还是老同学？”无论问话的前半句对，还是后半句对，都可循着对的一方面交谈下去；如果都不对，如对方回答“老同事”，那也可以继续就此谈下去。通过探寻陌生人的兴趣，也能顺利地展开话题。例如，对方喜爱书法，恰好你对书法略通一二，那么肯定会谈得很投机；假如你对书法不太了解，那也正是个学习的机会，可认真倾听，适当提问，并不时地夸赞几句，这样不仅你可借此增长了知识，也会让对方因得到你的“崇拜”而感到自豪和开心。

（二）拒绝的技巧

拒绝别人或被人拒绝，在日常工作和生活中很常见，但有些人却常会因不知如何拒绝别人而使彼此产生隔阂。那么，到底该怎样拒绝别人，才能既达到拒绝的目的又不至于给别人造成不快呢？常见的拒绝方式有以下几种。

1．学会沉默

在人际沟通过程中，经常会遇到无法答应或满足别人要求的情况。面对这种情况，最简单的回答就是“不”。这种回答虽然干净利落、态度明确，但会让别人感到生硬，甚至难以接受。其实，有时你完全不必把“不”字说出口，只要你一直保持倾听的姿态，在对方要你发表意见时保持沉默或一笑置之，对方就会明白你的意思。

2．巧妙推脱

当别人邀请你参加某项活动，而你确实没有时间参加或不想参加时，巧妙的推脱就成为拒绝的最常用办法。例如，当有朋友对你说：“今天晚上有空吗？我想请你吃饭。”如果你实在不想去或没有时间去，可以说：“真不巧，我晚上正好有事，改天吧。”值得注意的是，在推脱别人的邀请或请求时，一定要选择适当的理由和借口，而不能胡乱地任意推脱，否则可能会弄巧成拙。

3. 诱导否定

面对对方提出的问题，并不马上回答，而是先讲一些道理，再提出一些重要问题，诱使对方自我否定，自动放弃原来提出的问题。

4. 运用“当然……不过……”句型

心理学研究表明，当一个人听到肯定的回答时，他的身体肌肉就会呈现放松状态，使他在轻松的心理感受中继续接收信息，因此，拒绝时采用“当然……不过……”句型会收到较好的效果。尽管最终的结果也是拒绝，但这种柔和地叙述反对意见的做法，对方较易接受。例如，当你的想法和领导的看法不一致时，你不妨这样说：“当然，您说的一点不错。不过，这么一来，会不会……呢？请允许我谈谈我的看法，好吗？”

5. 做好拒绝之后的弥补工作

拒绝时，除了注意语言的艺术外，还要注意做好拒绝之后的弥补工作，与被拒绝者重建意见交流的渠道。比较理想的办法是打电话、写信或找时间登门造访，以诚挚的态度来弥补此次交涉失败的不快经历，以期下一次的成功。

（三）交谈的注意事项

1. 主动问候

在沟通开始时要注意问候，这样不仅能够表现出对对方的亲近之情，还可以营造良好的谈话氛围。一般来说，年轻人应主动问候长辈，下级应主动问候上级，男士应先问候女士。问候时，要注视对方，面带微笑，语调应清晰、温和，切忌显出一副心不在焉、无可奈何的样子。

2. 礼貌告辞

在交谈结束时要礼貌告辞，说声“再见”“对不起，先走一步”等均可，并表示以后还想相见的愿望，这样有利于保持良好的人际关系。此外，告辞时，态度要谦逊、诚挚，不要趾高气扬。

3. 多谈对方感兴趣的话题

在交谈中，人们往往对与自己有关的话题较感兴趣，如所熟悉的东西、所认识的人、所看见过的东西，或与自己的经历有关的种种事情。因此，在与别人谈话时，不能一味地谈“我……”，这样容易使对方产生厌烦，最明智的做法是谈论对方感兴趣的话题，多让对方谈，再穿插自己的想法，这样更易于获得对方的好感。

4. 重视每一个人

在有多人参与的谈话场合，如果只跟自己谈得来的人说话，而使某些人遭受冷落，这是极不明智的做法。假如被冷落的恰巧是以后对你的事业前途起关键作用的人物，那么你就可能为此付出沉重的代价。因此，在谈话时千万不要冷落任何人，要留心每一个人的面部表情和所讲内容，让每个人都有被重视和尊重的感觉。

5. 学会使用万能语

所谓万能语，一般具有以下几个特征：一是使对方觉得你很有礼貌；二是听起来平易近人，用起来简单方便；三是给人一种舒心的感觉；四是富有弹性。

最常见的万能语有：“噢，是的”“真是太不好意思了”“请多多包涵”“哪里，哪里，实在不敢当”“真是太感谢你了”“请多指教”“拜托，拜托”。万能语是人际沟通的润滑剂，巧妙使用能收到意想不到的效果。

6．注意停顿

巧妙地运用停顿，不仅能使讲话层次分明，还能突出讲话的重点，吸引听话者的注意力，让听话者更容易明白所讲内容。如果不懂得运用停顿，滔滔不绝地一直讲下去，势必会使对方感到一种压迫感。

7．恰当使用幽默

幽默的谈吐不仅能使对方感到轻松愉快，还可活跃气氛。例如，有些人在与领导或异性交谈时，总是感到紧张、语无伦次，此时运用幽默的语言可以迅速打破过于拘谨的气氛；在与比较熟悉的同事、同学交谈时，适当开几句玩笑可以活跃交往气氛。但如果开玩笑不注意时间、场合，甚至开玩笑过头，则可能适得其反，既会伤了对方的自尊心，也会使双方关系变得紧张。

8．用词精练、准确、易懂

交谈时，语言要准确、精练，不要拖泥带水，否则会使对方抓不住要领；语言必须通俗易懂，让人一听就明白，尤其是在非专业性交往中不要使用专业术语，除非双方学的是同一专业；语言还应朴实无华，既不要滥用词汇，使人产生故弄玄虚之感，也不要干巴枯燥，令人感到索然无味。

案例

你让对方记住的是什么？

新加坡著名作家尤今曾经讲述过这样一次经历：

当记者时，笔是随身工具，一日不可缺少。有一回，我托一位同事为我买笔，再三叮嘱他：“不要黑色的，记住，我不喜欢黑色，暗暗沉沉，肃肃杀杀。千万不要忘记呀，12 支，全不要黑色。”

次日，同事交给我一打笔。天哪，我差点昏过去：12 支，全是黑色的！

我责怪他，他却振振有词地反驳：“你一再强调黑的，黑的，忙了一天，昏沉沉地走进商场时，脑子里只有印象最深的两个词：12 支，黑色。于是就一心一意地只找黑的买。”

言之成理，我哑口无言。如果我当时言简意赅地说：“请为我买 12 支笔，全要蓝色。”相信同事就不会买错了。

从此以后，尤今无论说话、撰文，总是直入核心、直切要害，不去兜无谓的圈子。

【案例分析】沟通时抓不住要点，是人与人之间交往的最大障碍，也是造成工作效率低下的重要原因之一。

（资料来源：百度文库，https://wenku.baidu.com/view/e9820e5e7e192279168884868762caaedc33ba70.html）

9. 不要轻易打断对方的讲话

一方在谈论某个问题或叙述某件事时，倾听者不应轻易打断说话者的讲话，应该等其说完后再提问或发表自己的见解。如果中间确有必要插上一两句话，应预先打招呼，说声“对不起，我插一句”，并在说完后应礼貌地请说话者继续说下去。

勤学苦练

一、简答题

（1）简述人际沟通的概念和特征。

（2）简述人际沟通的组成要素。

（3）简述人际沟通的基本内容和原则。

（4）简述语言沟通的概念及其分类。

（5）试述几种语言沟通的优缺点。

（6）简述非语言沟通的概念和分类。

（7）什么是副语言？

（8）简述身体语言的分类。

（9）简述倾听的注意事项。

（10）简述交谈的注意事项。

二、案例分析题

【案例 1】

一次特殊的采访

一天，知名主持人林克莱特采访了一名小朋友，他问小朋友：“你长大后想要做什么呀？”

小朋友回答：“我要当飞机驾驶员！”

林克莱特接着问：“如果有一天，当你的飞机飞到太平洋上空时，突然所有引擎都熄火了，你会怎么办？”

小朋友想了想，说：“我会先告诉坐在飞机上的人绑好安全带，然后我背上降落伞跳出去。”

主持人和现场观众笑得东倒西歪，小朋友委屈地流下了眼泪。

回到后台，林克莱特问这位小朋友：“为什么你要背上降落伞跳出去呢？”

小朋友委屈地回答：“我要跳下去拿燃料，我还要回来的！”

（资料来源：道客巴巴，http://www.doc88.com/p-89899014719689.html）

问题：

主持人和观众犯了怎样的错误？

【案例 2】

倾听“高手”

刘老汉找到厂长告状。

厂长在本子上不停地写着，还时不时地发出“嗯，嗯”。“这表示厂长在认真听着。”刘老汉心里很是感激，“到底是厂长，和下边的车间主任就是不一样。”

说到伤心处，刘老汉泣不成声，厂长抬了抬头，皱了皱眉，长长地“噢”了一声。刘老汉看得出厂长也有了几分激动，只是不便动容而已。

刘老汉也不喝一口水，尽管往下说，把那个车间主任的胡作非为一股脑儿都说了。他没有料到厂长这么有耐心，竟然听他说了两三个小时都没有动身。厂长写了好几张纸，停下了笔。刘老汉觉察到厂长已经对那个车间主任很气愤了，脸上却很平静。

厂长抬起头，伸了伸腰，拨了个电话。很快，秘书进了屋，厂长递过那几张纸，说：“立即打印，下午要开会述职。”

刘老汉十分感激：“这上午告状，厂长下午就开会处理！只是不知道‘述职’是个啥处罚？”

“啊？哦——哈哈哈！”厂长扬了扬手，走出了办公室。

（资料来源：豆丁网，http://www.docin.com/p-835835684.html）

问题：

你认为厂长是个倾听高手吗？请谈谈你的看法。

人际沟通定律

1．蜂舞效应：想要人际搞到位，沟通必须先到位

有生物学常识的人应该知道，蜜蜂是以“跳舞”为信号来与同伴沟通的。在经过深入研究后，奥地利生物学家弗里茨发现了蜂舞的秘密：蜂舞主要有圆舞和镰舞两种形式。工蜂外出回来后，假如跳的是圆舞，就是告诉同伴蜜源在周围 100 米左右；假如跳的是镰舞，则是通知同伴蜜源离蜂房较远。一般来说，路程越远，工蜂跳的圈数就越多，频率也越快。

蜜蜂这种通过舞蹈来沟通的现象后来被演绎为心理学中著名的“蜂舞效应”：信息是主动性的源泉，加强沟通才能改善人际关系。沟通是信息交流的重要手段，是人际交往的生命线，因此，要想搞好人际关系，沟通能力是极为重要的，我们要像蜜蜂一样，吸取各种高效的沟通方式，把“蜂舞效应”融入人际交往的实践中去。

2．暗示效应：响鼓不用重敲，明人无须细说

在无对抗的前提下，用含蓄、间接的方式对人的心理和行为产生影响，从而使其按照一定的方式去行动或接受一定的意见，使其思想、行为与暗示者所期望的相符合。这种现象在心理学中被称为暗示效应。俗话说：“响鼓不用重敲，明人无须细说。”在人际沟通过

程中，我们常常会遇到一些难以直接说明的问题，此时，积极的暗示就是一种很好的沟通方法，它既能让对方真正领悟到你的意图，又不至于因问题表达得太过直接而导致尴尬局面的出现。当然，运用暗示效应的前提是对方是个明白人，否则，暗示就很难达到想要的效果。

3. 威尔德定律：高效沟通，离不开高效的倾听

威尔德定律出自英国管理学家 L. 威尔德一句十分经典的话——“人际沟通始于聆听，终于回答。”在人际交往的所有沟通行为中，高效倾听最能使对方觉得受到了你的重视和肯定。倾听是不可或缺的人际沟通方式，也是尊重对方的一种态度。需要特别指出的是，要做到高效倾听，不仅要用耳，更要用心。高效倾听绝对不是机械的“竖起耳朵”，在听的过程中，脑子一定要高速运转，以跟得上倾诉者所说的内容及其内涵，跟得上对方的情感深度，并在适当的时候提问、解释。做到高效倾听，进而高效沟通，如此，自然就容易赢得较好的人际关系。

（资料来源：百家号，
https://baijiahao.baidu.com/s?id=1618185407865743313&wfr=spider&for=pc，有改动）

模块六

市场营销知识

● 任务一 市场营销概述

【素质目标】

（1）树立正确的市场营销理念，具备求真务实的态度。

（2）培养探究精神，提升营销管理的素质与能力。

【知识目标】

（1）理解市场营销的概念。

（2）熟悉市场营销的基本流程和原则。

（3）了解市场营销的4C理论。

（4）熟悉网络营销的概念、特点和方式。

（5）熟悉精准营销的含义、特征和体系构成。

【技能目标】

能够运用市场营销知识，对现实中的企业营销活动进行分析。

案例引入

聪明的报童：多谋善断

有两个报童在同一个地区卖同一种报纸。

第一个报童很勤奋，每天沿街叫卖，声音也很响亮，可每天卖出的报纸并不多，而且还有减少的趋势。后来，这个报童能卖出去的报纸越来越少，不得不另谋生路。

第二个报童除了每天沿街叫卖，还坚持去一些固定场合，一去了就给大家分发报纸，等过一会儿再来收钱或收退回的报纸。时间久了，他地方越跑越熟，卖出去的报纸也越来越多。

【案例分析】第二个报童的做法大有深意：第一，在一个固定的地区，对同一种报纸，客户是有限的。先将报纸发出去，拿到报纸的人肯定不会再去买别人的报纸，等于先占领了市场，而且报纸发得越多，对手的市场就越小。这对竞争对手的利润和信心都构成了打击。第二，对于报纸这种消费品，消费者不会有复杂的决策过程，随机购买的较多，且一般不会因质量问题退货。第三，即使有人已经看了报纸仍退报不给钱，也没有什么关系，一来总会有积压的报纸，二来他已经看过了报纸，肯定不会再买同一份了，最终还是自己的潜在客户。

（资料来源：百度文库，https://wenku.baidu.com/view/6dda8a619b6648d7c1c74615.html，有改动）

一、市场营销的概念

市场营销是个人或组织通过创造并同他人交换产品和价值以满足需求和欲望的一种社会过程和管理过程。

市场营销的概念可归纳为以下要点：① 市场营销的最终目标是“满足需求和欲望”；② “交换”是市场营销的核心，交换过程是一个主动、积极寻找机会，满足双方需求、欲望的社会过程和管理过程，既具有社会性，也具有管理性；③ 交换过程能否顺利进行取决于营销者创造的产品和价值满足消费者需求的程度和交换过程管理的水平。所以，市场营销是企业围绕满足消费者需求展开的总体活动，既包括企业在流通领域内进行的活动，也包括生产过程的产前活动和流通过程结束后的售后活动。

二、市场营销的基本流程

（一）市场机会分析

一个潜在的市场可以给企业带来市场机会。所谓潜在的市场，就是客观上已经存在或即将形成，而尚未被人们认识的市场。要发现潜在市场，必须做深入细致的调查研究，弄清市场容量有多大，消费者的心理、经济承受力如何，市场的内外部环境怎样，等等。除充分了解以上情况外，还应按照经济发展的规律，预测未来发展的趋势。

市场营销管理人员不仅要善于寻找、发现有吸引力的市场机会，而且要善于对所发现的各种市场机会加以评价，分析这些市场机会与本企业的任务、目标、资源条件等是否相一致。

（二）市场细分

市场细分是指企业通过市场调研，依据消费者的需要和欲望、购买行为、购买习惯等方面的差异，把某一产品的市场整体划分为若干消费者群的市场分类过程。每一个消费者群就是一个具体的细分市场，每一个细分市场都是具有类似需求倾向的消费者构成的群体。

（三）目标市场选择

企业划分好细分市场之后，估计每个细分市场的吸引力程度，从而选择进入一个或多个细分市场。

（四）市场定位

市场定位是指企业根据竞争者的现有产品在市场上所处的位置，针对消费者对该类产品某些特征或属性的重视程度，为本企业产品塑造与众不同的、让人印象深刻的形象，并将这种形象生动地传递给消费者，从而使该产品在市场上确定适当的位置。

（五）市场营销组合

市场营销组合是指企业在选定的目标市场上，综合考虑环境、能力、竞争状况等自身可以控制的因素，加以最佳组合和运用，以完成企业的营销目标。

（六）市场营销计划

市场营销计划是指企业在研究目前市场营销状况（包括市场状况、产品状况、竞争状况、分销状况和宏观环境状况等），分析企业所面临的主要机会与威胁、优势与劣势的基础上，对市场营销目标、市场营销战略、市场营销行动方案及预计损益表的确定和控制。

（七）市场营销实施与控制

市场营销实施是指企业为实现营销目标而调动资源，进行优化配置并投入营销活动中，把营销计划转变为营销行动的过程。成功的市场营销实施取决于企业能否将行动方案、组织结构、决策和奖励制度、人力资源、企业文化五大要素组合出一个结合紧密的能支持企业战略的方案。

市场营销控制包括估计市场营销战略和计划的成果，并采取正确的行动以保证实现目标。控制过程包括以下步骤：① 设定具体的市场营销目标；② 衡量企业在市场中的实际业绩，并分析希望业绩和实际业绩之间存在差异的原因；③ 采取正确的行动以弥补希望业绩与实际业绩之间的差距。

三、市场营销的 4C 理论

美国营销理论专家罗伯特·劳特博恩于 1990 年提出了 4C 理论，企业经营彻底由生产者导向转变为消费者导向。4C 即消费者（consumer）、成本（cost）、便利（convenience）、沟通（communication）。4C 理论可以概括为以下内容：

（1）瞄准消费者需求。首先要了解、研究、分析消费者的需求，而不是先考虑企业能生产什么产品。

（2）了解消费者愿意支付的成本。首先要了解消费者为满足需求愿意支付多少成本，而不是先给产品定价。

（3）考虑消费者的便利性。首先考虑在交易过程中如何为消费者提供方便，而不是先考虑销售渠道和销售策略的选择。

（4）加强与消费者的沟通。以消费者为中心实施营销沟通是十分重要的，通过互动、沟通等方式，将企业内外营销不断进行整合，把消费者和企业双方利益无形地整合在一起。

四、市场营销的原则

（一）诚实守信原则

诚实守信是企业经商最重要、最基本的道德标准。在市场营销中，把握诚信原则是企业获得成功的关键。实际上，市场经济本身就是一种信用经济，没有参与市场经济的各主体的诚实守信行为，市场经济的大厦就失去了根基。企业在市场营销活动中的诚实守信具体表现在：保证产品质量，不生产假冒伪劣产品；广告要诚实相告，不虚假宣传；价格要明码实价，童叟无欺；交易中依法履行合同责任，信守承诺。

（二）义利兼顾原则

义利兼顾是指企业在获利的同时，要考虑是否保证了消费者的利益，是否保证了社会整体和长远的利益。义利兼顾的思想是处理好利己和利他关系的基本原则。“利”是目标，“义”是达到这一目标要遵守的规则，二者应同时被加以重视。

（三）互惠互利原则

互惠互利原则要求企业在市场营销活动中，正确地分析、评价自身利益和相关者的利益。对自己有利、对利益相关者不利的活动，由于不能得到对方的响应，因而无法长期进行下去；而对他人有利、对自己无利的活动，又会使营销活动成为无源之水、无本之木。

（四）理性和谐原则

理性和谐是企业的市场营销活动达到的理想目标模式。在市场营销活动中，理性就是运用相关知识，科学分析市场环境，准确预测未来市场的发展变化状况，不好大喜功。和谐是指企业的市场营销活动应保持在适度竞争的水平上，正确处理与各相关利益者的关系。理性和谐的结果是企业之间友好相处、共同发展。

五、网络营销

网络营销是企业基于互联网和社会关系网络，向用户和公众传递有价值的信息和服务，为实现企业营销目标所进行的规划、实施及运营管理活动。

网络营销是手段而不是目的，它不局限于网上，也不等于电子商务。它不是孤立存在的，不能脱离一般营销环境而存在，应该被看作传统营销理论在互联网环境中的应用和发展。

（一）网络营销的特点

1. 网络营销的生态思维

网络营销的生态思维可简单描述为用户价值型网络营销。网络营销生态思维的核心思想为：在吸引消费者关注的基础上，进一步建立用户之间、用户与企业之间的价值关系网络。

2. 网络营销中人的核心地位

通过互联网建立的社会关系网络的核心是人。网络营销活动一切以人为出发点，而不是网络技术、设备、程序或网页内容。

3. 网络营销的顾客价值

为顾客创造价值是网络营销的出发点和目标，网络营销是一个以顾客为核心的价值关系网络。

4. 网络营销活动的系统性

网络营销的系统性是经过长期实践检验的基本原则之一，网络营销的内容包括规划、实施及运营管理，而不仅仅是某种方法或某个平台的应用。

5. 网络营销不等于网上销售

网络营销的最终目的是实现产品销售、提升品牌形象，网上销售是网络营销发展到一定阶段产生的结果，但并不是唯一结果，因此网络营销本身并不等于网上销售。

6. 网络营销不等于电子商务

网络营销和电子商务是一对紧密相关又具明显区别的概念。电子商务的内涵很广，其核心是电子化交易，强调的是交易方式和交易过程的各个环节；网络营销是企业整体营销战略的一个组成部分，本身并不是一个完整的商业交易过程，而是为促成电子化交易提供支持，因此是电子商务活动中的一个重要环节，尤其是在交易发生前，网络营销发挥着主要的信息传递作用。

（二）网络营销的方式

1. 搜索引擎竞价

搜索引擎竞价是一种根据营销效果支付不同费用的网络推广方式。该方式能够让企业通过竞价的方式在搜索引擎排名中获得较高的广告位排名，有着快速、精准的特点，能够在较短的时间内为企业带来更多价值，因此受到大部分企业的青睐。

2. 搜索引擎优化

搜索引擎优化是指在了解搜索引擎自然排名机制的基础上，通过对网站结构（内部链接结构、网站物理结构、网站逻辑结构）、网站主题内容及相关外部链接进行优化，使网站在搜索引擎中的关键词排名提高，从而获得流量，进而产生直接销售或建立网络品牌。

3. 电子邮件营销

电子邮件营销是指以订阅的方式将行业和产品信息通过电子邮件的方式提供给所需要的用户，以此建立与用户之间的信任和信赖关系。

4. 即时通信营销

即时通信营销是指利用互联网即时聊天工具进行推广宣传的营销方式。

5．病毒式营销

病毒式营销并非利用病毒或流氓插件来进行推广宣传，而是利用口碑相传的原理，通过用户的自发传播而进行推广宣传的营销手段。

6．博客营销

博客营销是指企业通过建立博客来加强与用户之间的互动交流以及企业文化的体现。一般以诸如行业评论、工作感想、心情随笔和专业技术等作为企业博客内容，可使用户更加信赖企业，深化品牌影响力。

7．微博营销

微博营销是指企业利用自己的微型博客向网友传播企业信息、产品信息，以树立良好的企业形象和产品形象，从而达到营销的目的。该营销方式注重价值的传递、内容的互动、系统的布局和准确的定位。

8．微信营销

微信营销是网络经济时代企业营销模式的一种创新，是伴随着微信的火热而兴起的一种网络营销方式。企业可通过用户订阅为用户提供其所需要的信息，进而推广自己的产品，实现点对点营销。

9．视频营销

视频营销主要是基于视频网站为核心的网络平台，以内容为核心、创意为导向，利用精细策划的视频内容实现产品营销与品牌传播的目的。

10．软文营销

软文营销是指通过特定的概念诉求，以摆事实、讲道理的方式使消费者走进企业设定的“思维圈”，以强有力的心理攻击迅速实现产品销售的文字模式和口头传播。

11．O2O 立体营销

O2O 立体营销是一种基于线上（online）、线下（offline）全媒体深度整合的营销模式。该营销模式通过捕捉、分析和运用海量多样的大数据，帮助企业科学规划、定位和策划，以全方位视角，针对受众需求进行多层次分类，选择性地运用报纸、杂志、广播、电视、网络等各类传播渠道，以文字、图片、声音、视频等多元化的形式进行深度互动融合，对受众进行全视角、立体式的营销覆盖，帮助企业打造多渠道、多层次、多元化、多维度立体营销网络。

六、精准营销

（一）精准营销的含义

精准营销是指在可量化的数据基础上分析消费者个体的消费模式和特点，并以此来划分消费者群体，从而精准地找到目标消费者，精准地开展营销活动，以提高营销成本效益率。

精准营销模式可以概括为 5W 营销分析框架，即在合适的时机（when），将合适的业务（which），通过合适的渠道（where），采取合适的行动（what），营销合适的客户（who）。整个过程贯彻“以客户为中心”的理念，实现营销管理的持续改善。

（二）精准营销的特征

精准营销的特征主要包括以下几点：

（1）目标对象的选择性。即尽可能准确地选择目标消费者，进行针对性强的沟通。

（2）沟通策略的有效性。即策略尽可能有效，能很好地触动受众。

（3）沟通行为的有效性。即与目标受众沟通尽可能得到高投资回报，减少浪费。

（4）沟通结果的可衡量性。即沟通的结果和成本尽可能可衡量。

（三）精准营销的体系构成

1. 精准的市场定位

有效的市场细分和定位是影响企业营销活动成败的关键因素。企业应通过现代信息技术对消费者的消费行为进行精准衡量和分析，建立相应的数据体系，通过数据分析进行客户优选，确定目标市场，并通过市场测试来验证所做定位是否准确、有效。

2. 个性传播沟通体系

精准营销强调精确、准确，这就要求企业不能采用大众传播的方法，而要建立个性传播沟通体系。这种传播体系大概有以下几种形式：网络邮件、直返式广告、电话、短信、网络推广等。

3. 适合一对一分销的集成销售体系

精准营销颠覆了传统的框架式营销组织架构和渠道限制，实现了一对一的分销。其销售组织包括两个核心组成部分：全面可靠的物流配送及结算系统，顾客个性沟通主渠道——呼叫中心。其中，呼叫中心是指通过网络技术和电话建立起来的可实现与顾客一对一沟通的平台，主要职能是处理客户订单、解答客户问题、通过客户关怀来维系客户关系。

4. 个性化产品的提供

与精准的定位和沟通相适应，只有针对不同的消费者、不同的消费需求，设计、制造、提供个性化的产品和服务，才能精准地满足市场需求。

个性化的产品和服务在某种程度上就是定制，而对于其他标准化程度不高、客户需求更加复杂的产品，若既要实现大规模生产，做到成本最优，又要适应日益差异化的客户需求，就必须有选择地满足能够实现规模和差异化均衡的客户需求。

5. 体现顾客价值的增值服务体系

对于任何一个企业来说，完美的质量和服务只有在售后阶段才能实现。同时，忠诚顾客带来的利润远远高于新顾客。只有通过精准的顾客服务体系，才能留住老顾客，吸引新顾客，实现顾客的链式反应。

任务二 营销环境分析

【素质目标】

（1）树立创新意识，增强探索意识。

（2）关注国家政策方针，紧跟时代发展，关注营销环境的最新动态。

【知识目标】

（1）熟悉宏观营销环境的组成及其对营销活动的影响。

（2）熟悉微观营销环境的组成及其对营销活动的影响。

【技能目标】

（1）具备利用宏观环境因素对企业的营销活动进行分析的能力。

（2）具备利用微观环境因素对企业的营销活动进行分析的能力。

案例引入

企业家精神：三只眼

海尔总裁张瑞敏在总结自己管理企业的经验时，说过这样一句话：“在市场经济条件下，我认为，一个精明的企业家必须有三只眼，只有两只不行。要用一只眼睛盯住企业内部，最大限度地调动职工积极性，不断提高产品质量；要用第二只眼睛盯住外部，最大限度地满足用户的需要，不断扩大市场份额；还要用第三只眼睛盯住国家宏观调控政策，及时抓住机遇，加快企业规模的发展。”

【案例分析】张瑞敏所说的三只眼各司其职，既形象又准确。企业的经营管理受到内外环境的影响。其中，内部环境是可控的；外部环境是不可控的，只能顺应、适应。

（资料来源：道客巴巴，http://www.doc88.com/p-7098379796833.html）

市场营销环境是指影响企业营销活动及营销目标的所有外部力量的集合。

市场营销环境是动态的，它的变化既给企业的营销活动提供机会，也带来威胁。分析市场营销环境的目的就在于寻求营销机会，避免威胁，便于企业调整相应的营销战略。

一、宏观营销环境分析

宏观营销环境要素包括人口环境、经济环境、自然环境、技术环境、政治和法律环境、社会文化环境等，是企业生存和发展的基础。宏观营销环境分析的主要目的是发现市场机会和可能产生的威胁，以便把握环境变化带来的机会，避免或减轻环境变化造成的不利影响。一般而言，企业制订长期战略发展规划，或经营方向发生重大变化时，都必须对宏观营销环境进行调查分析，把握环境变化的趋势，增强企业对环境的适应能力。

案例

日本轿车为什么能够后来居上

美国的汽车制造业一度在世界上占霸主地位，而日本的汽车工业则是在20世纪50年代才开始学习美国发展起来的。但是，仅仅20年后，日本的汽车制造业就突飞猛进，充斥欧美市场及世界各地，把美国的汽车工业打得一塌糊涂。为什么会出现如此戏剧性的变化呢？

原来，日本汽车制造商通过市场调查得出如下结论：① 即将要发生世界性的能源危机，石油价格会很快上涨，因此，耗油量大的轿车将面临危机，必须改产耗油量小的轿车来适应能源奇缺的环境。② 随着汽车数量的增多，马路上车流量增加，停车场也会更加拥挤，因此，只有造小型车才能适应拥挤的马路和停车场。③ 在工业发达国家，一个家庭只有一部汽车已不能满足需要，价廉的小型车潜力巨大。于是，日本汽车制造商研究制造出了物美价廉的小型节油轿车。

【案例分析】日本轿车之所以能够后来居上，关键就在于日本汽车制造商注重市场营销调研，抓住了环境变化的脉搏，摸准了消费者的心理和口味变化，开发出的轿车小型、省油、便利、经济，更适合现代人的口味。

（资料来源：道客巴巴，http://www.doc88.com/p-5971709484017.html）

（一）政治法律环境

政治与法律是影响企业营销的重要的宏观环境因素。政治因素像一只无形之手，调节着企业营销活动的方向，法律则为企业规定营销活动行为准则。政治与法律相互联系，共同对企业的市场营销活动发挥影响和作用。

1. 政治环境

政治环境是指企业市场营销活动的外部政治形势、国家方针政策及其变化。国内政治环境主要包括政治制度、政党和政党制度、政治性团体、党和国家的方针政策及政治氛围。国际政治环境主要包括国际政治局势、国际关系、目标国的国内政治环境，如进口限制、外汇限制、价格限制、税收限制和国有化政策等。

2. 法律环境

法律环境是指国家或各级地方政府颁布的与经济相关的法律、法规和制度等。各项法律、法规的颁布，其目的可能是多方面的。有的是为维护市场运行秩序，防止不正当竞争；有的是为维护消费者权益，保护消费者免受不公平商业行为的损害；有的是为维护社会利益，保护生态平衡，防止环境污染等。对于从事国际营销活动的企业来说，企业不仅要遵守本国的法律制度，还要了解和遵守贸易伙伴国的法律制度和有关的国际法规、国际惯例和准则。

（二）经济环境

1．国内生产总值

国内生产总值是指一个国家或地区在一定时期内运用生产要素所生产的全部最终产品和服务价值的总和。国内生产总值是衡量一个国家经济实力与购买力的重要指标。从国内生产总值的增长幅度可以了解一个国家的经济发展状况和速度。一般来说，工业品的营销与这个指标有关，而消费品的营销则与此关系不大。国内生产总值增长越快，消费者对工业品的需求和购买力就越大；反之，就越小。

2．个人收入

个人收入是指消费者个人的工资、红利、租金、退休金等以及通过其他来源所获得的总收入。这个指标大体反映了一个国家人民生活水平的高低，也在一定程度上决定了商品需求的构成。一般来说，个人收入增长，对消费品的需求和购买力就大，反之就小。

3．家庭收入

很多产品是以家庭为基本消费单位的，如冰箱、抽油烟机、家具等。因此，家庭收入的高低会影响很多产品的市场需求。一般来讲，家庭收入高，对消费品需求大，购买力也大；反之，需求小，购买力也小。

4．消费者支出模式

消费者支出模式是指消费者的各种消费支出占总消费支出的比例，它实际反映了消费者的消费结构，主要受消费者收入的影响。随着消费者收入的变化，消费者支出模式会发生相应变化，继而使一个国家或地区的消费结构也发生变化。

经济学中常用恩格尔系数来反映这种变化。恩格尔系数是指食品支出占个人消费支出总额的比重。恩格尔系数越高，居民生活水平越低，购买力越小；反之，居民生活水平越高，购买力越大。

5．消费者储蓄和信贷

消费者的购买力除受收入和支出模式的影响外，还受储蓄和信贷的直接影响。收入的主要流向是消费和储蓄。储蓄来源于消费者的货币收入，是一种推迟了的、潜在的购买力，实际上是消费者将现在的收入用于未来的消费。当收入一定时，储蓄越多，现实消费量就越小，但潜在消费量就越大；反之，储蓄越少，现实消费量就越大，但潜在消费量就越小。

消费者信贷是指消费者凭信用先取得商品的使用权，然后按期归还贷款以购买商品。这实际上是消费者提前支出未来的收入，提前消费。消费信贷允许人们购买超过自己现实购买力的商品，从而创造更多的需求；同时，消费信贷还是一种经济杠杆，它可以调节积累与消费、供给与需求的矛盾。例如，当市场供大于求时，可以发放消费信贷，刺激需求；当市场供小于求或某种需求过热时，金融机构必须收缩信贷，适当抑制、减少需求，同时把资金投向需要发展的产业，刺激这些产业的生产，带动相关产业和产品的发展。

（三）社会文化环境

社会文化环境是指在一种社会形态下已经形成的价值观念、生活方式、宗教信仰、审美观、风俗习惯、社会道德规范等因素的总和。每个人都是在一个特定的社会环境中成长的，各有其不同的价值观和信仰。因此，社会文化因素深刻影响着人们的消费欲望和购买行为，进而影响企业的市场营销活动。企业对社会文化环境的研究一般从以下几方面进行。

1. 语言文字

语言文字是人类交流的工具，属于表层文化。不同国家、不同民族往往都有自己的语言文字，即使同一国家，也可能有多种不同的语言文字，即使语言文字相同，也可能交流的方式不同。因此，营销者应注意避免因语言文字翻译错误导致的沟通不畅等。

2. 价值观

价值观是人基于一定的思维感官而做出的认知、理解、判断或抉择，即人认定事物、辨别是非的一种思维或价值取向，体现了一个人对人、事、物的总体评价、看法和态度。简单地说，价值观是人们对社会生活中各种事物的态度和看法。价值观不同的人，对商品的需求和购买行为也不同。例如，在时间观念上，发达国家往往比一些发展中国家更具有时间意识，因此快餐、速溶饮料、半成品食品往往在发达国家更受欢迎。因此，企业的产品或服务要迎合消费者的价值观，不要与消费者的价值观发生冲突。

3. 风俗习惯

不同国家或地区在居住、饮食、服饰、礼仪、婚丧等风俗上有着很多差异，因此在不同国家或地区设计产品、销售产品、选择促销工具等都要充分考虑当地的风俗习惯。了解消费者的习俗、禁忌、避讳等，做到入乡随俗，是企业进行市场营销的重要前提。

4. 审美观

人们在市场上挑选、购买商品的过程，实际上也是展示其审美素质和情趣的过程。因此，企业营销人员应关注消费者审美观的变化及其对商品的评价，以便企业不断研制开发新产品，并使产品的艺术功能与经营场所的美化效果融为一体，更好地满足消费者的审美要求。

（四）人口环境

人是市场的消费主体，因此，对人口环境的考察是企业把握需求动态的关键。通常，企业从人口数量、人口结构和人口分布等方面探讨人口环境对营销活动的影响。

1. 人口数量

一个国家或地区人口数量的多少，是决定市场规模和潜在容量的重要因素。人口越多，消费需求就越多，市场规模就越大。因此，按人口数量可以估算出某个国家或地区的市场规模。

2. 人口结构

（1）年龄结构。不同年龄层次的消费者因生理和心理特征、人生经历、收入水平和负担状况不同，有着不同的消费需求和购买偏好，据此形成了儿童市场、青年市场和老年市场等。

（2）性别结构。男性和女性在生理、心理和社会角色上的差异决定了他们有不同的消费需求、购买动机和购买行为，反映到市场上就会出现男性用品市场和女性用品市场。

（3）民族结构。民族不同，其文化传统、生活习惯也不同，以不同民族消费者为目标顾客的营销者必须尊重民族文化，理解民族文化间的差异，开发体现民族特性的产品。

（4）家庭结构。家庭是社会的细胞，也是某些商品的基本消费单位，如住房、成套家具、电视机、冰箱、厨卫用品等商品的消费数量与家庭的数量和规模密切相关。

3. 人口分布

人口分布可以从人口的城乡分布与地域分布两方面考察。从总体上看，中国城镇特别是大中城市，人口密度大、消费需求水平高；乡村人口密度小，消费需求水平低。但随着社会经济与文化的发展，城乡差距将日趋缩小。从区域人口分布看，中国东部沿海地区经济发达，人口密度大，消费水平高；中西部地区经济相对落后，人口密度小，消费水平低。随着我国西部大开发战略的深入，必然推动西部地区的经济发展，刺激西部市场需求大幅度的提高，从而拓展企业发展的空间。

（五）科学技术环境

科学技术环境是指科学技术的进步及新技术手段的应用对市场营销活动带来的影响。近年来，信息技术革命带来全球经济一体化，推动知识经济发展，改变了传统工业经济时代的营销模式和竞争策略。

（六）自然环境

自然环境主要指一个地区的自然资源和地理环境。

自然资源泛指存在于自然界，且能为人类所利用的自然条件，通常包括矿产资源、土地资源、水资源、气候资源、生物资源等。自然资源是企业进行商品生产的物质来源。企业应在满足消费者需要和企业获利的同时，注意保护自然资源，只有如此，企业才可能久盛不衰。

地理环境是指一个国家或地区的地形地貌和气候。地形地貌（如山地、丘陵等）和气候（如温度、湿度等）特点，都会影响产品的性能和使用，是企业开展市场营销活动所必须考虑的因素。

二、微观营销环境分析

微观营销环境是指与企业紧密相连，对企业营销活动发生直接影响的各种参与者，包括企业自身、供应商、营销中介、竞争者、顾客、公众等。这些因素直接制约着企业为目标市场服务的能力。

案例

爱尔琴钟表公司为何失宠

美国爱尔琴钟表公司自 1869 年创立到 20 世纪 50 年代，一直被公认为是美国最好的钟表制造商之一。该公司在市场营销管理中强调生产优质产品，并通过由著名珠宝商店、大百货公司等构成的市场营销网络分销产品。1958 年之前，公司销售额始终呈上升趋势，但此后其销售额和市场占有率开始下降。造成这种状况的主要原因是市场形势发生了变化：这一时期的许多消费者对名贵手表已经不感兴趣，而趋于购买那些经济、方便且新颖的手表；而且，许多制造商为迎合消费者需要，已经开始生产低档产品，并通过廉价商店、超级市场等大众分销渠道积极推销，从而夺走了美国爱尔琴钟表公司的大部分市场份额。但美国爱尔琴钟表公司没有注意到市场形势的变化，依然迷恋于生产精美的传统样式手表，且仍旧借助传统渠道销售，认为职业自己的产品质量好，顾客必然会找上门。结果，企业经营最终遭受了重大挫折。

【案例分析】爱尔琴钟表公司一直以“产品导向”为主要的营销理念，没有留意到市场形式的变化和营销观念的改变，且始终不肯转变销售渠道，忽略了大众销售渠道的宽度和广度，最终失去了大量的消费者。

（资料来源：豆丁网，https://www.docin.com/p-2021985967.html）

（一）企业自身

企业为开展营销活动，必须设立某种形式的营销部门，而且营销部门不是孤立存在的，它与财务、采购、制造、研究与开发等一系列职能部门相联系。企业内部各职能部门的工作及其相互之间的协调关系，直接影响企业的整个营销活动。

（二）供应商

供应商是指向企业及竞争者提供生产经营所需资源的企业或个人。供应商对企业的营销活动有着重要的影响，其所供应的原材料数量和质量将直接影响企业产品的数量和质量，所供应原材料的价格会直接影响企业产品的成本、利润和价格。因此，企业在进行供应商管理时，要考虑其供应的及时性和稳定性、供应货物的价格变化、供货的质量保证等，同时与供应商建立良好的合作关系，才能为企业的正常生产提供必要的保障。

（三）营销中介

营销中介是指协助企业促销和分销其产品给最终购买者的个人或组织，包括中间商（批发商、代理商、零售商等）、营销服务机构（广告公司、咨询公司、调研公司等）及金融机构（银行、信托公司、保险公司等）。

1. 中间商

中间商是指把产品从生产商流向消费者的中间环节或渠道，主要包括批发商和零售商两大类。中间商对企业营销具有极其重要的影响，它能帮助企业寻找目标顾客，为产品打开销路，为顾客创造地点效用、时间效用和持有效用。企业需要选择适合自己的中间商，与中间商建立良好的合作关系，了解和分析其经营活动，并采取一些激励措施来推动其业务活动的开展。

2. 营销服务机构

营销服务机构是提供专业服务的机构，包括广告公司、广告媒介经营公司、市场调研公司、营销咨询公司和财务公司等。这些机构的主要任务是协助企业确立市场定位，进行市场推广，提供活动方便。一些大型企业往往有自己的广告和市场调研部门，但大多数企业还是以合同方式委托专业公司来办理相关业务。因此，企业需要关注、分析这些服务机构，选择最能为本企业提供有效服务的机构。

3．金融机构

金融机构是指从事金融业务，协调金融关系，维护金融体系正常运行的机构，包括银行、证券公司、保险公司、信托投资公司和基金管理公司等。金融机构的主要功能是为企业营销活动提供融资及保险服务。在现代化社会中，任何企业都要通过金融机构开展经营业务往来，金融机构业务活动的变化也会影响企业的营销活动。因此，企业应与这些金融机构保持良好的关系，以保证融资、信贷业务的稳定和渠道的通畅。

（四）竞争者

从消费者需求的角度出发，可以将企业的竞争者划分为四类，如表 6-1 所示。

表 6-1　企业竞争者比较

竞争者类型	含义	例证
愿望竞争者	不同竞争者分属不同的产业，相互之间为争夺潜在需求而展开竞争	房地产公司与汽车制造商为争夺顾客而展开的竞争。顾客现有的钱如用于汽车购买则不能用于房子购买，汽车制造商与房地产公司实际是针对购买者当前所要满足的各种愿望展开争夺
类别竞争者	这些竞争者所生产的产品种类不同，但所满足的需求相同	火车、飞机、大巴等都可以满足消费者出行的交通需求，但消费者往往只选择其中一种
产品形式竞争者	各个竞争者产品的基本功能相同，但形式、规格、性能或档次不同	自行车中的山地车与城市车、男式车与女式车，构成产品形式竞争者
品牌竞争者	这些竞争者生产相同规格、型号、款式的产品，但品牌不同	以电视机为例，索尼、长虹、夏普等众多品牌之间互为品牌竞争者

（五）顾客

顾客是企业服务的对象，同时也是产品销售的市场和企业利润的来源。企业营销活动本质上就是围绕顾客的需求而展开的。顾客的需求、欲望和偏好直接影响企业营销目标的实现。

（六）公众

公众是指对企业实现营销目标的能力具有实际或潜在利害关系和影响力的团体或个人。公众对企业的感觉和与企业的关系对企业的市场营销活动有着很大的影响，所有的企业都必须采取积极措施，保持和主要公众之间的良好关系。公众可分为金融公众、媒介公众、政府公众、社团公众、社区公众和内部公众等。

1．金融公众

金融公众主要包括银行、投资公司、股东等，金融公众对企业的融资能力有重要的影响。

2. 媒介公众

媒介公众指的是报纸、杂志、电台、电视台等传播媒介。他们能直接影响社会舆论对企业的认识和评价。

3. 政府公众

政府公众主要指与企业营销活动有关的各级政府机构部门。他们所制定的方针、政策对企业的营销活动或是限制，或是机遇。因此，企业在制订营销计划时，必须认真研究与考虑政府政策与措施的发展变化。

4. 社团公众

社团公众是指与企业营销活动有关的非政府机构，如消费者组织、环境保护组织及其他群众团体。企业营销活动涉及社会各方面的利益，来自社团公众的意见、建议往往对企业的营销决策有着十分重要的影响。

5. 社区公众

社区公众主要指企业所在地附近的居民和社区团体。企业应保持与社区的良好关系，为社区的发展做一定的贡献，社区居民对企业的好评能帮助企业在社会上树立良好的形象。

6. 内部公众

内部公众是指企业的管理人员及一般员工。内部公众是企业形象的体现者和传播者，是企业生存、发展的基石和动力。企业的营销活动离不开内部公众的支持，如果企业的内部公众关系处理不当，将严重影响营销活动的顺利开展，严重的可导致企业倒闭。

任务三　消费者购买行为分析与市场调查

【素质目标】

（1）强化责任意识，树立以消费者为中心的服务理念。

（2）感受社会进步和祖国富强带给人民消费观念和消费方式的深刻变化。

（3）实事求是，从社会需求出发，具备正确认识问题、分析问题、解决问题的能力。

【知识目标】

（1）熟悉消费者购买行为的概念。

（2）掌握消费者购买决策过程。

（3）熟悉市场调查的概念、内容和方法。

【技能目标】

（1）能够运用所学知识对消费者的购买行为进行分析。

（2）能够对企业营销活动进行正确的市场调查。

加鸡蛋的故事：因势利导

有两家卖粥的小店在同一条街道上。有位学者发现两家小店每天的顾客相差不多，那么他们每天的营业额是否也差不多呢。这位学者决定对两家小店做一个调查。

第一天，这位学者走进了右边的粥店。服务员微笑着把他迎进去，给他盛了一碗粥，问道："加不加鸡蛋？"学者回答："加。"于是服务员给这位学者加了一个鸡蛋。学者发现，每接待一位顾客，服务员都要问一句："加不加鸡蛋？"有的顾客说加，也有的顾客说不加，大概各占一半。

第二天，这位学者又走进左边的粥店。服务员同样微笑着把他迎进去，给他盛好了一碗粥。但这家店的服务员是这样问的："加一个鸡蛋，还是加两个鸡蛋？"学者笑了，回答："加一个。"每接待一位顾客，服务员都会问一句："加一个鸡蛋还是加两个鸡蛋？"有的顾客要求加两个，有的要求加一个，也有要求不加的，但是很少。

一天下来，左边的粥店要比右边的粥店多卖出很多个鸡蛋，营业额自然也会多不少。

【案例分析】右边粥店服务员的问话把顾客"锚定"在"加不加鸡蛋"上；而左边粥店服务员的问话把顾客"锚定"在"加一个鸡蛋还是两个鸡蛋"，诱导顾客在不经意间做出了有利于店家的选择。

（资料来源：百度文库，https://wenku.baidu.com/view/86868e55998fcc22bdd10d66.html，有改动）

一、消费者购买行为分析

消费者购买行为是指消费者为满足个人或家庭需要而发生的购买产品或服务的过程。消费者购买行为是复杂的，受到内在因素和外在因素的交互影响。企业通过研究消费者的购买行为及其影响因素，可有针对性地制定相应的市场营销战略，从而实现企业的营销目标。

消费者的购买行为，即购买决策过程可以划分为五个阶段：确认需要、收集信息、评价方案、购买决定和购后评价。

（一）确认需要

消费者的需要和欲望是购买行为产生的起点。需要的产生可以由内在刺激触发，如人的正常需要（饥饿、干渴、寒冷等），上升到某一阶段就会成为一种驱动力，使人产生购买行为。需要也可以由外在刺激引起，如一个人可能因羡慕邻居的新车或者看到马尔代夫的度假广告而激发购买欲望。企业需正确识别能引起消费者某种需要的刺激因素。

（二）收集信息

一般来说，消费者明确了自己的需求后，从理性的角度出发，为了使自己的购买行为更经济，或者说能使自己的购买行为付出较少而得到更多，往往要进行一系列积极寻找和搜集信息的活动。

（三）评价方案

消费者在众多信息中进行选择，并做出最后的价值判断。选择的影响因素包括产品属性、性能、品牌知名度等。

（四）购买决定

经过选择、评价，消费者形成购买意图，但在购买意图和购买决定之间，他人态度、偶然因素等的作用，仍会影响消费者的最终购买决定。

（五）购后评价

消费者的购后评价包括两个方面：一是购后满意度。消费者的满意度取决于消费者对产品的预期性能与产品使用中的实际性能之间的对比。二是购后行为。消费者购买产品后，常常要对自己的选择进行反省和验证，以评价这一购买决策是否正确、所购产品是否理想、服务是否周到等。这种购后评价的好坏，往往决定着消费者今后的购买动向，并会影响消费者周围一大批潜在的消费者。

二、市场调查

市场调查是指运用科学的方法，有目的地、系统地搜集、记录、整理有关市场营销的信息和资料，分析市场情况，了解市场的现状及发展趋势，为市场预测和营销决策提供客观、正确的资料。市场调查有助于企业发现和利用市场机会，制定正确的营销战略，开发新产品，开拓新市场，使企业在竞争中占据有利地位。

（一）市场调查的内容

市场调查的内容涉及市场营销活动的整个过程，主要包括以下几个方面。

1. 市场环境调查

市场环境调查主要包括对经济环境、政治环境、社会文化环境、科学环境和自然地理环境等的调查。具体调查内容可以是市场的购买力水平，经济结构，国家的方针、政策和法律法规，风俗习惯，科学发展动态，气候等各种影响市场营销的因素。

2. 市场需求调查

市场需求调查主要是指对消费者需求量、消费者收入、消费结构和消费者行为的调查，包括消费者为什么购买、购买什么、购买数量、购买频率、购买时间、购买方式、购买习惯、购买偏好和购买后的评价等。

3. 市场供给调查

市场供给调查是指对产品生产能力和产品实体的调查，具体为某一产品市场可以提供的产品数量、质量、功能、型号、品牌等，生产供应企业的情况等。

4. 市场营销因素调查

市场营销因素调查是指对产品、产品价格、分销渠道和促销活动的调查。对产品进行调查主要是为了解市场上新产品的开发情况和设计情况、消费者的使用情况、消费者的评价、产品的生命周期阶段、产品的组合情况等。对产品价格进行调查主要是为了解消费者对价格的接受情况，对价格策略的反应等。对分销渠道进行调查主要是为了解分销渠道的结构、中间商的情况、消费者对中间商的满意情况等。对促销活动进行调查主要是为了解各种促销活动的效果，如广告实施的效果、人员推销的效果、营业推广的效果、对外宣传的市场反应等。

5. 市场竞争情况调查

市场竞争情况调查主要是指对竞争企业的调查和分析。通过了解竞争企业的产品、价格等方面的情况，了解他们采取了什么样的竞争手段和策略，从而做到知己知彼，更好地确定企业的竞争策略。

（二）市场调查的方法

市场调查的方法主要有观察法、试验法、访问法和问卷法。

1. 观察法

观察法是市场调查最基本的方法，是由调查人员利用眼睛、耳朵等感官以直接观察的方式对调查对象进行考察并搜集资料的方法。例如，市场调查人员到销售场所去观察商品的品牌及包装情况。

2. 试验法

试验法通常用来调查某种因素对市场销售量的影响，具体方法是在一定条件下进行小规模试验，然后对实际结果做出分析，研究是否值得推广。它的应用范围很广，凡是某一产品在改变品种、品质、包装、设计、价格、广告、陈列方法等因素时，都可以应用这种方法来调查消费者的反应。

3. 访问法

访问法可分为结构式访问、无结构式访问和集体访问。

（1）结构式访问。结构式访问是用提前设计好的有一定结构的调查表或访问提纲进行的访问。调查人员在访问过程中，要以相同的提问方式和记录方式进行访问，提问的语气和态度也要尽可能地保持一致。

（2）无结构式访问。无结构式访问没有统一的问卷，是调查人员与被访问者自由交谈的访问。调查人员可以根据调查内容，与被访问者进行广泛的交流。

（3）集体访问。集体访问是通过集体座谈的方式听取被访问者的想法，收集信息资料的访问。可分为专家集体访问和消费者集体访问。

4. 问卷法

问卷法是通过让被调查者填写提前设计好的调查问卷来获得所需信息的方法。问卷法在网络市场调查中运用得最为普遍。

任务四　目标市场营销战略

【素质目标】

（1）密切关注市场需求变化和竞争动态，提高竞争意识和危机意识。

（2）理论联系实际，形成良好的行事作风和习惯。

【知识目标】

（1）理解市场细分的概念。

（2）熟悉市场细分的原因和依据。

（3）掌握目标市场选择的策略。

（4）熟悉目标市场选择的影响因素。

（5）掌握市场定位的步骤。

【技能目标】

能够在实际工作中，运用所学知识，为企业制定目标市场营销战略。

娃哈哈的成功：目标明确，有的放矢

杭州娃哈哈在建厂之初，一无资金，二无设备，三无技术力量。正基于此，娃哈哈强调要找准自己的目标顾客。通过对全国营养液市场的调查分析，他们发现：国内生产的营养液，虽然林林总总已有 38 种，但都属于老少皆宜的全能型产品，没有一种是儿童专用营养液。而这个细分市场有 3 亿消费者，即使是 1/10 也有 3 000 万。儿童是每个家庭的“掌上明珠”，所以儿童营养液市场必定是一个大市场，这个市场的需求尚未得到开发利用，这是一个大机遇、大空档。

于是，他们做出了这样的决策：与其生产第 39 种全能型营养液，还不如生产第一种儿童专用营养液，即选择儿童专用营养液这个细分市场作为目标市场。正因为如此，娃哈哈在经营上取得了很大的成功。

【案例分析】客户不是越多越好，而是越准确越好。市场具有多元异质性，企业的资源是有限的，细分市场，发现需求，锁定目标市场，进行市场定位，进而满足目标市场需求，是企业营销获得成功的必由之路。娃哈哈从办厂之初，就率先跳出“趋同格局”的经营套路，强调给自己的产品一个新的定位，因此取得了巨大的成功。

（资料来源：道客巴巴，https://www.doc88.com/p-10959445557831.html）

20 世纪 90 年代，国际营销学大师菲利普·科特勒提出了 STP 战略，即市场细分（market segmentation）、目标市场（market targeting）、市场定位（market position）。

一、市场细分

市场细分是企业依据消费者需求的差异性和类似性，按照某种标准把整个市场消费者群划分为若干个子市场用以确定目标市场的过程。

（一）市场细分的原因

1．消费者需求的差异性

根据消费者需求的差异性，可以把消费者需求分为同质性需求和异质性需求两大类。

同质性需求是指由于消费者需求的差异性很小，甚至可以忽略不计，因此没有必要进行市场细分。异质性需求是指因消费者所处的地理位置、社会环境、购买动机等不同，造成他们对产品的价格、质量、款式等需求的差异性，这种需求的差异性就是我们市场细分的基础。

2．消费者需求的相似性

在同一地理条件、社会环境和文化背景下的人们有相似的人生观、价值观，他们的需求特点和消费习惯大致相同。正是因为消费需求在某些方面的相对同质，市场上绝对差异的消费者才能按一定标准聚合成不同的群体。所以，消费者需求的绝对差异造成了市场细分的必要性，而消费需求的相对同质性则使市场细分有了实现的可能性。

3．企业有限的资源

受到自身实力的限制，企业不可能向市场提供能够满足一切需求的产品和服务。为了有效竞争，企业必须进行市场细分，选择最有利可图的目标细分市场，集中企业的资源，制定有效的竞争策略，以增加竞争优势。

（二）市场细分的依据

1．地理变数

由于各地区自然气候、交通条件、地方文化、经济发展水平等不同，消费者的消费习惯和偏好也有所不同。例如，生活在我国不同地区的人们的饮食口味有很大差异，由此形成了粤菜、川菜、鲁菜等著名菜系。

2．人口变数

人口变数包括年龄、性别、家庭生命周期、收入、职业、教育、民族、国籍、社会阶层等人口统计因素，依据人口变数可将市场细分为若干消费群体。例如，服装市场按照“性别”这个细分变数可分为男装市场和女装市场；按照“年龄”这个细分变数可分为儿童男、女装市场，青年男、女装市场，中年男、女装市场，老年男、女装市场。

3．消费者心理变数

市场细分的心理变数复杂而广泛，涉及消费者一系列的心理活动和心理特征，主要包括消费者的个性、生活方式、价值取向、对商品或服务的感受或偏爱、对商品价格反应的灵敏度以及对企业促销活动的反应等。例如，有些眼镜公司根据消费者的个性，把市场细分为传统型消费者群、新潮型消费者群、活泼型消费者群等。

4. 消费者行为变数

消费者行为变数包括消费者的购买动机、消费者进入市场的时机、消费者对利益的追求、消费者对产品的使用情况、消费者对品牌的忠诚度等。

（1）消费者进入市场的时机。这些时机包括结婚、离婚、购房、搬家、拆迁、入学、升学、退休、旅游、节假日等。时机细分有助于提高品牌使用率，提高营销的针对性。例如，旅行社可以在国庆假期推出专门的旅游服务。

（2）消费者对利益的追求。企业可根据消费者从品牌产品中追求的利益不同来细分市场。例如，美国曾有人运用利益细分法对钟表市场进行研究，发现约23%的手表购买者侧重价格低廉，约46%侧重耐用性及质量，约31%侧重品牌声望。当时，美国各大钟表公司都把注意力集中于第三类细分市场，制造豪华、昂贵的手表并通过珠宝店销售，而有一家公司慧眼独具，选定第一、二类细分市场作为目标市场，全力推出一种价廉物美的手表，并通过一般钟表店或大型综合商店出售。该公司后来发展成为世界第一流的钟表公司。

（3）消费者对产品的使用情况。根据消费者对产品的使用情况，可将消费者分为曾经使用者、未曾使用者、潜在使用者、初次使用者、偶尔使用者和经常使用者等类型，企业应针对不同的使用群体采用不同的营销策略。例如，市场占有率高的品牌企业特别重视将潜在使用者转变为实际使用者，一些小企业则主要以经常使用者为服务对象。

二、目标市场选择

目标市场选择是指企业从有效的细分市场中，选择一个或几个作为目标市场的决策过程。

（一）目标市场选择的策略

1. 无差异性市场策略

采用此策略的企业把整个市场看作一个整体，不需要进行市场细分，无须关注市场间的需求差异性，只注重其需求的共性，向全部市场提供单一产品，满足消费者的需要。

无差异性市场策略的优点是能够节约成本。大批量的生产必然降低单位产品的成本，大批量销售能节省大量的调研、广告宣传、管理等费用。

无差异性市场策略的缺点也是非常明显的。首先，一种产品能迎合所有消费者的需求是很难的，市场环境是不断变化的，随着消费者经济收入的提高，一种产品能长时间被所有消费者接受是极少的；其次，如果很多企业同时采取了这种策略，就会造成异常激烈的市场竞争。

2. 差异性市场策略

差异性市场策略就是把整个市场细分为若干子市场，针对不同的子市场，设计不同的产品，制定不同的营销策略，满足不同的消费需求。

差异性市场策略的优点是能满足消费者的不同需求，有利于扩大销售、占领市场、提高企业声誉。

差异性市场策略的缺点是由于产品差异化、促销方式差异化，增加了管理难度，提高了生产和销售费用。一般只有实力雄厚的大公司才采用这种策略。

3．集中性市场策略

集中性市场策略强调把企业资源集中在一个或少数的小型市场，不求在大市场上得到一个较小的市场份额，而求在一个较小的市场上获得较大的市场占有率。对中小型企业而言，集中性市场策略是最好的选择。

集中性市场策略的优点是能够发挥企业的资源优势，集中资源在小市场获得营销成功。由于目标市场集中，企业能更深入地了解目标市场的需求，生产出更加适销对路的产品；能进行专业化经营，有利于树立企业形象和品牌形象；能节省生产成本和营销费用。

集中性市场策略的最大不足是经营风险较大。如果目标市场过于集中，把企业的命运押在一个较小的市场上，一旦这个市场发生突然的变化，如消费者的需求偏好突然发生变化、强大的竞争者进入市场等，就会使企业措手不及，陷入困境。因而，采用这种策略时要做好应变准备，加强风险意识。

（二）目标市场选择的影响因素

上述三种策略各有利弊，因此企业在进行决策时要具体分析产品和市场状况，以及企业本身的特点。目标市场选择的影响因素主要有以下几种。

1．企业资源

企业资源一般包括三大类：企业有形资产、企业无形资产、企业人力资源和组织能力。

有形资产是指可以在企业资产负债表上体现的资产，如房地产、生产设备、原材料等。

无形资产包括企业的声望、品牌、文化、技术知识、专利、商标以及各种日积月累的知识和经验等。无形资产在使用中不会被消耗，相反，运用正确还会升值。无形资产往往是企业竞争优势的基础。

人力资源和组织能力是资产与管理因素的现实的、复杂的结合，可以体现在精益制造、高质量生产、对市场的快速反应等方面。

2．产品同质性

产品的同质性表明了产品在性能、特点等方面的差异性的大小，是企业选择目标市场时不可不考虑的因素之一。对于同质性高的产品，如食盐等，宜选择无差异性市场策略；对于同质性低或异质性产品，差异性市场策略或集中性市场策略是较好的选择。

3．市场特点

供与求是市场中的两大基本力量，它们的变化趋势往往是决定市场发展方向的根本原因。供不应求时，企业重在扩大供给，无暇考虑需求差异，所以多采用无差异性市场策略；供过于求时，企业为刺激需求、扩大市场份额殚精竭虑，多采用差异性市场策略或集中性市场策略。

4．产品所处的生命周期阶段

产品处于导入期和成长初期时，消费者刚刚接触新产品，对它的了解还停留在初浅层次，竞争尚不激烈，企业这时的营销重点是启发和巩固消费者的偏好，挖掘市场对产品的基本需求，实行无差异性市场策略或针对某一特定子市场实行集中性市场策略；当产品进入成长后期和成熟期时，消费者已经熟悉产品的特性，需求向深层次发展，表现出多样性，竞争空前激烈，企业应适时地转变策略为差异性市场策略或集中性市场策略，以满足新需求，延长产品的生命周期。

5. 竞争者的策略

企业可采用与竞争者不同的目标市场选择策略。例如，当竞争者采用无差异性市场策略时，企业选用差异性市场策略或集中性市场策略更容易发挥优势。

三、市场定位

市场定位是指企业根据竞争者现有产品在市场上所处的位置，针对消费者对该类产品某些特征或属性的重视程度，为本企业产品塑造与众不同的、给人印象鲜明的形象，并将这种形象生动地传递给消费者，从而使该产品在市场上确定适当的位置。简而言之，就是在消费者心中树立独特的形象。

企业市场定位的全过程可以通过以下三大步骤来完成。

（一）识别潜在竞争优势

这一步骤的中心任务是回答以下三个问题：

（1）有无竞争者？其实力如何？优劣势何在？

（2）目标市场上消费者的需求是否已被满足？有无可能发生偏好的改变？若有可能发生偏好的改变，将会向何处发展？

（3）针对竞争者的市场定位和潜在消费者真正需要的利益，企业应该及能够做什么？

要回答上述三个问题，企业市场营销人员必须通过一切调研手段，系统地搜索、分析并报告有关上述问题的资料和研究结果。

通过回答上述三个问题，企业就可以从中把握和确定自己的潜在竞争优势在哪里。

（二）确定核心竞争优势

竞争优势是指企业能够胜过竞争对手的能力。这种能力既可以是现有的，也可以是潜在的。确定竞争优势实际上是一个企业将自身各方面实力与竞争者相比较的过程。通常的方法是分析、比较企业与竞争者在经营管理、技术开发、采购、生产、市场营销、财务、产品等方面究竟哪些是强项，哪些是弱项，借此选出最适合本企业的优势项目，以初步确定企业在目标市场上所处的位置。

（三）显示独特的竞争优势

这一步骤的主要任务是企业要通过一系列的宣传促销活动，将其独特的竞争优势准确传播给潜在消费者，并在消费者心中留下深刻印象。

首先，应使目标消费者了解、熟悉、认同、喜欢和偏爱本企业的市场定位，并在消费者心中建立与该定位相一致的形象。

其次，企业通过各种努力保持目标消费者对本企业市场定位的了解，稳定目标消费者的态度，强化目标消费者的感情，巩固在消费者心中的形象。

最后，企业应注意目标消费者对其市场定位理解出现的偏差或由于企业市场定位宣传上的失误而造成的目标消费者的模糊、混乱和误会，及时纠正与市场定位不一致的形象。

任务五 营销组合策略

【素质目标】

（1）遵守营销活动规律，树立正确的营销观。

（2）履行社会责任，注重个人利益与社会效益的一致性。

【知识目标】

（1）理解产品的整体概念。

（2）熟悉产品生命周期各阶段适用的营销策略。

（3）熟悉各类定价策略的方法。

（4）熟悉分销渠道的影响因素和种类。

（5）熟悉常用的促销组合和促销方法。

【技能目标】

（1）能够运用所学知识，对企业的营销活动进行分析。

（2）能在实际工作中，根据企业和产品的具体情况制定合理的营销策略。

案例引入

不同的中巴车收费方式：随机应变

有一条汽车线路是从小港口开往火车站的，因线路短且沿途人少，客运公司仅安排了 101 号和 102 号两辆中巴来回对开。开 101 号的是一对夫妇，开 102 号的也是一对夫妇。坐车的大多是一些船民，由于他们长期在水上生活，因此，一进城往往是一家老小。101 号的女主人很少让孩子买票，即使是一对夫妇带几个孩子，她也只要求船民买两张成人票。有的船民过意不去，执意要给大点的孩子买票，她就笑着对船民的孩子说："下次给阿姨带个小河蚌来，好吗？这次让你免费坐车。" 102 号的女主人恰恰相反，只要有带孩子的，大一点的要全票，小一点的也得买半票。她总是说，这车是承包的，每月要向客运公司交多少多少钱，马上就干不下去了。船民们也理解，因此每次都相安无事，但搭她车的人越来越少。仅仅 3 个月后，102 号就停开了。

【案例分析】面对不同的顾客，我们应采取不同的定价策略，即产品或服务的价格要随着顾客的需求变化，而不是一成不变。忠诚顾客是靠感情培养的，也是靠一点一滴的优惠获得的。

（资料来源：搜狐网，https://www.sohu.com/a/257755750_100073202）

营销组合策略是指企业以消费者需要为出发点，根据经验获得消费者需求量和购买力的信息、商业界的期望值，有计划地组织各项经营活动，通过相互协调一致的产品策略、定价策略、渠道策略和促销策略，为消费者提供满意的商品或服务，从而实现企业营销目标的过程。

一、产品策略

所谓产品策略，是指企业在制定经营战略时，首先要明确企业能提供什么样的产品和服务去满足消费者的要求。

产品策略是市场营销组合策略的核心，是价格策略、渠道策略和促销策略的基础。从社会经济发展看，产品的交换是社会分工的必要前提，企业生产与社会需要的统一是通过产品来实现的，企业与市场的关系也主要是通过产品来联系的；从企业内部而言，产品是企业生产活动的中心。因此，产品策略是企业市场营销活动的支柱和基石。从一定意义上讲，企业成功与发展的关键在于产品满足消费者需求的程度以及产品策略正确与否。

（一）产品的整体概念

产品的整体概念是指一切能满足消费者某种需要和利益的物质产品和非物质形态的服务，可划分为核心产品、形式产品、期望产品、延伸产品和潜在产品五个层次。

1. 核心产品

核心产品是指消费者购买某种产品时所追求的基本效用或利益，是消费者真正要购买的利益和服务，因而在产品的整体概念中是最基本、最主要的部分。很多时候，消费者购买某种产品并非为了拥有该产品实体，而是为了获得能满足自身某种需要的使用价值。例如，消费者购买电视机，不是为了拥有这种物品本身，而是为了欣赏电视节目，同时实现其在家居装饰方面的作用。

2. 形式产品

形式产品是核心产品借以实现的具体形式，即向市场提供的产品实体的外观，包括产品的质量、重量、款式、颜色、品牌等。企业在进行产品设计时，不仅要着眼于消费者购买产品时所追求的利益，也要重视产品形式的独特性，以求更完美和全面地满足消费者的需要。

3. 期望产品

期望产品是指消费者在购买某种产品时所期望得到的与产品密切相关的一系列属性和条件。一般情况下，消费者在购买某种产品时，往往会根据以往的消费经验和企业的营销宣传，对所欲购买的产品形成一种期望。例如，对于购买洗衣机的人来说，期望该机器能省时省力、不损坏衣物、噪音小、方便进排水、造型美观、使用安全可靠等。

4. 延伸产品

延伸产品是指消费者在购买产品时所获得的除产品基本效用和功能之外的一切服务和利益的总和，主要包括提供信贷、送货、安装、调试、维修、产品保证、零配件供应、技术人员培训、售后服务等。延伸产品来源于对消费者需求的综合性和多层次性的深入研究，要求营销人员必须正视消费者的整体消费体系，同时必须注意消费者是否愿意承担因延伸产品的增加而增加的成本。

5. 潜在产品

潜在产品是指一个产品将来可能实现的全部附加价值和新转换价值，指出了产品将来的发展方向。潜在产品要求企业不断寻求满足消费者的新方法，不断将潜在产品变成现实的产品，更好地满足消费者的需要。

（二）产品生命周期各阶段的营销策略

产品生命周期是指从产品试制成功投入市场开始，直到产品被市场淘汰，最终退出市场为止所经历的全部时间。

产品生命周期一般以产品销量和利润的变化为依据分为四个阶段：导入期、成长期、成熟期和衰退期。

1. 导入期

导入期是指新产品首次正式上市的最初销售时期。在这一阶段，新产品刚刚投入市场，消费者对产品不太了解，只有少数追求新奇的消费者购买，因此销售量较低；由于产品技术不够稳定，工艺不成熟，不能批量生产，且制造者劳动熟练程度差，废品率较高，因此制造成本较高；为了打开销路，企业需要投入大量的宣传和促销费用；同类产品的生产者较少，竞争不激烈。

这一阶段，企业营销策略的指导思想是把销售力量直接投向最有可能的购买者，让这类消费者加快新产品的扩散速度，缩短导入期的时间。具体可选择的营销策略有：① 快速掠取策略，即企业以高价格和高促销费用推出新产品；② 缓慢掠取策略，即企业以高价格和低促销费用推出新产品；③ 快速渗透策略，即企业以低价格和高促销费用推出新产品；④ 缓慢渗透策略，即企业以低价格和低促销费用推出新产品。

2. 成长期

成长期是指产品在市场上已经打开销路，销售量稳步上升的阶段。在这一阶段，消费者对产品已经比较熟悉，市场需求逐步扩大，销售量迅速增加；产品基本定型，性能趋于稳定，企业已具备批量生产的条件，成本显著降低；由于消费者对产品已经比较熟悉，广告宣传费用可相对降低；竞争者看到有利可图，进入市场参与竞争，市场竞争加剧。

企业为维持市场增长率，可采取以下策略：改进和完善产品，寻求新的细分市场，改变广告宣传的重点，适时降价，等。

3. 成熟期

成熟期是指产品在市场上已经普及，市场容量基本达到饱和，销售量变动较少的阶段。在这一阶段，产品销售量增长缓慢，市场需求量逐渐趋于饱和；生产批量很大，生产成本降到最低程度；产品的服务和推销工作十分重要，营销费用不断提高；更多同类产品进入市场，市场竞争十分激烈。

企业在这一阶段应采取的营销策略是主动出击，以便尽量延长产品的成熟期。具体策略有：① 市场改良策略，即通过开发产品的新用途和寻找新用户来扩大产品的销售量；② 产品改良策略，即通过提高产品的质量、增加产品的使用功能、改进产品的包装、提供新的服务等，来吸引消费者。

4. 衰退期

衰退期是指产品已过时，被新的更受市场欢迎的产品所代替，销售量迅速下降的阶段。在这一阶段，产品技术已老化，被已进入市场的新产品逐渐代替，产品销售量迅速下降，甚至出现积压；行业生产能力过剩，同行企业为了减少存货损失，竞相降价销售，竞争异常激烈。企业获利很少，甚至亏损，部分企业因无利可图，被迫退出竞争。

在衰退期，企业可采取的营销策略有：① 淘汰策略，即停止生产衰退期产品，转产新产品；② 持续营销策略，即利用其他竞争者退出市场的机会，通过提高服务质量、降低产品价格等来维持销售；③ 收割策略，即尽量减少如厂房设备、研制开发、广告、销售队伍建设等方面的投入，其适用条件是衰退产品在短期内销售量下降速度比较缓慢，不过从长期来看，这种策略最终是必须要被放弃的。

二、定价策略

价格通常是影响交易成败的重要因素，同时又是市场营销组合中最难以确定的因素。企业定价的目标是促进销售，获取利润，这就要求企业既要考虑成本，又要考虑消费者对价格的接受能力，因此定价策略具有买卖双方双向决策的特征。

定价策略是企业争夺市场的重要武器，是企业营销组合策略的重要组成部分。企业必须善于根据市场环境、产品特点、产品生命周期、消费者心理和需求特点等，正确选择定价策略。常见的定价策略有以下几种。

（一）心理定价策略

心理定价策略是指企业针对消费者购买商品时的心理动机采取相应的定价策略。这种定价策略在零售企业面对最终消费者时应用得比较多。

每一件产品都能满足消费者某一方面的需求，其价值与消费者的心理感受有着很大的关系。这就为心理定价策略的运用提供了基础，使得企业在定价时可以利用消费者的心理因素，有意识地将产品价格定得高些或低些，以满足消费者生理的和心理的、物质的和精神的等多方面的需求。具体策略主要有尾数定价策略、整数定价策略、习惯性定价策略、声望定价策略等。

1. 尾数定价策略

尾数定价又称“零头定价”，是指企业针对消费者的求廉心理，将产品价格有意定一个与整数有一定差额的价格，如 1.99 元、99 元、998 元等。

2. 整数定价策略

整数定价与尾数定价相反，是企业针对消费者的求方便心理，将产品价格有意定位整数。由于同类型产品众多、花色和品种各异，消费者往往只将价格作为判断产品质量和性能的指示器，而整数能给人一种方便、简洁的印象。

3. 习惯性定价策略

许多产品，尤其是家庭生活日常用品的价格已经在消费者心理定格，成为习惯价格。对此类产品定价时，企业应按照消费者的习惯价格确定，不要随意改变，以免引起消费者的反感。

4. 声望定价策略

消费者一般都有求名望的心理，企业针对消费者的这种心理，可将有声望的产品价格定得比同类产品高一些。声望定价往往采用整数定价方式，其较高的价格能让消费者产生一分价格一分货的感觉，从而在购买过程中得到良好的精神享受。

（二）地区性定价策略

一般来说，一个企业的产品不仅卖给当地消费者，也卖给外地消费者，但把产品从产地运到外地，则需要花费一些装运费。所谓地区性定价策略，是指企业要决定对于卖给不同地区消费者的某种产品，是否有地区差价。常见的地区性定价策略有以下几种。

1. 原产地定价

原产地定价是指消费者按照厂价购买某种产品，企业只负责将这种产品运到产地某种运输工具上交货。交货后，从产地到目的地的一切风险和费用由消费者承担。

2. 统一交货定价

统一交货定价是指企业对于卖给不同地区消费者的某种产品，都按照相同的厂价加相同的运费（按平均运费计算）定价，也就是说，对全国不同地区的消费者，不论远近，都统一一个价格。

3. 分区定价

分区定价是指企业把全国（或某些地区）分为若干价格区，对于卖给不同价格区消费者的某种产品，分别确定不同的地区价格。一般来说，距离企业远的地区，价格定得较高；距离企业近的地区，价格定得较低。

4. 基点定价

基点定价是指企业选定某些城市作为基点，然后按一定的厂价加从基点城市到消费者所在地的运费来定价。

5. 运费免收定价

有些企业因急于和某些地区做生意，会负担全部或部分实际运费。这些企业认为，如果生意扩大，其平均成本就会降低，足以抵偿运费开支。

（三）撇脂定价策略

撇脂定价策略又称“取脂定价策略”，是指企业以高价将新产品投入市场，以便在产品市场生命周期的开始阶段取得较大利润，尽快收回成本，然后再逐渐降低价格的策略。这种先高后低的定价策略，就像从鲜奶中撇去奶油一样，从厚到薄，从精华到一般，故称为撇脂定价策略。该定价策略适用于化妆品、高新技术产品、流行的服装鞋帽等。

（四）渗透定价策略

渗透定价策略是指企业将其新产品的价格定得相对较低，以尽可能快地打开销路，获得较大的市场占有率，等产品在市场站稳脚跟以后，再将价格提高的一种定价策略。该定价策略适用于低档商品、易耗商品、专用性不太强的商品和生活必需品。

（五）满意定价策略

满意定价策略是一种介于撇脂定价策略和渗透定价策略之间的价格策略。通过该定价策略确定的价格比撇脂价格低，比渗透价格高，是一种中间价格，又被称为“君子价格”或“温和价格”。该定价策略适用于生产和生活必需品。

（六）产品组合定价策略

产品组合定价策略是对不同组合产品之间的关系和市场表现进行灵活定价的策略。该定价策略一般是对相关商品按一定的综合毛利率联合定价。对于互替商品，适当提高畅销品价格，降低滞销品价格，以增加后者的销售量，增加企业总盈利；对于互补商品，降低购买率低、需求价格弹性高的商品价格，同时提高购买率高而需求价格弹性低的商品价格，一般会取得商品销售量同时增加的良好效果。

三、渠道策略

企业无论有多么好的商品、多么低的价格或多么吸引人的促销活动，终究必须依赖一定的渠道销售给消费者，即分销渠道。

分销渠道也称“分销途径”“流通渠道”，是指产品或服务从生产者向消费者转移过程中由各中间环节所连接而成的路径。这些中间环节包括制造商自设的销售机构、批发商、代理商、零售商、中介机构等。分销渠道的起点是生产者，终点是消费者。

（一）分销渠道的影响因素

1. 产品

不同的产品适用不同的分销渠道，产品特性可对渠道产生一定的影响。例如，不易保存的产品（如海鲜产品）要求直接渠道；体积大的产品（如建筑材料）运输距离不宜太远、转卖次数不宜太多；非标准产品（如定做的设备）因中间商缺少必要的专业知识，一般由企业代理商直接销售；需要安装和维修服务的产品一般由企业的特许经销商销售。

2. 消费者

分销渠道的选择深受消费者人数、购买频率、平均购买数量以及对不同营销方式的敏感性等因素的影响。当消费者人数较多时，生产者倾向于利用每一层次都有许多中间商的长渠道。但消费者人数的重要性又受到购买频率和购买数量的修正。例如，消费者经常小批量购买，则需采用较长的营销渠道为其供货，如五金器具、烟草、药品等产品的制造商多依赖批发商为其销货。同时，这些制造商也可能越过批发商直接向那些订货量大且订货次数少的大顾客供货。此外，消费者对不同营销方式的敏感性也会影响渠道选择。例如，越来越多的消费者喜欢在家具展销会上选购家具，从而使得这种渠道迅速发展。

3. 中间商

不同的中间商在执行分销任务时各有一定的优势和劣势，企业在设计分销渠道时应充分考虑不同中间商的特性。例如，对一些技术性较强的产品，一般选择具备相应技术能力的中间商；有些产品对储备能力要求较高，如冷藏产品、季节性产品等，就需要寻找拥有相应储备能力的中间商。

4. 竞争者

企业设计分销渠道时，必须考虑竞争者的分销渠道。如果自己的产品比竞争者有优势或相差不大，可选择同样的渠道；反之，则应尽量避免。

5. 企业

企业自身的能力和特点对分销渠道的选择有着重要的影响。例如，企业总体规模决定了它的市场规模、分销规模以及在选择中间商过程中的地位。企业的财务能力决定了它所能承担的销售费用以及对中间商可能提供的财务支持。企业的营销管理能力和经验会影响分销渠道的类型。营销管理能力较强、经验较多的企业往往选择较短的渠道，甚至直销；营销管理能力较差、经验较少的企业则一般将产品的分销工作交给中间商去完成，自己则专心于产品的生产。

6. 环境

企业的分销渠道设计还与其所面临的外部环境有关。例如，不同国家和地区有关产品流通的政策、法规对渠道选择进行了一定的限制；经济萧条时，企业会选择较短的渠道，以免除不必要的费用。

（二）分销渠道的种类

1. 直接渠道

直接渠道又称“零级渠道”，是指生产企业不通过流通领域的中间环节，将产品直接卖给消费者。直接渠道是一种产销结合的经营方式，主要包括推销员上门推销、邮购、网购、电视直销、产品订货会或展销会等方式。采取直接渠道，生产企业可以与消费者或用户零距离接触，更好地满足客户需求。工业品销售主要采用直接渠道。

2. 间接渠道

间接渠道是指商品从生产者转移至消费者手中经过若干个中间商的渠道。间接渠道根据中间商数目可分为一级渠道、二级渠道和三级渠道。在渠道长度上，消费品市场和工业品市场有一些细微差别，如图 6-1 所示。

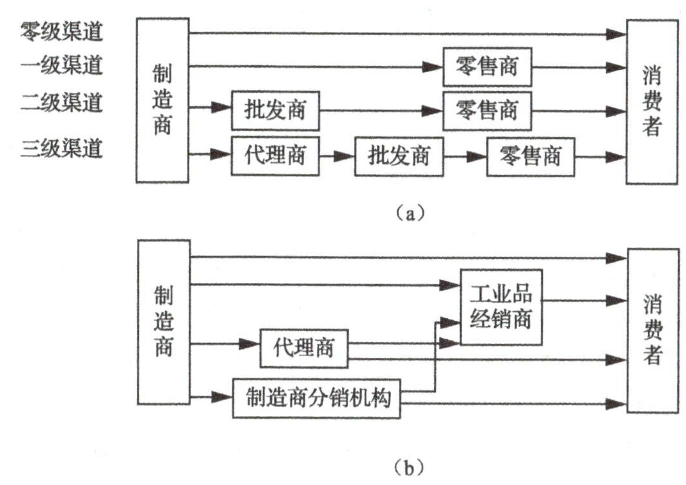

图 6-1　分销渠道种类图

（a）消费品市场分销渠道　（b）工业品市场分销渠道

四、促销策略

促销是“促进销售”的简称，是指企业通过人员或非人员的方法将企业的产品或服务信息传递给消费者，激发消费者的购买欲望，影响和促成消费者购买的全部活动的总称。

促销实质上是传递、沟通信息，促进消费者购买的活动。促销的目的是吸引消费者对企业的形象或产品产生注意和兴趣，激发其购买欲望，促使其采取购买行为。

（一）促销组合

促销手段有两大类：一类是人员推销，一类是非人员促销，后者又可分为广告、营业推广和公共关系。

企业要高效率地传递信息，就必须制定科学的促销组合策略，即根据产品的特点和营销目标，综合各种影响因素，对人员推销、广告、营业推广和公共关系这四种促销手段进行科学选择、编配和运用，最大限度地发挥整体效果，以实现企业的促销目标。

1. 人员推销

人员推销是最古老的销售手段，直到现在，人员推销也无法完全被其他手段所代替，尤其是销售大型设备、专业设备及大宗交易的产品，人员推销仍是最主要的促销方式。

人员推销是指企业派出推销人员直接与消费者接触、洽谈、宣传商品，以达到促进销售目的的活动过程。其过程大致可分为以下七步：

（1）销售准备。销售准备包括心理准备、生理准备、物质准备和知识准备。

心理准备是指推销人员首先应自信，相信自己能够克服各种困难推销成功；其次应相信自己的产品虽然不是最好的，但对消费者却是最适用的。生理准备指推销员应有健康的体魄、乐观豁达的性格、神采奕奕的精神状态，这是由工作性质决定的。物质准备指推销员应带好推销工具等，这些是推销必不可少的。知识准备指推销员应具备产品知识、行业和企业知识、用户知识及其他相关知识等。

（2）寻找消费者。销售工作的第一步就是找到潜在消费者。因销售环境与商品不同，销售人员寻找消费者的方式也各不相同。销售人员可以通过个人观察、访问、查阅资料等方式直接寻找，也可通过与社会团体或其他销售人员间的协作等间接寻找。

（3）销售接近。销售接近是指在实质性洽谈之前，销售人员在空间距离和心理距离上靠近消费者，以达到能和消费者正式面对面直接沟通销售活动目的的行为。

（4）销售洽谈。在销售洽谈过程中，销售人员要尽量引起消费者的注意和兴趣，主要方法是说明企业的产品如何能满足他们最主要的需求。当消费者对产品表现出兴趣和注意时，销售人员要通过自己的行动进一步推动消费者做出购买决定。例如，销售人员在消费者产生兴趣后，向他们提供产品的具体指标、鉴定书等，并可进行示范操作，或请消费者亲自体验、试用。

（5）销售障碍处理。销售障碍是指消费者提出的有关产品或服务等销售内容的不同意见和看法。一个好的销售人员应该善于处理各种反对意见，其方法是事先对各种可能出现的反对意见做出估计，并设计相应的对策，以在销售过程中说服消费者同意或接受自己的观点，促使消费者最终购买企业的产品或服务。

（6）销售成交。当销售人员发现消费者已被说服，产生一定的购买意向时，必须抓住时机提出售货要求。在这一环节，销售人员应尽量减少消费者的选择方案，促使他们迅速做出购买决定，同时还应尽可能地提供销售服务和商品使用保证条件，以消除消费者的疑虑，增强其购买决心。

（7）跟踪服务。跟踪服务是指销售人员为消费者提供各种售后服务，是人员推销的最后环节。跟踪服务能加深消费者对企业和产品或服务的信赖，促使其重复购买。同时，通过跟踪服务，销售人员可以获得各种反馈信息，为企业决策提供依据，从而为展开新的销售提供广泛而有效的途径。

2. 广告

此处所讲的广告是指盈利性的商业广告，即广告主以促进销售为目的，付出一定的费用，通过特定的媒体传播产品或服务等有关经济信息的大众传播活动。广告主要有告知性广告、说服性广告和提醒性广告三种类型。

（1）告知性广告。告知性广告主要用于产品的开拓阶段，其目的在于建立初始需求。此类广告主要告知目标市场有关新产品的情况、老产品的新用途和价格变化、纠正错误形象、说明产品如何使用等。

（2）说服性广告。说服性广告在竞争阶段十分重要，目的在于建立消费者对某一特定品牌的选择性需求，即企业通过此类广告建立本企业的品牌偏好，改变消费者对本企业产品的态度，鼓励消费者放弃竞争者品牌而选择本企业品牌，劝说消费者接受推销访问，诱导消费者立即购买。

（3）提醒性广告。提醒性广告在产品的成熟期非常重要，目的是保持消费者对该产品的记忆。企业通过此类广告提醒消费者在不远的将来（或近期内）将用得着某产品（如秋季提醒人们不久将要穿御寒衣服），并提醒他们可到何处购买该产品。

3．营业推广

营业推广又称“销售促进”，是指为刺激早期需求或激发较强的市场反应而采取的能够迅速产生鼓励购买作用的促销活动。营业推广一般很少单独使用，常作为广告或人员推销的一种辅助手段。

营业推广的主要作用是吸引消费者，为淡季商品打开销路，或提高内部销售人员或中间商的积极性，扩大企业的影响。常见的营业推广方式有以下几种：

（1）面向消费者采取的营业推广方式。此类营业推广方式主要有：① 赠送样品或试用品、折价券；② 以较优惠的价格提供组合包装和搭配包装的产品；③ 对购买产品的消费者提供抽奖机会；④ 与零售商联合促销，将一些能显示企业优势和特征的产品在商场集中陈列，边展销边销售；⑤ 派促销员在销售现场演示本企业的产品，向消费者介绍产品的特点、用途和使用方法等；⑥ 通过各类展销会、博览会等对产品进行现场介绍、推广和销售。

（2）面向中间商采取的营业推广方式。此类营业推广方式主要有：① 加大批发商或零售商的回扣比例；② 支付给中间商一定的推广津贴；③ 根据各个中间商销售本企业产品的业绩，分别给予不同的奖励，以起到激励作用；④ 对零售商专柜的装潢予以资助、提供卖点广告补助等。

（3）面对内部销售人员采取的营业推广方式。此类营业推广主要针对企业内部的销售人员，鼓励他们积极推销产品或处理某些老产品，或促使他们积极开拓新市场。一般可采用方法有：分红、销售竞赛、免费提供人员培训、提供技术指导等。

4．公共关系

公共关系是指企业为使公众对本企业产品产生好感，在社会上树立企业声誉，选用各种传播手段，向公众制造舆论而进行公开宣传的促销方式。企业公共关系的活动方式主要有以下几种：

（1）与新闻媒体建立良好的关系，以及时将有价值的信息播散出去。

（2）赞助和支持各项公益活动，建立一心为大众服务的形象。

（3）参加各种社会活动，如新闻发布会、展销会等，向公众推荐产品。

（4）通过公关广告，树立企业关心社会公益事业的良好形象。

（5）印制宣传本企业和本企业产品的宣传单、宣传刊物等。

（6）建立健全企业内部的公共关系制度，开展针对职工家属的公共关系活动。

（二）促销方法

1．降价式促销

降价式促销就是将商品以低于正常定价出售的价格。常见的方式有库存大清仓、节庆大优惠、每日特价商品等。

（1）库存大清仓。即以大降价的方式促销换季商品、滞销品等。

（2）节庆大优惠。一般来说，新店开张、店铺周年庆、各种节假日时，是促销的好时机。

（3）每日特价商品。通过推出每日特价商品，让顾客买到物美价廉的商品，极易引起“抢购”热潮。

2. 有奖式促销

有奖式促销是比较受消费者欢迎的一种促销方式，极易激起消费者的参与兴趣，可在短期内对促销产生明显的效果。通常，应对抽奖资格设定一些限制，如购买某特定商品，购买某一商品达到一定的数量，购买某一商品的金额达到某一预设金额。另外，需要注意的是，抽奖活动的日期、奖品或奖金、参与资格、发奖方式等必须标示清楚，且抽奖过程应公开化，以增强消费者的参与热情和信心。

3. 竞赛式促销

竞赛式促销是融动感性与参与性为一体的促销活动，除可打响商品的知名度以外，更可增加销售量，如啤酒生产企业组织的喝啤酒比赛。

4. 焦点赠送式促销

想吸引消费者持续购买，并提高品牌忠诚度，焦点赠送是一种非常理想的促销方式。这一促销活动的特色是消费者连续购买某商品数次后，可累积一定的点券，用来兑换赠品或折价购买商品。

5. 赠送式促销

赠送式促销是指向消费者免费赠送商品，让消费者现场品尝、使用，一般在零售店进行。这种促销方式通常在推出新商品或老商品改变包装、口味、性能时使用，目的是迅速向消费者介绍和推广商品，争取消费者的认同。

6. 联合式促销

联合式促销是指两个或两个以上的企业合作开展促销活动。联合式促销的优点在于门槛低、效果显著，企业只需要花很少的一笔促销费用就可以实现比单独促销更好的营销目标。例如，商家可以邀请多家同类商品厂家共同举办商品展销会，以吸引更多的消费者，从而促进商品的销售。

一、简答题

（1）什么是市场营销？

（2）简述市场营销的基本流程。

（3）宏观营销环境和微观营销环境各包括哪些要素？

（4）简述消费者的购买决策过程。

（5）目标市场的选择策略有哪些？

（6）产品的整体概念包括哪些层次？

（7）市场营销组合策略有哪些？

二、案例分析题

一辆白色轿车

乔·吉拉德曾在 15 年的时间内卖出了 13 001 辆汽车，并创下了一年卖出 1 425 辆、平均每天 4 辆的记录，被人们誉为世界上最伟大的推销员。

有一次，一位中年妇女走进吉拉德的展销厅，说她想在这儿看看车打发一会儿时间。闲谈中，这位中年妇女告诉吉拉德她想买一辆白色的福特车，就像她表姐开的那辆，但对面福特车行的营销人员让她过一个小时后再去，所以她就来这儿看看。她还说："这是我送给自己的生日礼物。今天是我 55 岁生日。"

"生日快乐！夫人。"说完，吉拉德出去交代了一下。回来后，吉拉德对这位中年妇女说："夫人，既然您现在有时间，我给您介绍一下我们的双门式轿车——也是白色的。"

他们正谈着，吉拉德的秘书走了进来，递给吉拉德一打玫瑰花。吉拉德把花送给那位中年妇女，说道："祝您生日快乐！尊敬的夫人。"

这位中年妇女很感动，眼睛都湿润了。"已经很久没人给我送礼物了。"她说，"刚才那位福特营销人员一定是看我开了部旧车，以为我买不起新车。我刚要看车，他却说要去收一笔款，于是我就到这儿来等他了。其实，我只是想要一辆白色车而已，只不过表姐的车是福特，所以我也想买福特。现在想想，不买福特也一样。"

最后，这位中年妇女在吉拉德那儿买了一辆雪佛兰，并且直接付了全款。其实，吉拉德的言语中从头到尾都没有劝这位中年妇女放弃福特买雪佛兰的词句，只是因为她在吉拉德这里感到受了重视，于是放弃了原来的打算，转而选择了吉拉德的营销产品。

（资料来源：爱学术，https://www.ixueshu.com/document/214c9856c461100709040693950a8a0a318947a18e7f9386.html）

问题：

乔·吉拉德的营销策略给你哪些启发？

5G 时代，营销会发生哪些变革

一直以来，移动通信技术的发展都与品牌营销的更迭密切相关：2G 推动短信的诞生，品牌营销进入传统大众营销时代；3G 催生了移动互联网，推动了互联网营销兴起；4G 环境下，移动短视频兴起，营销也跟随进入了短视频营销时代。

如今，5G 的出现将会全面重塑商业生态，开启各行各业的数字化浪潮，营销业也会发生颠覆式变革，具体表现在以下三个方面。

1. 内容形式革新，视频、VR/AR 走向主流

（1）视频是 5G 时代"新语言"。5G 时代将推动信息传播的加速变革，视频尤其是短视频，会成为一个更重要的内容载体。因发布和观看成本越来越低，拍摄及传输效率大幅

提升等，长视频、短视频、高清直播等将会爆发，成为品牌营销标配。而更高分辨率的广告格式，如 4K、8K 超高清视频内容的产出与传播，将进一步提升广告品质与体验。

（2）VR、AR 迎来高光时刻。5G 将大幅度提升 VR 和 AR 设备在渲染高分辨率图像时的运算能力，使其数据传输、画面显示的能力得到有效提升，使用户能获得身临其境的体验。而在此之前，广告基本上都是二维平面的形态，并受到展示空间的限制。

2. 交互体验革新，突破视听想象新空间

无互动，不营销，这在 5G 时代将成为现实。5G 不仅支持语音和视觉交互，还增加了更多的场景式互动，随着 5G 技术的成熟和商用，还有可能给人们带来一些新的感官层面的互动方式。

比如，在某宝购物时不仅可以虚拟试衣，感知穿着效果，还可以通过物联网感知衣服的质地等。让一个品牌或者产品变得可以触摸，这对于未来的品牌营销来讲是非常关键的。如果人们能亲手去触碰一个东西，所有体验不光来自视觉和听觉，对品牌的印象可能会更加深刻。

3. 营销技术革新，精准化成为现实

随着 5G 时代的到来，大数据等技术变得越来越强大，为营销行业带来新的生产力，推动营销智能化与效率革命。同时，在数据与技术的赋能下，品牌将有机会实现从人群画像、用户洞察、需求识别，到精准触达、“千人千面”、转化承接、数据资产沉淀、价值评估等全链路智能化，全面提升营销效率。

（资料来源：百家号，https://baijiahao.baidu.com/s?id=1667173650377369840）

参考文献

[1] 高鸿业. 西方经济学（微观部分）[M]. 6 版. 北京：中国人民大学出版社，2014.
[2] 翟建华. 价格理论与实务 [M]. 2 版. 大连：东北财经大学出版社，2008.
[3] 菲利普·科特勒. 市场营销：原理与实践 [M]. 16 版. 北京：中国人民大学出版社，2015.
[4] 马洪. 什么是社会主义市场经济 [M]. 北京：中国发展出版社，1993.
[5] 方振邦，鲍春雷. 管理学原理 [M]. 北京：中国人民大学出版社，2014.
[6] 蒋学模. 政治经济学教材 [M]. 13 版. 上海：上海人民出版社，2005.
[7] 刘军. 消费心理学 [M]. 北京：机械工业出版社，2016.
[8] 吕书梅. 管理沟通技能 [M]. 4 版. 大连：东北财经大学出版社，2018.
[9] 周三多. 管理学 [M]. 4 版. 北京：高等教育出版社，2014.
[10] 曾仕强. 管理思维 [M]. 北京：东方出版社，2005.
[11] 王丽平. 通用管理知识概论 [M]. 北京：高等教育出版社，2011.
[12] 王丽丽. 商务能力教程 [M]. 2 版. 北京：高等教育出版社，2014.
[13] 徐晨. 通用管理能力教程 [M]. 北京：高等教育出版社，2013.
[14] 曾仕强. 曾仕强教授告诉你怎样带团队 [M]. 北京：北京联合出版社，2017.
[15] 陆剑清. 消费行为学 [M]. 北京：清华大学出版社，2015.
[16] 纪宝成. 市场营销学教程 [M]. 5 版. 北京：中国人民大学出版社，2013.
[17] 黄安心. 通用管理能力开发 [M]. 北京：中国人民大学出版社，2015.
[18] 张卫东. 网络营销理论与实践 [M]. 北京：电子工业出版社，2009.
[19] 黄玉萍. 管理基础与实务 [M]. 北京：中国轻工业出版社，2016.
[20] 王秀丽. 通用管理能力实务 [M]. 广州：华南理工大学出版社，2013.
[21] 卢泰宏，贺和平. 促销基础 [M]. 北京：清华大学出版社，2012.
[22] 张雁白. 市场营销学概论 [M]. 北京：经济科学出版社，2010.
[23] 水淼. 20 几岁要懂得的处世心理学 [M]. 北京：北京航空航天大学出版社，2009.
[24] 邹晓春. 沟通能力培养全案 [M]. 北京：人民邮电出版社，2008.
[25] 李颖娟. 人际沟通与交流 [M]. 北京：清华大学出版社，2013.
[26] 阚雅玲. 管理基础与实务 [M]. 北京：机械工业出版社，2013.
[27] 李建平. 价格学原理 [M]. 北京：中国人民大学出版社，2015.
[28] 蒂姆·史密斯. 定价策略 [M]. 北京：中国人民大学出版社，2015.
[29] 龙璇. 人际关系与沟通技巧 [M]. 北京：人民邮电出版社，2016.
[30] 范明. 人际沟通与礼仪 [M]. 北京：人民邮电出版社，2016.